DIANA

Das Buch
Restaurants sind die Bühnen des Lebens. Hier wird alles gespielt: erste Liebe, letzte Worte, große Geschäfte und kleine Gaunereien. Haupt- und Statistenrollen werden vergeben, hat man einen Tisch am Fenster oder gleich neben der Toilettentür. Und der Regisseur und Dirigent ist der Kellner. Er kann dein Geschäft oder vielleicht deine Ehe platzen lassen, er kann dafür sorgen, dass ein Abend zum schönsten deines Lebens wird. Service inbegriffen. Mit ihm sollte man sich gut stellen.

Debra Ginsberg hat ihr Leben lang als Kellnerin gearbeitet, vom einfachen Diner bis zum Gourmet-Restaurant. Was sie davon erzählt, ist eine hochkomische universelle Kulturgeschichte der menschlichen Eitelkeiten, Katastrophen und Sehnsüchte und ganz nebenbei noch eine sehr nützliche Gebrauchsanweisung für Amerika.

Service inbegriffen wird Ihre Abende bei Kerzenschein und Prosecco für immer verändern, denn nein, Ihr entkoffeinierter Kaffee war vielleicht gar keiner, und ja, ein vergrätzter Kellner spuckt Ihnen schon mal in die Suppe.

»Debra Ginsberg bedient den Leser kompetent und freundlich.«
Die Woche

Die Autorin
Debra Ginsberg wurde in England geboren und wuchs in New York, Kalifornien und Oregon auf. Sie lebt in San Diego, Kalifornien.

Debra Ginsberg

Service inbegriffen

Bekenntnisse einer Kellnerin

Aus dem Amerikanischen
von Evelin Sudakowa-Blasberg

DIANA VERLAG
München Zürich

Diana Taschenbuch Nr. 62/0234

Die Originalausgabe
»Waiting«
erschien 2000 bei HarperCollins, New York

Taschenbucherstausgabe 12/2001

Der Diana Verlag ist ein Unternehmen
der Heyne Verlagsgruppe, München
Printed in Germany 2001

Umschlagillustration: Susan Shapiro
Umschlaggestaltung: Hauptmann und Campa
Werbeagentur, CH-Zug
Satz: Filmsatz Schröter GmbH, München
Druck und Bindung: Elsnerdruck, Berlin
Gedruckt auf chlor- und säurefreiem Papier

ISBN: 3-453-19820-4

http://www.heyne.de

Für diese Ginsbergs
in Liebe
Mel, Rosalind, Maya, Lavander,
Bodine, Déja und Blaze

Inhalt

Prolog

An einem besonders heißen und schwülen Augustabend im Jahr 1998 stand ich vor der offenen Küche des Restaurants, in dem ich arbeitete, und wartete auf meine Bestellung. Die schwitzenden, schlecht gelaunten Köche warfen mir böse Blicke zu.

»Tisch fünf?«, fragte ich lächelnd. »Die Lasagne und die Spaghetti? Sind die noch nicht fertig?«

Verstohlen sah ich zu dem Paar an Tisch fünf hinüber. Sie reckten ihre Hälse, als andere Kellner mit dampfenden Gerichten an ihnen vorbeigingen. Klar, sie waren hungrig, ihre Wassergläser waren leer und sie sahen immer ungehaltener aus. In den zwanzig Minuten, die ich sie jetzt kannte, hatte ich mitbekommen, dass dieses Paar gerade mit Scheidungsmodalitäten zugange war und sich in jeder Beziehung abgrundtief hasste. Ich wusste, wenn ich den beiden nicht innerhalb von fünf Minuten ihr Essen brachte, war ich geliefert. Ich würde kein Trinkgeld bekommen. Sie würden nach dem Geschäftsführer verlangen. Es würde eine hässliche Szene geben. Ohne eigenes Verschulden würde ich ein weiteres Bauernopfer in ihrem Scheidungskrieg werden.

Der Koch murmelte irgendetwas Grimmiges auf Spanisch. Ich brauchte keine Übersetzung, um die Bedeutung zu erfassen.

Ein vor kurzem angeheuerter Kollege bemerkte meine Verzweiflung und schüttelte nur den Kopf. »Reichlich stressig«, sagte er.

»Wie jeden Samstag«, erwiderte ich.

»Ach ja? Wie lange machen Sie das denn schon?«

Die Frage traf mich so unvorbereitet, dass mir im ersten Moment die Worte fehlten. Ich blickte wieder zu Tisch fünf. Der Ex-Ehemann in spe suchte den Augenkontakt mit mir und hob erwartungsvoll die Hand. Ich lächelte und deutete zur Küche hin. Dann wandte ich mich wieder meinem Kollegen zu und sagte: »Zwanzig Jahre. Ich mache das jetzt seit genau zwanzig Jahren.«

Ihm fiel der Unterkiefer herunter. Es war schwer zu sagen, wer von uns beiden entsetzter war. Mir wurde schlagartig bewusst, dass mein Kollege im Sommer 1978, als ich meinen ersten Kellnerjob in einer Luncheonette, einer Art Imbiss-Stube, antrat, noch gar nicht auf der Welt gewesen war.

»Wie alt sind Sie denn?«, fragte er verdutzt.

»Spielt das eine Rolle?«, entgegnete ich mit einem weiteren verzweifelten Blick zur Küche hin. »Es sind zwanzig Jahre und ich bin immer noch dabei.«

Seit meiner Kindheit war die Gastronomie ein Teil meines Lebens. Als ich klein war, arbeiteten meine Eltern in diversen Hotel-Restaurants in den Catskill Mountains in der nördlichen Provinz des Staates New York, mein Vater im Speisesaal, meine Mutter in der Bar. Die Karriere meiner Mutter als Bedienung währte allerdings nicht sehr lange. Nach allem, was man hört – und was sie so erzählt –, war sie die untalentierteste Kellnerin der Geschichte. Egal, wer ihre Gäste auch waren, meine Mutter hat nie gern andere Leute bedient. Jedes Mal, wenn sie an einen neuen Tisch ging, hatte sie das Gefühl, dass eigentlich sie dort sitzen und bedient werden müsste. Ihr Dienst am Kunden erreichte eines Abends den Tiefpunkt, als ein Gast eine Flasche Pouilly Fuissé bestellte. Meine Mutter stellte die Flasche nebst Korkenzieher auf den Tisch, fragte den Gast: »Können Sie die aufmachen?«, und floh vom Ort des Geschehens. Das war mehr oder weniger das Ende ihrer Laufbahn als Kellnerin.

Mein Vater hingegen hielt es sehr viel länger in diesem Beruf aus. Jeden Abend kam er mit Geschichten über die verschiedenen Vorstellungen zurück, die nach wie vor im Brown's, The Concord und Grossinger's gegeben wurden. Obwohl die meisten der dort auftretenden Entertainer längst nicht mehr als Stars bezeichnet werden konnten, fand ich die Geschichten doch ziemlich spannend, da sie mit Namen gespickt waren, die ich wiedererkannte.

Außerdem brachte mein Vater Süßigkeiten mit, denn wir waren eine Familie von Naschkatzen. An Samstagabenden kam er immer mit einer Auswahl an Köstlichkeiten zurück, die in dicke weiße Servietten gehüllt waren. Regelmäßig kämpften wir um Petits Fours, Pralinees und Torten und lernten dabei ganz nebenbei, den Stil der verschiedenen Konditormeister zu unterscheiden.

Weit interessanter als die Süßigkeiten waren aber die Anekdoten, die mein Vater über die Gäste und das Restaurantpersonal zu erzählen wusste. Nach Dienstschluss setzte er sich meist noch mit meiner Mutter an unseren großen Esstisch, trank bis spät in die Nacht Kaffee und plauderte mit ihr über Gott und die Welt und vor allem über seine Mitmenschen, während ich dabeisaß und begierig lauschte. Da gab es Jerry, seinen zurückgebliebenen Hilfskellner, der einmal quer durch den ganzen Speisesaal gebrüllt hatte: »Kaffee? Kaffee? Alle die Hände heben, die Kaffee wollen!« Dann war da der Küchenchef, der ungeduldige Kellner regelmäßig mit Kartoffelbrei aus seiner Schöpfkelle attackierte. Doch die faszinierendste Person war Carmen, eine in der Kunst des Frisierens und Schminkens begnadete Bardame, die gelegentlich einen Abstecher in das lukrativere Gewerbe der Prostitution machte.

Die Geschichten meines Vaters verbanden sich für mich zu einem bunten Quilt, in dem jede Geschichte ihr eigenes Stoffquadrat hatte, das ich jederzeit in Gedanken abrufen und betrachten konnte. Obwohl ich nie in einem der Speisesäle gewesen war, in denen mein Vater arbeitete, sah ich sie genau vor mir und konnte mir die Miniaturdramen, die sich dort abspielten, bis ins kleinste Detail vorstellen. Der Job meines Vaters unterschied sich klar von dem anderer Väter. Meine Schulkameraden hatten Väter, die in Büros verschwanden und namenlose, gesichtslose Aufgaben verrichteten. Nicht eine meiner Freundinnen hatte eine Mutter oder einen Vater, die den Lebensunterhalt durch Kellnern verdienten. Niemand hatte je Geschichten gehört, die auch nur annähernd mit denen zu vergleichen waren, die mein Vater mit nach Hause brachte.

Ein weiterer faszinierender Aspekt war das Geld. Mein Vater kam immer mit Taschen voller zerknüllter Fünf-, Zehn- und Zwanzigdollarnoten nach Hause, die meine Mutter dann glatt strich und beiseite legte. Manche Gäste, die eine Woche oder länger im Hotel blieben, gaben meinem Vater bei ihrer Abreise noch einmal ein Extra-Trinkgeld. Und so brachte er manchmal einen ganzen Stapel kleiner Briefumschläge mit, die er auf unsere Küchentheke warf. Diese prall mit Kleingeld gefüllten Umschläge waren alle sorgfältig mit seinem Vornamen beschriftet, quasi als Zeichen für den Grad der Vertrautheit zwischen den Gästen und ihm. Mein Vater verdiente auch tatsächlich recht gut. So konnte er im Jahre 1978 eine Familie mit fünf Kindern nur durch Trinkgelder ernähren. Schon allein diese Tatsache fand ich äußerst beeindruckend.

Alles in allem erschien mir der Kellnerberuf als etwas Aufregendes, Schillerndes und irgendwie Mysteriöses. Und diese Vorstellung behielt ich bis ins Erwachsenenalter bei. Obwohl mein Vater diesen Beruf nur einige Jahre ausübte, bestand er immer darauf, dass es rechtschaffene Arbeit sei. Und wenn dabei auch noch der Verdienst stimmte, umso besser! Jede einzelne seiner vier Töchter teilte diese Ansicht. Während mein Bruder dem Servieren immer genauso ablehnend gegenüberstand wie meine Mutter, haben meine drei Schwestern und ich uns immer wieder über verschiedene Zeiträume hinweg mit Kellnern über Wasser gehalten – wobei ich an Ausdauer eindeutig den Familienrekord halte.

Als ich sechzehn wurde, mieteten meine Eltern eine Luncheonette, in der ich meine ersten Erfahrungen als Kellnerin sammelte. Ich verfiel sofort mit Haut und Haaren der Aufregung, der Hektik und dem Geld. Der Rest des Pakets – schmerzende Füße, herablassende Gäste, sexistische Geschäftsführer, Anflüge von Misanthropie – sollte erst viel später eine Rolle spielen und hatte zur Folge, dass mich fortan mit jener Tätigkeit, die schließlich mein Lebensinhalt wurde, eine Art Hassliebe verband.

Wäre mein Vater Feuerwehrmann, Autoverkäufer oder Anwalt gewesen, hätte ich vielleicht nie in Betracht gezogen, meinen Lebensunterhalt als Bedienung zu verdienen. Doch ich habe den leisen Verdacht, dass mich das Kellnern dennoch angezogen hätte. Als Schriftstellerin bin ich eine ständige Beobachterin menschlichen Verhaltens. Die Geschichten meines Vaters bestätigten nur, was ich bereits vermutet hatte: dass ich nur über das schreiben konnte, worüber ich etwas wusste, und dass ich nichts wissen würde, wenn ich es nicht selbst erlebte. Ich wollte meine eigene Sammlung an Geschichten und dies schien mir der beste Weg dorthin zu sein. Dieser Glaube ist in mir lebendig geblieben, auch wenn sich das Neue und Aufregende am Kellnerberuf bereits ziemlich abgenutzt hat. Und dieser Glaube ist zweifellos auch der

Grund dafür, dass ich in zwei Jahrzehnten immer wieder zum Kellnern zurückgekehrt bin.

Im Verlauf dieser zwei Jahrzehnte bin ich zahllose Meilen gelaufen und habe genügend Schuhe verschlissen, um einen Meteoritenkrater damit aufzufüllen. Ich habe tausende von Menschen getroffen, genauso viele Geschichten gehört und war Zeuge bewegender Dramen und absurder Komödien. Ich habe viele gute Freunde gewonnen, Männer und Frauen, die ich nie kennen gelernt hätte, wären sie nicht meine Gäste gewesen. Ich habe sogar etliche branchenfremde Jobs angenommen, die mir von Leuten angeboten wurden, die ich bediente. Durch das Kellnern habe ich den Vater meines Sohnes kennen gelernt. Und das Kellnern hat es mir als alleinerziehender Mutter auch ermöglicht, meinen Sohn großzuziehen. In all diesen Jahren als Kellnerin habe ich Selbstvertrauen und Flexibilität erworben und die Fähigkeit, ein hohes Maß an Stress zu bewältigen – alles Errungenschaften, die mir im Alltagsleben unschätzbare Dienste leisten. Glauben Sie mir, ich habe beim Bedienen nie auch nur einen Moment Langeweile erlebt. Und die Geschichten, die ich gesammelt habe, sind bunt, tragisch, absurd und zutiefst menschlich.

Jetzt ist es an der Zeit, dass ich sie mit Ihnen teile.

Obwohl sämtliche Ereignisse und Geschichten auf den folgenden Seiten absolut wahr sind, ist deren Interpretation ganz und gar subjektiv. Und obwohl ich glaube, dass meine Erfahrungen allen Lesern, die jemals gekellnert oder in einem Restaurant gespeist haben, sehr vertraut sein werden, sind sie doch nachhaltig durch meine persönlichen Ansichten gefärbt. Um die Privatsphäre der beschriebenen Personen zu schützen, habe ich die Namen und gelegentlich auch den Schauplatz geändert, außer bei meiner Familie und mir selbst. Jenen, die sich dennoch auf die eine oder andere Art wiederfinden, kann ich nur sagen: Es gibt manche Erfahrungen, die wir einfach aufgrund unseres Menschseins teilen. Bedienen – in welcher Form auch immer – ist eine davon.

Die unschuldige Frage meines Kollegen löste eine Flut von Erinnerungen aus. Während ich sie Revue passieren ließ, wurde mir bewusst, dass ich trotz meiner noch relativ jungen Jahre bereits ein recht bewegtes und interessantes Leben hinter mir habe. Und das verdanke ich zu einem nicht unbedeutenden Teil besagtem Job. In der Tat hätte ich mir, als ich mich für diesen Weg entschied, das Ergebnis nicht besser ausmalen können.

Jetzt, nach zwanzig Jahren Erfahrung, bin ich in der Lage, der an Tisch Nummer fünf drohenden Katastrophe mit einem bewährten Trick ins Auge zu sehen. Ich kann mich in solchen Situationen für kurze Zeit in einen tranceartigen Zustand versetzen. Innerhalb eines Augenblicks verblassen sämtliche Geräusche, bis sie nahezu ausgeblendet sind: das Klappern der Teller und Gabeln, das monotone Plätschern der Konversation, die gebrüllten Befehle, das Fauchen der Espresso-Maschine, das Brutzeln, Zischeln und Blubbern des Fleisches, das helle Klirren der Weingläser. Die ganze Umgebung beginnt, in einem seltsamen unscharfen Licht zu glühen, und alles bewegt sich wie in Zeitlupe. Die Zeit bleibt stehen.

In diesem Zeitloch kann ich mich davon freimachen, dass Tisch sechs seinen Martini mit Olive, Zwiebel und außerdem gerührt haben möchte, dass Tisch sieben den Salat erst nach dem Hauptgericht will und ich mich an Tisch fünf ausführlich werde entschuldigen müssen, wenn und falls deren Bestellungen eintreffen. Stattdessen denke ich daran, dass meine Schicht bald zu Ende ist und ich mit mindestens hundert Dollar Bargeld heimgehen werde. In weniger als zwei Stunden werde ich zu Hause sein und das tun, wozu ich Lust habe. Und als unschätzbaren Bonus werde ich meinem reichhaltigen, bunt gemischten Erfahrungsschatz eine weitere Geschichte hinzufügen.

Bis dahin bediene ich einfach.

1

Die Luncheonette

Es ist ein sehr ruhiger Freitagabend. Ich habe bisher herzlich wenig Tische gehabt und der Abend verspricht ziemlich zäh zu werden. Zum zehnten Mal blicke ich auf die Uhr. Erst halb neun. Obwohl sich die Zeit endlos dahinschleppt, frage ich den Geschäftsführer wohlweislich nicht, ob er mich eher nach Hause gehen lässt. »Man kann nie wissen«, würde er erwidern. »Es könnte noch hektisch werden. Schließlich haben wir Freitagabend.«

Es wird nicht hektisch werden, das weiß ich. Die Stoßzeit ist vorbei. Morgen wird er sich wieder über die sprunghaft steigenden Lohnkosten beschweren. Ich falte Servietten und warte. Endlich schlendert die Platzanweiserin mit einem neuen Paar zu einem meiner Tische hinüber. Heute Abend hatte ich nur Paare, die sich eine Suppe und einen Salat geteilt haben. Mein Umsatz ist im Keller. Wenn ich meine Abrechnung mache, wird sich der Geschäftsführer auch darüber beschweren. Ich nähere mich dem Tisch und wittere sofort Probleme. Prompt erweist sich bereits die Getränkebestellung als äußerst problematisch.

»Ich nehme den Cabernet«, sagt sie.

»Nein, den magst du nicht«, sagt er.

»Doch«, beharrt sie eisern, »ich mag ihn wohl.«

»Du magst Chianti«, sagt er. »Der ist hier sehr gut.«

»Ich will den Chianti nicht. Den kannst du ja nehmen.«

»Wir nehmen zweimal den Cabernet«, wendet er sich lächelnd an mich. Er scheint sie versöhnlich stimmen zu wollen, aber sie wirkt bereits ziemlich genervt. Irgendwie wird es wieder so enden, dass ich an allem schuld bin.

Bis ich mit dem Wein zurückkehre, haben sich die beiden bereits in Kampfstimmung versetzt.

»Ich möchte Linguini spezial mit extra Muscheln«, sagt sie.

»Statt der Shrimps?«, frage ich.

»Nein, ich möchte die Shrimps. Aber ich will auch noch Muscheln dazu. Ist das machbar für Sie? Keine Bange, ich werde das auch extra bezahlen. Egal, was es kostet.« Sie durchbohrt mich mit einem stählernen Blick, der besagt, ich solle es ja nicht wagen, ein Nein auszusprechen oder mit meiner Antwort auch nur einen Moment zu zögern.

»Extra Muscheln«, wiederhole ich überdeutlich. »Möchten Sie einen Salat oder eine Vorspeise?«

»Ich esse keinen Salat«, erwidert sie. »Nur die Muscheln. Sie bringen mir doch die extra Muscheln, ja?«

»Extra Muscheln«, wiederhole ich. »Kein Problem.« Um sie zu überzeugen, ziehe ich meinen Bestellblock heraus und mache eine Notiz. »Blöde Zicke«, schreibe ich und lächle sie dabei an. Dann wende ich meine Aufmerksamkeit ihrem Begleiter zu. »Und für Sie, Sir?«

»Lassen Sie mich Ihnen erklären, was ich möchte«, sagt er salbungsvoll. Dieser Satz signalisiert Ärger, so sicher wie ein rotes Tuch, das man einem Stier vor die Nase hält. Er bedeutet, dass der gute Mann nicht gedenkt, die Speisekarte auch nur aufzuschlagen, geschweige denn, sich ein Gericht auszusuchen. Nein, er hat etwas Bestimmtes im Sinn und verlangt von mir, dass ich es ihm herbeischaffe, gleichgültig, worum es sich handelt. Vor allem dann, wenn es nicht in der Speisekarte aufgeführt ist und wir es nicht haben. Ob er seine Begleiterin damit beeindrucken will, dass er sich wie ein hohes Tier aufspielt, oder ob er einfach nur nerven möchte, kann ich nicht beurteilen. Jedenfalls setzt er eine kämpferische Dynamik zwischen uns dreien in Gang, die für die Dauer seiner Mahlzeit anhalten wird. Das Spiel hat begonnen, wir sind im Rennen.

»Ich möchte Shrimps-Scampi. Haben Sie so etwas?«

»Sie meinen Horngarnelen?«

»Ja.«

»Mit Knoblauch und Butter?«

»Ja.«

»Nein«, teile ich ihm mit, »die haben wir nicht. Wir haben nur die kleinen Garnelen, die Shrimps. Tut mir Leid.« Ich habe die Herausforderung angenommen. Warum sollte ich es ihm einfach machen? Das wird er auch nicht tun.

»Dann bitten Sie den Küchenchef, mir etwas zuzubereiten. Etwas in der Art von Shrimps-Scampi.«

»Wir haben wirklich keine ...«

»Sagen Sie es ihm einfach.« Er lächelt abermals und diesmal besagt sein Lächeln: »Wenn du nicht tust, was ich sage, werde ich den Geschäftsführer rufen und eine richtig hässliche Szene veranstalten.«

Ich mache eine Bestandsaufnahme der Situation. Seine Begleiterin hat eine blasierte Schnute gezogen. Sie genießt die Situation ungemein. Er sieht mit seinem dicken Goldring am kleinen Finger, dem fetten Goldarmband und den Goldketten um den Hals, die dick genug wären, um einen Gaul damit zu erdrosseln, wie eine Karikatur aus. Wenn er spricht, klingt er wie eine schlechte Imitation von Billy Crystal, der Fernando Lamas imitiert. Er sieht aus wie der geborene Anwärter für das Zeugenschutzprogramm. Sie hat ein sehr hübsches Gesicht, allerdings mit zu viel Schminke zugekleistert. Im Gegensatz zu ihm trägt sie nur wenig Schmuck. Sie umklammert immer wieder ihre in Reichweite liegende Handtasche, als rechne sie damit, jeden Moment aufspringen und davonstürmen zu müssen. Ihr körperbetonter Hosenanzug ist von eleganter Schlichtheit und sieht teuer aus.

Der Gedanke, mich mit diesen beiden anzulegen, hat plötzlich etwas Ermüdendes an sich. Ich bin heute Abend einfach nicht in der Stimmung. Und als ich so dastehe und meinen nächsten Schachzug überlege, werfe ich binnen eines Sekundenbruchteils meinen ganzen Plan über den Haufen. Warum nicht seinen Wunsch erfüllen? Warum keinen extra Gang für ihn machen? An Zeit mangelt es mir ja weiß Gott nicht. Ich werde zum Küchenchef gehen und mit ihm reden, ungeachtet der möglichen Risiken für mein eigenes Seelenheil. Der Abend droht für die beiden ein Reinfall zu werden. Vielleicht kann ich meinen Teil dazu beitragen, damit es doch noch ein guter Abend wird.

»Einen Moment bitte«, sage ich. »Ich bin gleich zurück.«

Ich nähere mich dem Küchenchef, der an diesem ruhigen Abend so gelangweilt ist, dass er für einen Gast am Tisch einen Seebarsch entgrätet. Normalerweise vermeidet er es, sich den Gästen zu zeigen.

»Ich brauche Sie«, zische ich ihm zu.

»Ach, wirklich?«, erwidert er und hebt viel sagend die Brauen.

»Ja, wirklich.«

Sobald er den Seebarsch auseinander genommen und in flockige Fetzen zerteilt hat, folgt er mir zum Tisch. Mein Pärchen wirkt recht überrascht, als er vor ihnen auftaucht.

»Ich habe den Küchenchef persönlich hergebeten, damit er mit Ihnen spricht«, teile ich den beiden mit.

»Ach, das ist ja großartig«, sagt Goldkette. Der Küchenchef ist einnehmend und überfreundlich, doch ich merke ihm an, wie viel Mühe es ihn kostet, seinen typischen Sarkasmus zu zügeln.

»Ich möchte einfach nur eine Portion Shrimps-Scampi«, sagt Goldkette.

»Leider habe ich die großen Horngarnelen nicht«, sagt der Küchenchef. »Ich habe nur die kleinen, aber wenn Sie möchten, kann ich Ihnen davon eine Portion zubereiten.«

»Wunderbar«, sagt Goldkette.

»Also eine Portion Shrimps mit etwas Olivenöl und Knoblauch?«

»Und dazu vielleicht Pasta?«

»Sie wünschen Pasta?«

»Ich weiß nicht. Sie entscheiden. Gut, okay, Pasta.«

»Dazu bräuchte ich von Ihnen noch ein paar klitzekleine Informationen«, sagt der Küchenchef. »Ich kann Ihnen jede Pasta zubereiten, aber Sie müssen mir verraten, was Ihnen schmeckt.«

Die beiden diskutieren noch eine Zeit lang die Details, während ich daneben stehe und warte. Schließlich verschwindet der Küchenchef.

»Ein netter Mensch«, sagt Goldkette zu mir.

»Heute Abend vielleicht«, erwidere ich.

»Ach, haha, er ist nicht immer so?«

»War nur ein Scherz«, sage ich lächelnd.

»Danke, dass Sie ihn hergeholt haben«, sagt Goldkette.

»Ja«, merkt seine Begleiterin säuerlich an. »Danke.«

Sie haben bekommen, was sie wollten. Alle sind glücklich. Das Leben ist wunderbar.

»Wir nehmen jeder noch ein Glas Cabernet«, teilt mir Goldkette mit. Die Begleiterin schüttelt den Kopf, doch wieder setzt er sich einfach darüber hinweg.

Ich frage mich, welche Geschichte zwischen den beiden abläuft. Ihre Körpersprache bietet wenig Anhaltspunkte. Sie sitzen an derselben Seite des Tisches, doch sie rückt von ihm ab und kreuzt in einer unbewussten Geste schützend die Arme vor ihren üppigen Brüsten. Während sie zurückweicht, lehnt er sich zu ihr und legt den

Arm über ihre Stuhllehne. Die Spannung zwischen den beiden ist geradezu greifbar. Gemessen an dem besitzergreifenden Ton, den er ihr gegenüber anschlägt, ist dies nicht ihr erstes Rendezvous. Aber sie sind nicht verheiratet. Zum einen trägt sie keinen Ring, zum anderen sitzen Ehepaare nur sehr selten nebeneinander an derselben Tischseite. Ich schätze mal, es ist ihre dritte oder vierte Verabredung. Er scheint sie betrunken machen zu wollen. Vielleicht haben sie sich über eine Bekanntschaftsanzeige kennen gelernt.

Ihre Gerichte sind kurz nacheinander fertig, und als ich sie auf einem Tablett zu ihnen hinübertrage, muss ich innerlich grinsen. Für Goldkette hat der Küchenchef eine kaum abgewandelte Variante eines Gerichts gezaubert, das wir in unserer Speisekarte führen. Hätte der Gast sich die Mühe gemacht, einen Blick in besagte Karte zu werfen, hätte er sich diese Mahlzeit auch selbst bestellen können.

»Sieht köstlich aus«, sagt Goldkette. Seit ich zuletzt am Tisch war, ist etwas in der Beziehung zwischen Goldkette und seiner Begleiterin in Bewegung geraten. Sie scheinen eine Art stillschweigender Übereinkunft getroffen zu haben. Ihre Haltung ist entspannter. Er bestellt noch ein Glas Wein für sich, nachdem er ihres geleert hat.

»Teilen Sie dem Küchenchef doch bitte mit, dass es ganz vorzüglich schmeckt«, sagt Goldkette. »Sagen Sie ihm, ich möchte ihn gern zu einem Drink einladen.«

Pflichtbewusst begebe ich mich in die Küche, wo ich den Chef dabei antreffe, wie er mit dem Finger in einem Häufchen roher Tintenfische herumstochert.

»Er ist begeistert«, berichte ich ihm.

»Das war zu erwarten«, erwidert er.

»Er möchte Ihnen einen Drink spendieren.«

»Sie wissen doch, dass ich bei der Arbeit nicht trinke«, weist mich der Chef zurecht.

»Er besteht darauf.«

»Dann bestellen Sie auf seine Rechnung eine Flasche Dom Perignon. Die trinke ich dann mit Ihnen nach der Arbeit.«

»Ich glaube, das wäre nicht in seinem Sinn.«

»Dann stellen Sie ihm das teuerste Glas Wein, das wir haben, in Rechnung und sagen Sie dem Barkeeper, er soll es nicht ausschenken.«

»Das widerspricht meinem Berufsethos.«

Der Chef zuckt die Achseln. »Was soll ich Ihrer Meinung nach denn tun? Richten Sie dem Mann meinen Dank aus, aber ich muss leider ablehnen.«

»Das geht für mich in Ordnung«, sage ich.

Trotz ihrer überzogenen Forderungen essen Goldkette und seine Begleiterin kaum etwas. Nach wenigen Bissen verschwindet sie in der Damentoilette. Ich ergreife die Gelegenheit, um mit Goldkette Rücksprache zu halten und mich zu vergewissern, dass er mit seinem speziell angefertigten Gericht auch zufrieden ist.

»Ja, es ist ausgezeichnet«, sagt er, »aber mal ganz unter uns gesagt …« Er bedeutet mir, näher zu kommen und mich zu ihm hinunterzubeugen. »Das ist nicht das erste Mal, dass der Küchenchef persönlich an meinen Tisch kommt.« Er bläst mir seinen Knoblauchatem ins Gesicht. Ich muss ein Würgen unterdrücken. »Die kommen immer zu mir und gehen auf meine Wünsche ein«, fährt Goldkette fort. »Für einen Küchenchef ist es keine große Sache, zu einem Gast zu kommen. Ich finde, das kann man durchaus verlangen. Daran sollten Sie immer denken.«

»Stimmt, Sie haben Recht«, antworte ich. »Ich freue mich, dass alles zu Ihrer Zufriedenheit verläuft.« Eilends entferne ich mich von seinem Tisch. Ich hätte den Vorschlag des Chefs befolgen und diesem Typen alle Sonderwünsche in Rechnung stellen sollen. Ich hätte ihm das Glas Wein auf den Preis aufschlagen sollen. Hier fehlt der

Respekt. Mit einem knoblauchstinkenden Atemzug hat Goldkette jegliche altruistische Absicht, die ich ihm gegenüber gehabt habe, zunichte gemacht. Es kümmert ihn nicht, dass ich für ihn einen extra Gang gemacht habe. Seiner Ansicht nach ist dieser Gang im Preis des Essens enthalten. Ich als Person zähle überhaupt nicht.

Ich habe es satt zu versuchen, mich den Leuten auf einer menschlichen Ebene zu nähern. Ein vertrautes Gefühl überschwemmt mich. Und ich denke: Kellnern ist in der Tat eine seltsame Art, sich den Lebensunterhalt zu verdienen. Mir fällt eine Szene aus *Harry außer sich* ein, dem Woody-Allen-Film, den ich vor einigen Monaten gesehen habe. Woody Allens Hauptfigur ist bei einer Prostituierten und fragt sie, wie sie es schafft, so einen Job zu machen. Die Prostituierte antwortet, das sei immer noch besser als Kellnern. Darauf sinnt er eine Weile darüber nach, weshalb jede Prostituierte, der er diese Frage gestellt hat, die gleiche Antwort gegeben hat. Schließlich gelangt er zu dem Schluss, dass Bedienen der schlimmste Job der Welt sein muss.

Ich habe mir den Film mit zwei anderen Kellnerinnen angesehen. Anfangs lachten wir über die Szene. Danach applaudierten wir. Woody hat da einen interessanten Punkt angesprochen. Bedienen mag zwar nicht der schlimmste Job der Welt sein, aber Prostitution ist im Gegensatz dazu aufrichtiger und ungeschminkter. Meine Mutter, die Königin des Euphemismus, hat mir, als ich zwölf war, den Begriff Hure so erklärt: »Eine Hure ist eine Frau, die gegen Bezahlung freundlich zu Männern ist.«

Und ich frage mich jetzt, ob sich das so sehr von der Arbeit unterscheidet, die ich im Moment tue.

Goldkette gibt mir ein Zeichen, die Teller abzuräumen. Sie dächten noch über ein Dessert nach, teilt er mir mit. Vielleicht würden sie später auch einen Kaffee nehmen, fügt er hinzu. Er drückt sich an seine Begleiterin und flüstert ihr ins Ohr. Ich bin am Tisch nicht länger erwünscht. Wahrscheinlich wird es noch eine Weile dauern, bis die beiden aufbrechen. Also falte ich wieder Servietten und beobachte die beiden aus der Ferne, um auf ein Zeichen hin sofort an ihren Tisch eilen zu können. Und während ich die Servietten neben mir aufstaple, sinne ich erneut über die Absonderlichkeiten meines Berufs nach.

Meinen ersten Kellnerjob hatte ich als Teenager. Hätte mir damals jemand prophezeit, dass ich am Ende des Millenniums nach wie vor Tabletts durch die Gegend schleppen würde, hätte ich ihn für verrückt erklärt. Es muss einen Grund dafür geben, sage ich mir. Einen Grund, weshalb ich noch immer für diese anstrengende Schichtarbeit zu haben bin. Einen Grund, weshalb ich mich noch immer für die Art von Spiel, das ich soeben mit Goldkette gespielt habe, begeistere.

Nach und nach entferne ich mich von dem Klappern und Summen des Restaurants und beginne damit, meine Erinnerungen zu durchsieben und zu ordnen, ein Verfahren, das ich in den vielen Jahren als Bedienung perfektioniert habe. Ich zappe durch die Farben und Klänge meiner Vergangenheit, bis ich an die Stelle gelange, nach der ich gesucht habe. Hier verweile ich, bei diesem speziell gefärbten Abschnitt meiner Erinnerung, und gönne mir die Freude, ihn noch einmal zu durchleben.

Im Jahre 1978 war ich sechzehn. Damals lief gerade *Grease* an. Obwohl meine Freundinnen es nicht zugaben, wollten sie alle aussehen wie Olivia Newton-John, wenn sie diese dünnen schwarzen Fummel trägt. Ich war, soweit ich weiß, die Einzige, die Stockard Channing attraktiver fand. Jedenfalls war ihre Rolle die interessantere. Doch das waren unpopuläre Ansichten, die ich lieber für mich behielt.

Im Frühjahr begann ich meinen Vater damit zu nerven,

dass ich einen Job haben und wie alle meine Freunde während der Sommerferien arbeiten wollte. Seine Antwort war vorhersehbar: »Warum willst du einen Job? Du kannst noch ein Leben lang arbeiten. Warum genießt du nicht deine Freiheit, solange es geht?«

Ich fand dieses Argument nicht überzeugend. Der Gedanke, noch einen schwülen Sommer am Pool des Jüdischen Gemeindezentrums zu verbringen und mir die Haare mit Zitronensaft einzureiben, um den perfekten Blondton zu erlangen, war schlicht und einfach deprimierend. Das vergangene Jahr war schlimm genug gewesen. Der Serienmörder »Son of Sam« war bis August auf freiem Fuß gewesen, was die gesetzten Damen am Pool zu täglich neuen Spekulationen veranlasste. »Der letzte Mord war in Yonkers, da ist es nur eine Frage der Zeit, wann er hier auftaucht. Vielleicht ist er ja schon hier.«

Das von ihren Alumatten reflektierte Sonnenlicht blendete mich – damals verschwendete noch niemand einen Gedanken an Hautkrebs –, was mir sogar ganz lieb war, denn es ersparte mir den Anblick ihrer dicklichen vierzehnjährigen Söhne, die als »Bomben« in den Pool sprangen. Mehrmals täglich plärrte aus der Musikanlage »Cold as Ice« von Foreigner. Kurzum: Es war eine durch und durch unerfreuliche Erinnerung.

Außerdem lag ich, was wertvolle Lebenserfahrungen betraf, erschreckend weit hinter meinen Freundinnen zurück. Die zehnte Klasse war für viele meiner Altersgenossen sehr aufregend. So hatte beispielsweise Valerie Grossman eine verbotene Affäre mit einem Puertoricaner begonnen und war tatsächlich »bis zum Äußersten« gegangen. Nach einem von vielem Gemunkel begleiteten Schwangerschaftsalarm sah man sie in den Weihnachtsferien zur Beratungsstelle für Geburtenkontrolle trotten, um sich dort ein Diaphragma abzuholen. Doch der Junge, den ich das ganze Jahr über angeschmachtet hatte, machte seinen Abschluss und ging zur Army. Ich hatte das Gefühl, als würde das Leben an mir vorbeiziehen, während ich an der Seitenlinie stand und zuschaute. Ich brauchte eine Abwechslung. Ich brauchte etwas Abenteuer. Ich brauchte einen Job.

Nach weiterem Gequengel schlug mein Vater schließlich eine Art Kompromiss vor. »Du willst einen Job?«, fragte er. »Gut, ich habe einen für dich. Du kannst in der Luncheonette arbeiten.«

Die Luncheonette, die er meinte, lag im Zentrum von Maxman's Cottages, einer Bungalow-Siedlung für Feriengäste. Zusammen mit Hotels wie The Concord, Grossinger's und Kutscher's war die Siedlung in unserem schönen Monticello in der nördlichen Provinz des Staates New York eine Art Institution. Die meisten Sommerferiengäste fuhren mit ihren Familien gleich nach Schulschluss die zwei Stunden von der Stadt hierher und ließen sich häuslich nieder. Während der Woche fuhren die Väter meist zum Arbeiten in die Stadt zurück und überließen Ehefrauen und Kinder bis zum Wochenende sich selbst. Manche Bungalow-Siedlungen hatten sich »Themen« verschrieben und waren etwa für Vegetarier oder Chassidim.

Zu Maxman's Cottages – deren einziges »Thema« zu sein schien, so viel Geld wie möglich aus den Mietern herauszupressen – gehörten ein Restaurant, ein Spieleraum, ein Kasino, zwei Swimmingpools und ein Lebensmittelgeschäft. Nach dem Labor Day, dem ersten Montag im September, wurde die ganze Anlage wieder dichtgemacht. Die Eigentümer von Maxman's vermieteten die Bungalows und das Restaurant nur den Sommer über, was ihnen allerdings genügend einbrachte, um durch die kargen Wintermonate zu kommen. Viele Mieter kamen schon seit Jahren und hatten mit der Zeit ihr halbes Viertel angeschleppt. In den 50er- und 60er-Jahren befanden sich diese provisorischen Gemeinschaften auf dem Höhepunkt, doch auch in den späten 70ern gab es in den Catskill Mountains noch hunderte davon.

Aus dem Wunsch heraus, einen neuen Schritt zu wagen und selbst ein Restaurant zu leiten, hatten meine Eltern beschlossen, die Luncheonette den Sommer über zu mieten. Es wäre zwar kein richtiger Job, überlegte ich, da ich für meine Eltern arbeiten würde, aber es war sehr nahe dran. Die Aussicht auf Abenteuer rückte in verlockende Nähe.

Mein Vater war ein durchaus kreativer Koch. Für die Kinder, die tagsüber das Ferienlager besuchten, dachte er sich täglich ein neues Mittagsmenü für einen Dollar neunundneunzig aus. An einem Tag war es ein Hamburger mit Pommes und einem Becher Limonade, an einem anderen Tag ein überbackenes Käsesandwich mit Mixed Pickles. Nach ein paar Wochen ging er zu der Strategie über, Altvertrautes neu zu verpacken. So ließ er mich eines Morgens nach dem Frühstück ein Schild malen, auf dem stand: »Spezialität des Tages: Las Vegas Hot Dogs«. Natürlich löcherten wir ihn, was er damit meinte. Mein Vater warf die Würstchen kurzerhand in die Fritteuse, statt sie wie sonst auf dem Rost zu braten, und verkündete: »Seht her, das sind Las Vegas Hot Dogs. Kommt, probiert nur.«

In der Luncheonette gab es einen schönen Siphon, der meinen Vater an seine Kindheit in Brooklyn erinnerte, und er zeigte meiner Schwester und mir, wie man Lime Rickeys und andere Cocktails mixte. Außerdem hatten wir eine altertümliche Milkshake-Maschine, in der mein Vater Malzgetränke zubereitete. Daneben kochten wir Kaffee und brühten Tee auf. Nach wenigen Wochen der Irrtümer und Experimente war unser Speiseplan mehr oder weniger perfekt.

Schon bald schlossen wir Bekanntschaft mit den Feriengästen. Sie waren zum größten Teil recht freundlich und sehr angetan davon, dass eine Familie die Luncheonette führte. Für mich wurde das Lokalkolorit deutlich aufgehellt durch eine große Gruppe Teenager, alle etwa in meinem Alter. Die Mädchen waren ein Haufen Schnattergänse, die sich vorwiegend für ihre Frisuren und ihre Sonnenbräune interessierten – mit Ausnahme der fünfzehnjährigen Lori Zucker, die in einer Nische der Luncheonette aus dem Stegreif Seminare über die Kunst der Fellatio abhielt. »Ihr solltet wirklich lernen, wie man das macht«, pflegte sie zu sagen. »Ihr könnt euch nicht vorstellen, wie sehr das die Jungs mögen.«

Die Jungs waren freilich ein Kapitel für sich. Auf mich wirkten sie allesamt wie supercoole Typen aus der Stadt, die weit mehr über das Leben wussten als ich. Meine Hauptinformationsquelle in Bezug auf Liebe und Romanzen war zu jener Zeit das Buch *Die Dornenvögel,* das ich so oft gelesen hatte, dass es am Rücken auseinander fiel. In den ersten Wochen des Sommers sah ich, wie alte Liebeleien wieder aufblühten und neue entstanden. Ich war ein neues Gesicht in der Gruppe und wurde, zu meiner Freude, sofort als eine potenzielle Freundin gehandelt.

Meine zunehmende Beliebtheit bei den jungen Typen im Maxman's bedeutete jedoch nicht, dass deren Eltern nachsichtiger gewesen wären, wenn es um ihre Mahlzeiten ging. Als eine der zwei Bedienungen in der Luncheonette – meine damals dreizehnjährige Schwester Maya war die andere – war ich der Prellbock für die Unzufriedenheiten der Gäste. Mein Vater zog es vor, hinter der Theke oder in der Küche zu bleiben. Niemand, so behauptete er, würde auf ein unschuldiges sechzehnjähriges Mädchen losgehen. Er irrte sich. Die Luncheonette bedeutete für mich eine radikale Einführung in die Launenhaftigkeit der menschlichen Natur, vor allem, wenn es ums Essen ging. In der Luncheonette gab es nur Stammgäste. Jeder mochte die Gerichte genau »so und nicht anders« und niemand scheute davor zurück, lauthals seine Meinung kundzutun.

Da war zum Beispiel Mr. Grubman, der seine Umgebung des Langen und Breiten davon in Kenntnis setzte, dass er eine Darmoperation hinter sich hatte. Der korpulente Mr. Grubman aß, als wollte er sich einen Eintrag im *Guinness Buch der Rekorde* sichern. Allerdings konnte er nur bestimmte Speisen zu sich nehmen: Riesige Fleischplatten verschwanden in seinem Schlund, dicht gefolgt von gigantischen Käseplatten. »Ich brauche meine Proteine«, sagte Mr. Grubman gern. »Gibt es noch mehr davon?«

Mein Vater konnte mit Mr. Grubmans Appetit kaum Schritt halten.

Dann gab es da den kleinen Ricky Scalini. So gut wie jeden Morgen hievte er sich auf einen Barhocker und verlangte mit der weltmännischen Lässigkeit eines Scorsese-Helden: »'nen Kaffee und 'nen Bagel. Frischkäse.«

Ricky war vier Jahre alt. Manchmal begleitete ihn seine Mutter, Baby. Sie rauchte Kette und trank Tab. Mein Vater gab sich alle Mühe, sie zufrieden zu stellen, denn er war mit ihr, wie er gestand, auf derselben High School gewesen. »Sie war 'ne Schlägertype«, erzählte er.

Die bei weitem unheimlichste Person war jedoch Sophie Zucker, die Großmutter der frühreifen Lori. Die voluminöse Mrs. Zucker aß fast jeden Tag in der Luncheonette, doch richtig in Fahrt kam sie an den Wochenenden.

Die Samstagabende waren die hektischsten der Woche. Wir arbeiteten bis Sonntag früh um drei Uhr durch. Die Eigentümer der Anlage buchten mit Vorliebe viertklassige Komiker aus Catskill, die unglaublich schwache Nummern zum Besten gaben. Samstagabends endete ihr letzter Auftritt erst nach Mitternacht. Danach strömte das Publikum aus dem Saal in unsere Luncheonette und futterte sich dort bis in die frühen Morgenstunden durch.

Da wir während der Shows servierten, konnten wir die Nummern nur bruchstückweise sehen. Bei einem allseits beliebten Witz streckte der Komiker seine Hand mit gespreizten Fingern aus. »Wählen Sie einen Finger«, sagte er zu jemandem aus dem Publikum. »Moment«, fügte er dann hinzu und schüttelte kräftig die Hand. »Ich muss noch mischen.«

Die Leute brüllten vor Lachen und aßen unsere Hamburger, unseren Schweinebraten auf Knoblauchbrot – ein Favorit bei den jüdischen Stammgästen, die gerne mal die koscheren Gesetze umgingen –, gebratene Hühnchen nach Mutters Geheimrezept und U-Boot-Sandwiches. Wir servierten hauptsächlich auf Plastikgeschirr, doch manchmal, an Samstagabenden, benutzten wir auch Porzellan.

Sophie Zucker war gewöhnlich die Erste in der Schlange für den Schweinebraten auf Knoblauchbrot, und jedes Mal, wenn sie ihn aß, rief sie mich zu sich. Ich näherte mich ihrem Tisch immer mit einem mulmigen Gefühl.

»Liebschen«, sagte sie mit ihrem breiten Akzent, »sach deinem Vater doch, er soll bitte mehr Fleisch aufs Samwich tun. Guck, Liebschen, so geht das nicht.« Sie klappte ihr Sandwich auf.

Ich hatte zwar eher den Eindruck, dass nicht nur auf dem Sandwich, sondern auch auf den Rippen der imposanten Mrs. Zucker genügend Fleisch war, um eine ganze Schar hungriger Kinder zu ernähren, doch aus irgendeinem Grund war sie mit ihrer Portion nie zufrieden. Beim ersten Mal brachte ich das Sandwich noch pflichtbewusst in die Küche zu meinem Vater, der gerade über Mr. Grubmans Platten schwitzte, und erzählte ihm von Mrs. Zuckers Beschwerde.

»Quatsch«, erwiderte mein Vater. »Auf dem Brot liegt

mindestens ein halbes Schwein.« Er drehte den Belag um, gab ein ganz klein wenig mehr Fleisch hinzu und schickte das Sandwich wieder nach draußen.

»Nein, nein, Liebschen!«, rief Mrs. Zucker schrill. Sie ließ eine kleine Schimpfkanonade vom Stapel: Man könne für sein Geld ja wohl etwas verlangen, sie sei nicht bereit, auch nur einen Cent für ein so popeliges Sandwich zu bezahlen, sie lasse sich nicht ausnutzen – und so weiter und so weiter. Die Sache wurde allmählich sehr persönlich. »Erzähl das deinem Vater, Liebschen, mach schon, erzähl es ihm!«, schrie sie.

Mrs. Zucker machte mir Angst, und ich hatte keinen Zweifel, dass sie mich, wenn sie wollte, mit ihren fleischigen Händen in Stücke reißen könnte. Nicht weniger beklommen war mir bei dem Gedanken, meinen Vater erneut mit dem Sandwich zu nerven. Doch mein Vater ließ sich nicht aus der Ruhe bringen: Mrs. Zucker bekam mehr Fleisch auf ihr Knoblauchbrot. Und seitdem verlangte sie bis zum Labor Day jeden Samstagabend mehr Fleisch, ganz gleich, um welches Sandwich es sich handelte.

Das Bedienen in der Luncheonette war anstrengender, als ich gedacht hatte. Am schwierigsten fand ich es, meinen Vater zufrieden zu stellen. Er war zwar kein Sklaventreiber, dafür aber ein Perfektionist. Und natürlich war er seinen Töchtern gegenüber strenger, als er es einer fremden Bedienung gegenüber gewesen wäre. Da war zum Beispiel die Sache mit den Melonen. Als er entdeckte, dass ich eine Melonenhälfte abgepackt hatte, ohne vorher die Kerne zu entfernen, erteilte er mir eine fünfzehnminütige Lektion darüber, weshalb man die Kerne entfernen musste, statt mich einfach aufzufordern, sie zu entfernen.

»Verstehst du das denn nicht?«, fragte er. »Ist dir nicht klar, dass die Melone schneller fault, wenn du die Kerne drinlässt?«

»Das wird wohl so sein«, sagte ich.

»Das wird wohl so sein? Ich glaube, du hast es immer noch nicht begriffen, und ich würde gern wissen, warum. Denn wenn du es nicht begriffen hast, wirst du auch die nächste Melonenhälfte mit Kernen in den Kühlschrank legen, und sie wird schlecht werden, und ich werde ziemlich wütend darüber sein, weil gutes Obst sinnlos verschwendet wurde.«

Für meinen Vater bedeutete die Luncheonette kein Freizeitvergnügen, und er wollte auch mir begreiflich machen, dass es *Arbeit* war. Er tolerierte keine Schlampigkeit, und was immer wir in der Küche vorbereiteten und nach draußen brachten, musste so appetitlich und gut wie möglich aussehen, Melonen eingeschlossen. Mein Vater hasste es auch, wenn man untätig herumstand. Wir hatten zwei Wochen benötigt, um die Luncheonette vom Schmutz des Vormieters zu säubern und so blitzblank zu putzen, wie es den Vorstellungen meines Vaters entsprach, ehe wir die erste Tasse Kaffee servierten. Auch als wir dann regulär geöffnet hatten, verbrachte ich etliche Stunden damit, die Theke und die Auslage zu polieren.

Allabendlich kamen wir abgekämpft und entkräftet nach Hause. Der Massenandrang an den Freitag- und Samstagabenden war jedes Mal eine Ausdauerübung. Meine Schwester verkraftete die langen Arbeitszeiten und das ständige Herumlaufen nicht so gut wie mein Vater und ich. Samstagabends kam es immer zur gleichen Zeit zu einem tränenreichen Auftritt, sodass man tatsächlich die Uhr danach stellen konnte. Erst zog sie ein weinerliches Gesicht und schniefte vor sich hin, bis sie schließlich hemmungslos zu heulen begann. Wir wussten dann, es war dreiundzwanzig Uhr.

Mir machte es nichts aus, bis spät in die Nacht wach zu bleiben, und das viele Laufen bewirkte bei mir eine vermehrte Ausschüttung von Endorphinen – was vielleicht ein Grund ist, weshalb ich beinahe schon süchtig nach diesem Beruf bin. Nein, mich trieben eher die schwierigen Kunden zur Weißglut, die regelmäßig das Essen zurückgehen ließen und meine Schwester zum Weinen brachten. Nachts im stillen Kämmerlein beklagte ich mich in meinem Tagebuch. »Es ist ein Knochenjob«, schrieb ich. »Ich hasse es, wenn ich angemeckert und wie ein Idiot behandelt werde.«

Ich nahm Beschwerden sehr persönlich, als wären es direkte Angriffe auf mich und meine Familie. Ich konnte nicht verstehen, weshalb die elementarsten Anstandsregeln aufgegeben wurden, sobald sich Menschen zum Essen niedersetzten. Durch die überkritische Haltung meines Vaters und das respektlose Benehmen mancher Gäste gewann ich allmählich den Eindruck, dass dieser Sommerjob eher eine verlängerte Strafe als das erhoffte Abenteuer werden würde.

Doch Mitte Juli geschah etwas, das meine gesamte Einstellung veränderte und die Arbeit in der Luncheonette nicht nur erträglich, sondern geradezu unwiderstehlich für mich machte. Dieses Ereignis war Steve, der verwegenste und attraktivste der infrage kommenden Maxman-Jungs. Ich bemerkte ihn das erste Mal, als er an den Fenstern der Luncheonette vorbeiging, sein langes Haar zurückschleuderte und dabei ein paar Vierteldollarmünzen in die Luft warf. Er setzte sich mit einer Gruppe anderer Jungs an einen Ecktisch, spielte Karten, heckte Strategien aus, um an Bier heranzukommen, und schoss Blicke in meine Richtung. Anfangs war ich zu schüchtern, um mit ihm zu reden, und lächelte ihn nur an, wenn er seinen Hamburger »sehr gut durch« und seine Pommes »knusprig verbrannt« haben wollte. Als er sich eines Nachmittags über die Theke beugte und meine Hand in seine nahm, begann mein Herz wie verrückt zu flattern.

Unter all den Maxman-Jungs, die nach einer Sommerromanze Ausschau hielten, war Steve derjenige, der am hartnäckigsten versuchte, meine Aufmerksamkeit zu erlangen. Er saß jeden Tag an unserer Theke, trank seine Cola, aß seine knusprig verbrannten Pommes und quasselte mich voll – bis ich mich schließlich überreden ließ, in meiner Pause mit ihm schwimmen zu gehen.

Er war ein selbst ernannter *bad boy* aus Long Island, der mich mit seinen Geschichten über Joints, die er zur Aufbesserung seines Taschengelds in U-Bahnen verkaufte, ungemein beeindruckte. Sein schillernder Ruf wurde durch Lori Zucker noch gesteigert. Sobald Steve und ich zu einem Gesprächsstoff geworden waren, teilte sie mir mit: »Ich weiß ja nicht, wie weit du mit Jungs gehst, aber glaub mir, wenn du nicht sehr weit gehst, kannst du die Sache mit Steve vergessen.«

Er hatte ein Kinngrübchen und trug dicke geflochtene Goldketten und bis zum Nabel geöffnete Hemden. Wie fast alle Jungs im Sommer 1978 trug er sein Haar ziemlich lang und war mindestens eine halbe Stunde am Tag damit beschäftigt, es zu fönen und zu stylen.

»Du bist so süß, das gibt's gar nicht«, sagte er – und schon zappelte ich im Netz.

Wir schmusten im Hallenbad und malten über die Jukebox im Spieleraum unsere Initialen in von Pfeilen durchbohrte Herzen. Wie jedes Teenager-Pärchen in diesem Sommer brauchten auch wir unseren eigenen Song. Steve war dieses Detail nicht besonders wichtig und so wählte ich »You Belong to Me« von G4.

Da ich für alle drei Mahlzeiten in der Luncheonette zur Verfügung stehen musste, verbrachte Steve den Großteil seiner Zeit damit, auf meine Pausen zu warten. Er stand spät auf, kam morgens zum Kaffee und flipperte sich durch die Mittagsschicht hindurch. An den Samstagabenden blieb er mit mir wach, solange ich arbeitete, und ich stahl mich zu regelmäßigen Schmusepausen auf das Tischtennisgelände. Manchmal brachte er seine Freunde zum Abendessen mit herein, und sie neckten mich, wenn ich an ihren Tisch kam. Doch gleichgültig, welche Mahlzeit ich servierte, er war immer da, lächelte bewundernd und wisperte mir nebulöse Zweideutigkeiten zu, wenn ich an ihm vorbeiging, Obstteller durch die Gegend schleppte und Tische abwischte. Und gleichgültig, wie früh ich aufstand, mein Tag begann erst in dem Augenblick, wenn Steve durch die Tür hereinkam, einen Vierteldollar auf die Theke warf und sagte: »Morgen, Babe. Wann kommst du heute hier raus?«

Steves Mutter, ein flammender Rotschopf mit Brenda-Vaccaro-Stimme, fand mich »entzückend«. Sie ließ Steve und mich am Pool im Stil von *Grease* posieren und knipste Polaroidfotos. Mein Vater war von Steve allerdings nicht gleichermaßen angetan. Er hatte ein wachsames Auge auf mich, die älteste Tochter, und verzog jedes Mal, wenn er uns flirten sah, unwillig das Gesicht. Um Konfrontationen mit meinem Vater zu vermeiden, hielten Steve und ich unter den ausgebreiteten Zeitungen auf der Theke Händchen und tauschten verstohlene Küsse hinter der Auslage. Jedes Mal, wenn mein Vater in der Küche verschwand, strichen wir rasch aneinander vorbei, um uns wenigstens kurz zu berühren.

Doch eines Nachmittags kam mein Vater früher als erwartet von irgendwelchen Besorgungen in die Luncheonette zurück und ertappte uns dabei, wie wir nebeneinander an einem Tisch saßen. Steves Hand lag auf meinem nackten Knie, und als der Blick meines Vaters zu ebendiesem Knie schoss, war mir klar, dass es Ärger geben würde. Steve zog die Hand sofort zurück, als hätte er sich verbrannt, während ich gleichzeitig aufsprang, doch es war zu spät. Mein Vater war schockiert und verlangte, ich solle »das mit diesem Jungen unverzüglich in normale Bahnen lenken«. Natürlich machte das unsere Beziehung erst recht interessant und fügte ihr den Reiz des Verbotenen hinzu.

Je weiter der Sommer voranschritt, desto dickfelliger und schlagfertiger wurde ich, was mir den Job sehr erleichterte. Ich übte, mehr als einen Teller gleichzeitig zu tragen, und ich lernte vorherzusagen, was unsere Stammkunden bestellen würden. Nun erhielt ich auch Trinkgelder. Sogar Sophie Zucker ließ mir nach dem Essen ein paar zerknüllte Dollarscheine auf dem Tisch zurück.

In dieser Zeit wurde ich mir auch einer Tatsache bewusst, die sich bis jetzt als wahr erwiesen hat: New Yorker geben gute Trinkgelder. Bis zum heutigen Tag atme ich innerlich auf, wenn ein New Yorker an meinem Tisch sitzt. Wie maßlos auch die Ansprüche und wie unverschämt die Bemerkungen sein mögen, ich weiß, am Ende erwartet mich ein gutes Trinkgeld.

Als der Juli in den August überging, wurde meine Liaison mit Steve hitziger. Nach einem besonders späten Samstagabend beschloss meine Familie, die Nacht in der Maxman-Siedlung zu verbringen, statt nach Hause zu fahren. Ich verdrückte mich klammheimlich mit Steve und zwei anderen Pärchen und wir verbrachten die Stunden bis zur Morgendämmerung auf einer die Schnellstraße überhängenden Klippe. Für Steve und seine Kumpels war diese Art von Party ein alter Hut, aber für mich war es das Waghalsigste und Aufregendste, was ich jemals getan hatte. Ich sah zu, wie die ersten goldenen Sonnenstrahlen am Horizont auftauchten, während Steve an meiner Schulter döste. Ich wusste, ich würde böse Schwierigkeiten kriegen, weil ich die ganze Nacht weg gewesen war, doch das war mir in diesem Moment völlig gleichgültig. Ich war wie berauscht von meiner eigenen Tollkühnheit. Dieser Geschmack von Freiheit und Abenteuer war unwiderstehlich.

Als ich wenige Stunden später in die Luncheonette

spazierte – allein, denn ich hatte aus Angst um ihn darauf bestanden, dass Steve mich nicht begleitete –, war mein Vater außer sich vor Wut. Wir hatten einen heftigen Streit, der damit endete, dass ich unter Tränen kreischte: »Aber ich habe doch nichts Schlimmes getan!« Mein Vater verbot mir zwar nicht direkt, Steve wiederzusehen, aber mir war klar, dass ich fortan unter Beobachtung stand. Mein Vater und ich redeten zwei Wochen nicht mehr miteinander, was die Zusammenarbeit in der stickig heißen Luncheonette ziemlich unangenehm machte. Ich muss ihm allerdings zugute halten, dass er Steve nie zur Rede stellte, sondern die Sache als Familienangelegenheit behandelte und mir so eine mehr als peinliche Szene ersparte.

Natürlich bewirkte diese Familienfehde nur, dass die Beziehung zwischen uns noch intensiver wurde, und als der September näher rückte, verstärkte Steve seine Bemühungen, bei mir einen Schritt weiterzukommen. Ich wollte zwar lieber nicht daran denken, woher Lori Zucker ihre intimen Informationen über Steve hatte, doch ihre Prophezeiung schien sich nun zu bewahrheiten. Nachdem Steve sechs Wochen lang unermüdlich Anlauf genommen hatte, dachte er sich nun kreative Argumente aus, die mich dazu verführen sollten, mit ihm auch zu springen. Wir würden bald getrennt sein, erzählte er mir. Er liebe mich, und ob ich ihn denn auch liebe? Er werde sehr behutsam sein, fügte er hinzu. Trotz meiner gesunden Neugier nahm ich mir doch die Lektion von Valerie Grossman zu Herzen und blieb von der Taille abwärts angekleidet. Steve bedrängte mich weiter.

Dieser Kampf erreichte am Labor-Day-Wochenende einen Höhepunkt. In dem Wissen, dass Steve und ich bald auseinander gerissen werden würden, gestattete mir mein Vater – er war nicht völlig herzlos –, den Samstagabend freizunehmen, damit ich ihn mit Steve verbringen konnte. Während seine Eltern im Kasino die letzte Show der Saison genossen, kuschelten sich Steve und ich in seinem abgedunkelten Bungalow aneinander. Nach einer Stunde leidenschaftlichen Pettings, begleitet von Koseworten und Beteuerungen, gab ich schließlich nach.

»Okay«, sagte ich zu Steve, »ich mach es.«

»Bist du dir auch sicher?«

»Ganz sicher«, erwiderte ich, entgegen allen Zweifeln.

Im Lauf der Jahre habe ich mich oft gefragt, was in diesem Augenblick in Steve vorgegangen sein mochte, denn seine nächsten Worte trafen mich völlig überraschend.

»Nein, ich denke nicht.«

»Was?«

»Du bist noch nicht bereit«, sagte Steve, »und ich will nicht, dass dein erstes Mal eine schlechte Erfahrung für dich ist. Ich kann warten. Ich möchte warten, bis du bereit bist.«

Konnte er tatsächlich so einfühlsam sein, fragte ich mich, oder hatte sich vorübergehend ein Außerirdischer seines Körpers bemächtigt? Wie auch immer, ich war jedenfalls verwirrt, verblüfft und von diesem Moment an absolut verliebt. Vor Glück brach ich in Tränen aus. Auch Steve vergoss, gerührt von seiner eigenen Ritterlichkeit, ein, zwei Tränchen. Wir schworen uns unsterbliche Liebe und taumelten Arm in Arm in die Luncheonette zurück. Mein Vater wirkte erleichtert über unsere frühe Rückkehr, und ich half ihm beim Aufräumen mit einer stillen Zufriedenheit, die ihn zutiefst irritiert haben muss.

In den vergangenen zwanzig Jahren habe ich selten solche Momente erlebt wie an jenem Abend im Jahr 1978. Ich hatte einen wunderbaren Freund, der mir gerade auf die bewegendste Art und Weise, die ich mir vorstellen konnte, seine Liebe gezeigt hatte. Mein Vater lächelte mich an und war zum ersten Mal in diesem Sommer völlig zufrieden mit mir. Sogar meine Schwester wirkte energiegeladener und lebhafter als sonst. Ich hatte alles, was ich wollte, und ich war so glücklich, dass ich erneut zu weinen begann. Ich hatte das Gefühl, ich würde ewig leben. Vielleicht ist dieses Glücksgefühl bei einer Sechzehnjährigen nichts Ungewöhnliches, doch es hat seitdem nur sehr wenige Augenblicke gegeben, in denen ich mich so im Einklang mit der Welt fühlte und mir die Zukunft voller Verheißung entgegenstrahlte. Die Atmosphäre in der Luncheonette war ein wesentlicher Bestandteil des Ganzen und verschmolz in meiner Erinnerung für immer mit jenen Empfindungen von Gefahr und Freude, erster Liebe und Triumph.

In den folgenden Tagen machten wir die Luncheonette dicht und sahen zu, wie unsere Stammkunden nach und nach in die Stadt zurückfuhren. Meine Schwester und ich erhielten unerwartete Sonderzulagen: Viele Gäste gaben uns für unsere treuen Dienste während des Sommers noch einen Batzen Trinkgeld. Sophie Zucker war eine von ihnen.

Als eine Woche später die Schule wieder anfing, erschien diese mir grau und entsetzlich still. Ich vermisste den Trubel schrecklich und verbrachte meine Abende damit, jeden Augenblick der vergangenen zwei Monate in meinem Tagebuch festzuhalten. Ich schrieb auch Steve eine Reihe langer Briefe voll von Sehnsucht und Liebesschwüren. Nachdem er sich jedoch als ein nicht gerade verlässlicher Brieffreund entpuppte, wandelte ich die Briefe in Kurzgeschichten um und faltete sie in der Schule zu Heften zusammen, sodass ich sie immer wieder lesen konnte.

Meine Eltern reagierten ganz anders als ich. Mein Vater sprach davon, dass er sich nach der Erfahrung als Luncheonette-Betreiber dringend in spirituelle Abgeschiedenheit zurückziehen müsse. In gewisser Weise setzte er das auch in die Tat um: Neun Monate später zogen wir nach Oregon, in einen abgelegenen und so ländlichen Staat, dass ihn meine Freunde nicht einmal richtig aussprechen konnten. Und nachdem wir den ganzen Sommer lang über Schweinebraten und Hühnchen geschwitzt hatten, wurden nun alle sieben Mitglieder meiner Familie Vegetarier.

Obwohl Steve und ich uns gelobt hatten, in Verbindung zu bleiben, verlor sich der Kontakt schnell. Ich habe ihn nie wiedergesehen – und so bleibt er für mich immer der süße Junge in engen weißen Hosen, der in die Kamera grinst. Maxman's existiert nicht mehr. Wir waren am Ende einer Ära in die Luncheonette gekommen. Kurz darauf wurden beinahe alle Bungalow-Siedlungen geschlossen und gerieten in Vergessenheit.

Ich werde durch Goldkette und seine Begleiterin, die mich wie wild zu sich winken, aus meinen Träumen gerissen. Neben mir befindet sich ein etwa dreißig Zentimeter hoher Stapel aus gefalteten Servietten. Die Erinnerung an die Luncheonette hat mich weit in die Vergangenheit zurückgeführt, und jetzt weiß ich wieder, weshalb ich nach wie vor bediene. Die Arbeit hat für mich noch dieselbe unterschwellige Spannung und dieselbe magische Anziehungskraft wie damals, als ich sechzehn war. Sicher, ich habe mich verändert und die Umgebung ebenso. Ich habe nicht mehr das Gefühl, ich würde ewig leben. Dennoch kann ich mich noch lebhaft daran erinnern, wie es sich anfühlte, wenn jeder Abend ein neues Abenteuer war.

Goldkette und seine Begleitung sind ebenso sehr Teil dieser Empfindungen wie Sophie Zucker oder sogar Steve. Letztendlich sind es meine Beziehungen zu all diesen Menschen, wie kurz die Beziehungen auch gewesen sein mögen, die mich immer wieder zum Weitermachen veranlassen. Bedienen hat für mich nach wie vor den Kick einer positiven Herausforderung. Aber viel wichtiger scheint mir, dass jede Beziehung, die man zu einem anderen Menschen eingeht, eine gewisse Romantik in sich birgt.

Als ich zu Goldkette und seiner Begleiterin hinübergehe, verändert sich meine Einstellung ihnen gegenüber noch einmal. Sie sind mein letzter Tisch, und sobald ich bei ihnen abgerechnet habe, kann ich nach Hause gehen. Als Goldkette nun tatsächlich die Rechnung verlangt – die beiden scheinen es plötzlich sehr eilig zu haben –, bin ich ihm richtig dankbar. Es interessiert mich nicht einmal mehr, ob und wie viel Trinkgeld ich bekomme. Ich habe die beiden in Gedanken bereits abgeschrieben.

Andererseits wird das Trinkgeld der letzte Mosaikstein in dieser Geschichte sein. Werde ich für meine Mühen entschädigt? Ich vermute, nein. Die Rechnung beläuft sich auf vierundfünfzig Dollar und ein paar Cent. Goldkette zahlt mit einer Hundertdollarnote – irgendwie überrascht mich das nicht, er sieht einfach nicht aus wie der typische Kreditkarten-Zahler. An der Bar hole ich das Wechselgeld, eine Fünfdollarnote und zwei Zwanziger. Ich mache mir gar nicht erst die Mühe, einen Zwanziger in zwei Zehner zu wechseln. Mein Riecher sagt mir, es werden fünf Dollar Trinkgeld sein. Aus der Ferne beobachte ich, wie Goldkette Geldscheine aus dem Rechnungsumschlag nimmt und den Umschlag dann an die Tischkante schiebt. Das ist für mich das Zeichen, an den Tisch zu kommen und den Umschlag zu nehmen. Ich warte noch eine Anstandssekunde.

»Noch mal vielen Dank«, sagt Goldkette.

»Ich habe zu danken«, erwidere ich.

Erst als ich außer Sicht bin, öffne ich den Umschlag und sehe hinein. Wohlig liegt dort eine neue Zwanzigdollarnote.

2

Die Ballade vom Trinkgeld

Mein letztes High-School-Jahr war eine Übung in Langeweile. Im Frühjahr meines Junior-Jahres zog also meine Familie aus der nördlichen Provinz New Yorks in ein Vorstadtgebiet außerhalb von Portland in Oregon. Es war hübsch und es war grün, aber ich fand absolut nichts, was mich mit meiner neuen Schule und meinen neuen Klassenkameraden verband. Ich war aus einer bunt zusammengewürfelten, multikulturellen Umgebung in eine kleine Gemeinde gekommen, die in ihrer beängstigenden Uniformität fatal an Stepford aus Ira Levins Roman *Die Frauen von Stepford* erinnerte.

Jeder an meiner Schule erhielt offenbar zum siebzehnten Geburtstag einen Wagen. Für Jungen war die höchste soziale Errungenschaft ein Platz im Football-Team. Für Mädchen war es die Cheerleader-Gruppe. Als man im Fachbereich Theater aus unerklärlichen Gründen beschloss, *Anatevka* aufzuführen, wurden die Rollen an blonde, blauäugige Cheerleaderinnen und Footballspieler vergeben, die Schwierigkeiten hatten, die Namen der Charaktere auszusprechen. Meine Schwester, die den Milchmann Tevje spielte, war das einzige jüdische Ensemblemitglied.

Ich fühlte mich in dieser Umgebung absolut fehl am Platz und schloss auch keine dauerhaften Freundschaften. Beinahe mein gesamtes letztes High-School-Jahr hindurch kam ich mir vor, als sei ich vorübergehend vom Leben suspendiert worden. In meinem Tagebuch, das zu meinem besten und engsten Vertrauten geworden war, schloss ich nahezu jeden Eintrag mit der weinerlichen Bemerkung ab, ich würde schon eine Ewigkeit darauf warten, dass mein Leben endlich begänne.

Statt an den Freizeitaktivitäten teilzunehmen, die mich nicht interessierten, beschloss ich, mir einen Job zu suchen. Seit der Luncheonette hatte mein Vater einen Sinneswandel durchlebt und nichts mehr dagegen einzuwenden, dass ich arbeitete. Vielmehr betrachtete er es nun als eine gute Idee, da ich mir so Geld für das College sparen könnte, wohin ich, wie wir uns alle einig waren, nach dem Abschluss gehen würde.

Ich verteilte etliche Bewerbungen in der ganzen Stadt und erhielt einige Angebote. Der Laden, für den ich mich dann entschied, war das Petit Morsel, ein neues, von einer Familie betriebenes Restaurant in der Nähe unseres Hauses. Die Tatsache, dass sich das Restaurant als »Eatery«, also als Esslokal bezeichnete, hätte mich gleich zu Anfang stutzig machen sollen. Ein Restaurant, das es für nötig hält, die Gäste darauf hinzuweisen, dass sie dort gefälligst zu essen haben, ist irgendwie gruselig. Die Bezeichnung »Eatery« legt auch den Schluss nahe, dass man dort keinen Schimmer hat, welche Art Gerichte überhaupt serviert werden. So nach dem Motto: »Essen Sie bei uns – wir wissen zwar nicht genau, was wir da zusammenköcheln, aber eines ist klar: Hier wird gegessen, kapiert?« Natürlich verfügte ich zu dem Zeitpunkt noch nicht über derlei Insider-Wissen. Ich war einfach froh, einen Job zu haben.

Das Petit Morsel war ziemlich düster, hier passten die Einrichtung und die Stimmung der Besitzer perfekt zusammen. Es war ein junges Paar, das sich beim Kochen, Putzen und Organisieren abwechselte. Die Tische bestanden aus lackierten Baumstümpfen und der Theken-Bereich, wo die Gäste ihre Mahlzeit bestellten, war von einer Reihe schwerer Holzbalken umrahmt. Das höhlenartige Ambiente wurde durch die unförmigen handgezogenen Kerzen auf den Tischen abgerundet. Das Menü folgte ähnlichen Richtlinien. Die meisten Gerichte enthielten entweder Tofu, Hirse oder Sprossen. Vegetarisches Essen galt damals noch als ziemlich revolutionär und hatte nichts von der schmackhaften Leichtigkeit der gegenwärtigen Wellness-Küche an sich. Und so wogen jene mit gesunder Kost beladenen Teller trotz ihrer Fleischlosigkeit eine Tonne.

Die Betreiber des Petit Morsel stellten mich nur widerwillig ein. Eigentlich wollten sie kein Geld für eine Arbeitskraft ausgeben, doch zu zweit war die Arbeit unmöglich zu schaffen. Das Einstellungsgespräch führte ich mit der Ehefrau, die sich alle Mühe gab, den Job so unattraktiv wie möglich erscheinen zu lassen.

»Sie werden sehr viel putzen müssen«, sagte sie. »Sie werden dafür verantwortlich sein, dass alle Tische immer sauber gewischt sind, und Sie werden eine Menge Geschirr tragen müssen.« Als ich ihr mitteilte, das sei für mich kein Problem, seufzte sie: »Okay, dann können Sie Ende der Woche anfangen.«

Mein Job bestand darin, an der Theke Bestellungen entgegenzunehmen und danach die aus der Küche kommenden Mahlzeiten zu servieren. Da ich tagsüber zur Schule ging, konnte ich lediglich die Abendschicht übernehmen, die in der Regel um siebzehn Uhr begann und um zwanzig oder einundzwanzig Uhr endete. Mit dem Mann arbeitete ich nur selten zusammen, die meiste Zeit über war ich allein mit der Frau. An diesen Abenden bereitete sie alle Mahlzeiten zu, kochte und spülte danach das Geschirr. Ich sah zwar, dass sie wirklich hart arbeitete, aber trotzdem ging mir ihre schlechte Laune auf die Nerven. Noch schlimmer wurde es, wenn ihr Mann da war; dann nörgelte sie beinahe ununterbrochen herum und beklagte sich, wie entsetzlich alles sei. In seiner

Abwesenheit grollte sie wenigstens nur stumm vor sich hin.

Nach meiner zweiten oder dritten Schicht merkte ich, dass das Lüftungssystem im Petit Morsel eine einzige Katastrophe war. Wenn ich aus dem Restaurant kam, klebte der Geruch nach gebratenem Tofu an mir wie angebrannte Milch an einem Topf. Gebratene Speisen, erfuhr ich am eigenen Leib, riechen besonders stark, wenn ihr Geruch in der Luft oder an einem Menschen hängt. Nach diesen drei, vier Stunden Arbeit stank ich so grauenhaft, dass mein Vater, der mich normalerweise abholte, mich kaum in sein Auto lassen mochte. Er hielt sich die Nase zu und beschwerte sich die ganze Heimfahrt über. »Merken die denn nicht, wie es da stinkt?«, schimpfte er. »Das ist doch unnormal.«

Meine Mutter beklagte sich sogar noch lauter, wenn ich durch die Tür kam. Sie hielte das nicht aus, schimpfte sie; ich müsse etwas dagegen tun oder aber kündigen. Wir gelangten zu dem Kompromiss, dass ich mich nach der Arbeit in unserer Garage umzog, um das Haus nicht mit meinen Ausdünstungen zu verpesten. Ich wurde wie eine wandelnde biologische Waffe behandelt, und obwohl ich meine Eltern nicht dafür verantwortlich machen konnte, dass der Job für mich rapide an Anziehungskraft verlor, trug ihre Haltung doch einen gewissen Teil dazu bei.

Letztlich war es aber weder die schlechte Belüftungsanlage noch das zweifelhafte Essen, was mich dazu veranlasste, das Handtuch zu werfen. Nein, es war die Sache mit dem Trinkgeld. Als ich in dem Restaurant zu arbeiten begann, klärten mich die Besitzer darüber auf, dass Trinkgelder hier mehr oder weniger nicht existent waren. Sie hatten auf die Theke einen Krug gestellt, in den die Gäste nach Belieben den überzähligen Dollar oder das Wechselgeld werfen konnten, doch da nicht regulär am Tisch bedient wurde, rechneten die Besitzer auch nicht mit regulären Trinkgeldern. Doch die Gäste, zumindest jene, die ich bediente, hatten da andere Vorstellungen. In der ersten Zeit war der Geldfluss noch spärlich, doch schon bald bekam ich ziemlich großzügige Trinkgelder, die nicht im Krug, sondern auf dem Tisch hinterlegt wurden. Als ich das erste Mal eine Fünfdollarnote unter einem Teller entdeckte, glaubte ich tatsächlich, der Gast habe aus Versehen sein Wechselgeld liegen lassen.

Ich habe oft darüber nachgedacht, weshalb ich damals persönlich Trinkgelder bekommen habe. Vielleicht tat ich den Gästen Leid. Wenn viel Betrieb war, rannte ich wie ein kopfloses Huhn herum und kümmerte mich um zehn Tische gleichzeitig. Es war unübersehbar, dass ich keinerlei Unterstützung von meinen gestrengen Chefs erhielt, die sich rühmen konnten, niemals auch nur ein Lächeln zu zeigen. Vielleicht gefiel den vielen Familien, die zum Essen kamen, aber auch die Art, wie ich mit ihren Kindern umging. Ich habe nie zu den Kellnerinnen gehört, die es hassen, wenn Kinder an ihren Tischen sitzen. Schon bevor ich selbst ein Kind hatte, waren mir Kinder auf ihre Art interessanter als die Erwachsenen vorgekommen, und als Älteste von fünf Geschwistern wusste ich, wie schwierig ein Restaurantbesuch mit einer Schar von Kindern sein konnte.

Aber vielleicht erhielt ich einfach nur deshalb Trinkgeld, weil ich die Leute gut bedient hatte und sie sich dafür erkenntlich zeigen wollten (diese Option ist nach all den Jahren immer noch mein Favorit). Was immer der Grund gewesen sein mochte, jedenfalls konnte ich nach ein, zwei Wochen beim Abräumen und Sauberwischen der Baumstümpfe regelmäßig Scheine in meine Schürzentasche stecken. Meine Freude an diesem unerwarteten Reichtum währte jedoch nicht lange.

Eines Abends rief mich meine Chefin nach der Schicht

zu sich in die Küche. »Uns ist aufgefallen, dass Sie Trinkgelder erhalten«, sagte sie missmutig, während sie Gemüse schnippelte.

»Ja«, erwiderte ich munter, »die Gäste sind prima. Das Essen muss ihnen wirklich gut schmecken.«

»Nun, wie auch immer«, fuhr sie fort, »jedenfalls dürfen Sie diese Trinkgelder nicht für sich behalten.«

»Wie bitte?«

»Trinkgelder am Tisch sind hier eigentlich nicht üblich. Wenn Sie Trinkgeld bekommen, müssen Sie es in den Krug geben.« Sie deutete mit ihrem Fleischermesser zur Theke. »Am nächsten Tag wird es dann zwischen uns allen aufgeteilt. So ist das für jeden gerecht.«

Dieses »zwischen uns allen« bezog sich auf sie (die Besitzerin), ihren Ehemann (den Besitzer), die Kellnerin für die Tagesschicht (ihre Schwester) und meine Wenigkeit. Ich konnte eigentlich nicht ganz einsehen, wieso es gerecht sein sollte, meine Trinkgelder ausgerechnet mit dieser Gruppe durch vier zu teilen.

»Aber ich glaube, die Leute wollen diese Trinkgelder mir geben«, wandte ich matt ein.

»Aber so machen wir es nun einmal hier nicht«, sagte sie. »Da Ihnen das offenbar nicht so ganz klar gewesen ist, können Sie Ihr Trinkgeld von heute Abend behalten, aber ab morgen müssen Sie alles, was sie kriegen, in den Krug geben. Guten Abend.«

Ich war sprachlos. Alles, was ich über Wahrheit, Gerechtigkeit und über die amerikanische Lebensart wusste, sagte mir, dass ich diese Trinkgelder behalten durfte. War ich in ein Paralleluniversum gefallen, wo diese Regeln keine Gültigkeit hatten? Als mein Vater mich abholte, erzählte ich ihm, was geschehen war. Er stieß jenes freudlose, aber explosionsartige Lachen aus, das er immer dann von sich gab, wenn er eine Situation besonders aberwitzig fand.

»Ist sie nicht ganz bei Trost?«, rief er. »Sie möchte, dass du, ein junges Mädchen, deine Trinkgelder ihr, der Besitzerin, gibst? Das ist schon mehr als absurd. Das kann sie unmöglich ernst gemeint haben.« Er kurbelte das Fenster herunter, um frische Luft zu schnappen, da sich nun mein üblicher Küchenmief bemerkbar machte. »Du wirst diesen Quatsch doch nicht mitmachen, oder?«, fragte er.

Meine Chefin hatte mich in eine schwierige Position gebracht. Mir blieben nur zwei Möglichkeiten, die beide ziemlich grauslig waren. Ich konnte weiterhin meine Trinkgelder einkassieren und den Zorn meiner Chefs und meine sofortige Kündigung riskieren. Allerdings müsste ich mich dann ständig umblicken und auf der Hut sein, als wäre ich ein flüchtiger Verbrecher. Die andere Option war, klein beizugeben und meine privaten Verdienste in den Trinkgeldkrug zu werfen. Irgendwie konnte ich mir dieses Szenario einfach nicht vorstellen. Wie mein Vater richtig bemerkt hatte, war die Situation zu absurd. Obwohl ich zu dieser Zeit nur sehr wenig Erfahrung im Gastronomiegewerbe hatte, spürte ich doch instinktiv, dass es ohne die Aussicht auf ein Trinkgeld irgendwie keinen Sinn machte, sich die Schürze umzubinden und Tabletts durch die Gegend zu schleppen.

Kellner und Kellnerinnen kommen aus den unterschiedlichsten Gründen zu diesem Beruf. Wie lange sie dabeibleiben, hängt gleichfalls von einer Reihe verschiedener Faktoren ab. Aber alle Kellner und Kellnerinnen würden sicher mit mir übereinstimmen, dass ihr wichtigster Antrieb in diesem Job das Trinkgeld ist. Trinkgelder sind nicht nur ein Nebenverdienst. Sie sind keine zusätzliche Prämie. Für einen Kellner oder eine Kellnerin besteht der Daseinszweck eines Restaurants im Erhalt von Trinkgeldern, deren Entgegennahme als ein unumstößliches Recht betrachtet wird. Du sollst das Trinkgeld ehren und achten. Das Trinkgeld ist das Herzstück des Berufs.

Trinkgeld hat in diesem Land eine lange und verschlungene Geschichte. Der genaue Ursprung des Trinkgeldgebens liegt im Dunkeln, doch es gibt einige Theorien über die Anfänge. Die gängigste Theorie besagt, dass das Trinkgeldgeben vor hunderten von Jahren in England begann. Um den Bedienungen einen Anreiz für schnelleren Service zu bieten, wurden auf die Kaffeehaustische des achtzehnten Jahrhunderts (manche meinen auch des sechzehnten Jahrhunderts) mit Münzen gefüllte Behälter gestellt und mit der Aufschrift versehen: »To Insure Promptness« – um prompte Bedienung zu gewährleisten. Und daraus wurde dann das Akronym TIP gebildet.

Allerdings gibt es bezüglich der Details einige Haarspaltereien. Zum einen sind Akronyme erst seit dem zwanzigsten Jahrhundert bekannt. Zum anderen ist laut der englischen Etymologie das englische Wort für Trinkgeld, »tip«, ursprünglich ein Ausdruck aus dem Mittelalter und bedeutet so viel wie »gib es mir«. Diese Theorie, so platt sie auch klingen mag, kommt mir persönlich am einleuchtendsten vor. Wieder andere Gelehrte, die Zeit haben, über solche Dinge nachzudenken, behaupten, dass das Trinkgeldgeben bereits im Römischen Reich in Gebrauch war, bedeutet das lateinische Wort »stips« doch »Geldbetrag, Gabe, Spende«.

Unabhängig davon, ob eine dieser Theorien die richtige ist, jedenfalls hat der Brauch des Trinkgeldgebens den Weg in die Vereinigten Staaten gefunden und sich dort als soziales Ritual fest etabliert. Die Frage, warum, wie viel oder ob man Trinkgeld geben soll, führt zu einigen Missverständnissen und damit oft zu recht interessanten Interaktionen zwischen Gast und Bedienung. Bildlich gesprochen, hat der Gast das Schicksal der Bedienung in der Hand. Dies stattet den Gast mit einer gewissen Macht aus, sobald er sich an den Tisch setzt. Und Macht korrumpiert bekanntermaßen. Die Bedienung ist sofort in die Defensive gedrängt. Ihr Lebensunterhalt ist nicht so sehr davon abhängig, ob sie eine Bestellung korrekt entgegennimmt, das Essen pünktlich bringt oder oft lächelt. Sie muss vielmehr die Stimmung des Gastes abschätzen, mit einem Blick seine Herkunft oder soziale Stellung erkennen und auf dieser Grundlage seine Bedürfnisse und Wünsche erraten. Letztlich ist die Bedienung für die zwei Stunden, die der Gast an ihrem Tisch sitzt, sein Privatanimateur.

Bedienungen sind zur Finanzierung ihres Lebensunterhaltes weitaus mehr von Trinkgeldern abhängig als Angehörige anderer Dienstleistungsberufe. Der Grund ist simpel: Kellner und Kellnerinnen sind in den Staaten die einzigen Angestellten, die vom Mindestlohn ausgenommen werden können. Das ist zwar von Bundesstaat zu Bundesstaat unterschiedlich, doch man findet nur sehr selten ein Restaurant, das seinen Bedienungen mehr als den Mindestlohn bezahlt. Das wird damit gerechtfertigt, dass Bedienungen die Differenz mit ihren Trinkgeldern mehr als wettmachen. Diese Positivbilanz wird gern noch mit dem Argument unterstrichen, dass Arbeitgeber, die ihre Bedienungen angemessen bezahlen – und das müsste ein hübsches Sümmchen sein, um Bedienungen zu bewegen, es mit den Unwägbarkeiten dieses Geschäfts aufzunehmen –, zur Kostendeckung ihre Menüpreise anheben müssten, wodurch Restaurantbesuche sehr viel teurer werden würden. Trinkgeldgeben ist immerhin freiwillig. Wenn nicht ein festes Trinkgeld in die Rechnung mit einbezogen ist, etwa bei größeren Partys oder Banketten, liegt die Höhe des Trinkgelds, das ein Gast am Ende hinterlässt, allein in seinem Ermessen. Wahrscheinlich wird er oder sie es von der Qualität der geleisteten Dienste abhängig machen. Klingt vernünftig. Doch es gibt zahlreiche Variablen, die eine reibungslose Durchführung dieses simplen Schemas behindern können.

Zum Beispiel ist da die Politik des Trinkgeld-Splittings. Beinahe jedes Restaurant, in dem ich gearbeitet habe, hat verlangt, dass Bedienungen einen gewissen Prozentsatz ihrer Trinkgelder an die anderen Angestellten abgeben. Das Schema in dem Restaurant, in dem ich derzeit beschäftigt bin, sieht so aus: fünfzehn Prozent an den Hilfskellner, acht Prozent an den Barmann, fünf Prozent an die Platzanweiserin, fünf Prozent an denjenigen, der das Essen ausgibt, und fünf Prozent an den extrem unterbezahlten armen Teufel, der für Kaffee und Ähnliches zuständig ist. Die Rechnung ist einfach: Um mit hundert Dollar Trinkgeld nach Hause gehen zu können, muss ich hundertfünfundfünfzig verdient haben. Und wenn ich meine Prozente abgebe, nörgelt immer einer herum, allen voran mein Oberhilfskellner, der dann wieder behauptet, seine Leute hätten mir alle möglichen Arbeiten abgenommen, für die sie nicht bezahlt würden, und der mir beim Verlassen leise Flüche hinterherschickt. An manchen Abenden verdient mein Hilfskellner, der außer für mich auch noch für drei andere Bedienungen zuständig ist, tatsächlich mehr als ich (vor allem, nachdem er mir gesagt hat: »Pass auf, ich kümmere mich heute Abend um dich und mach an deinen Tischen alle glücklich. Zwanzig Prozent, *chapparita*, okay?«). Der Barkeeper sahnt ohnehin jeden Abend mehr ab als ich.

Damit ist das Trinkgeld-Splitting beileibe noch nicht beendet. Wie wir alle wissen, sind im Leben nur zwei Dinge sicher, und das eine davon ist die Steuer. Ja, wir zahlen Steuern. Bedienungen sind per Gesetz dazu verpflichtet, ihre Trinkgelder anzugeben. Als noch nicht alle Welt mit Kreditkarten bezahlte – ich bin alt genug, um mich an so eine Zeit zu erinnern –, haben Kellner und Kellnerinnen so gut wie nie etwas angegeben. Während der Bush-Regierung hat das Bundesfinanzamt beschlossen, scharf gegen diese abgefeimten Steuerhinterzieher vorzugehen. Weiß doch jeder, dass Kellner sechsstellige Einkommen haben, oder? Ich kenne einige Bedienungen, die auf diese Weise wegen Steuerrückständen eingesperrt wurden.

Gleichgültig, ob eine Bedienung alle ihre Trinkgelder angibt oder nicht, die Regierung weiß, wie viel sie im Lauf des Jahres umgesetzt hat, da die Restaurants verpflichtet sind, das zu melden. Früher wurden acht Prozent dessen, was man umgesetzt hatte, als steuerpflichtiges Einkommen angesehen. Diese Zahl ist seitdem gestiegen. Als ich das letzte Mal nachrechnete, schwankte sie zwischen fünfzehn und zwanzig Prozent, doch heutzutage gebe ich meinen ganzen Papierkram an einen Steuerberater weiter und überlasse ihm die Rechenarbeit.

Lassen Sie mich an einem Beispiel veranschaulichen, wie das praktisch aussieht: Sagen wir, ich serviere an einem Abend Speisen und Getränke im Wert von eintausend Dollar. Nehmen wir an, es ist ein ganz normaler Abend und ich habe hundertfünfzig Dollar an Trinkgeldern verdient. Nachdem ich sie aufgesplittet habe, bleiben mir noch siebenundneunzig Dollar. Aber kurz darauf werde ich einen weiteren Teil dieser siebenundneunzig Dollar dem Finanzamt schulden und diese Summe wird direkt von meinem Stundenlohn abgezogen. Tatsache ist: Je mehr Umsatz ich mache, desto mehr Schulden mache ich, ganz gleich, ob ich den festgelegten Prozentsatz an Trinkgeldern erhalten habe oder nicht. Im Endeffekt kosten also jene Gäste, die kein Trinkgeld geben, ihre Bedienungen Geld.

Ich bin mir sicher, die meisten Restaurantbesucher sind sich dieses komplexen Zusammenspiels nicht bewusst, und das ist auch gar nicht nötig. Ihre Verantwortung besteht nicht darin, sich Gedanken darüber zu machen, wie ihre Kellnerin finanziell zurechtkommt, vielmehr sollten sie sich darüber klar werden, dass Trinkgeld fester Bestandteil eines Restaurantbesuchs ist (wenigstens in diesem Land) und entsprechend damit umgehen. An der Ostküste sind zwanzig Prozent die Norm geworden, auch wenn dies nach wie vor als gutes Trinkgeld gilt; weniger als fünfzehn Prozent bedeuten, dass der Service irgendwelche Mängel aufgewiesen hat (Frisur oder Make-up der Bedienung sollte dabei eigentlich keine Rolle spielen); zehn Prozent oder weniger sind einfach nur beleidigend und besagen, dass man sich von der Bedienung schlecht behandelt gefühlt hat. Ich habe zahlreiche Bedienungen sagen hören, sie würden lieber gar nichts bekommen als fünf oder zehn Prozent Trinkgeld, da sie sich so wenigstens in dem Glauben wiegen könnten, der Gast habe es einfach vergessen.

Es gibt auch Gäste, die Trinkgeld aus Prinzip ablehnen, da sie es als eine Form von Wucher betrachten. Im Jahre 1905 revoltierte eine Gruppe Handelsreisender gegen die Sitte des Trinkgeldgebens. Sie nannten sich »Anti-Tipping Society of America«, also eine Art Gesellschaft der Trinkgeldgegner, und schafften es tatsächlich, in mehreren Staaten das Trinkgeld abzuschaffen, bis dann im Jahre 1919 die Gesetze gegen das Trinkgeld für verfassungswidrig erklärt wurden.

Gegenwärtig gibt es wieder eine Reihe nationaler Organisationen, die das Trinkgeld zum Mittelpunkt ihres Interesses erkoren haben. Die in den späten 60ern gegründete Tippers International ist solch eine Gruppe, die ihre Mitglieder darüber aufklärt, welches Trinkgeld welchen Serviceleistungen entspricht. Die Mitglieder erhalten Bewertungsformulare, die sie auf dem Tisch liegen lassen können. Darin wird die Leistung der Bedienung benotet und die Höhe des hinterlassenen Trinkgelds begründet. Obwohl dieses Bewertungssystem leichter hinzunehmen ist als eine quer über den Kreditkartenabschnitt gekritzelte Kritik, die Geschäftsführer und Besitzer später lesen und daraufhin die arme Bedienung womöglich verwarnen oder feuern, nehmen die meisten Bedienungen dennoch Anstoß daran, wenn sie von einem Außenstehenden belehrt werden, wie sie ihre Arbeit zu tun haben.

WANT – Wages And No Tips (Gehalt statt Trinkgeld) – ist eine weit extremere Gruppierung, deren Mitglieder zusammen mit ihren Rechnungen Visitenkarten hinterlassen, auf denen sie ihre ablehnende Haltung gegenüber dem Trinkgeld erklären. Laut dieser Gruppe sollten die Arbeitgeber ihren Angestellten ordentliche Gehälter bezahlen und dem Restaurantgast die Mühe ersparen, noch ewig herumzurechnen, wie viel Trinkgeld er berappen sollte. Zieht euch warm an, sage ich da. Und passt beim Verlassen des Restaurants auf eure Rücken auf – ihr wisst ja, Blicke können töten.

In meiner Karriere als Kellnerin wurde ich oft mit miserablen Trinkgeldern abgespeist. Manchmal waren es nur wenige Pennys (das universelle Symbol für: »Wir hassen dich«) und manchmal auch gar nichts. Eine ärgerliche Situation, aber letztlich kann man nichts dagegen tun. Ein Teil des Problems liegt darin, dass es den Anschein hat, als sei es etwas Persönliches (was es oft auch ist). In den Lokalen, in denen ich gearbeitet habe, stand die Geschäftsleitung nur sehr selten hinter den Bedienungen, und die Bedienungen erwarten gewöhnlich auch kaum Unterstützung. In den meisten Restaurants haben die mittleren, von ihrem Zipfelchen Macht berauschten Geschäftsführer ein niedrigeres Jahreseinkommen als die Kellner, die sie kontrollieren. Deshalb ist es ihnen auch völlig egal, wenn ein Kellner um sein Trinkgeld betrogen wird. Hat eine Bedienung ein besonders mieses Trinkgeld erhalten, versammeln sich in der Regel ihre Kollegen um sie, beklagen den Zustand der Welt und verfluchen die knausrigen Gäste.

In meinem jetzigen Restaurant ist es den Bedienungen ausdrücklich untersagt, ein Trinkgeld zu verlangen oder die Entscheidungsfreiheit des Gastes diesbezüglich in Frage zu stellen. Und so habe ich von meinen Kellnerfreunden, wenn diese ein schlechtes Trinkgeld vorfanden, einige sehr phantasievolle Flüche mitbekommen. An einem besonders üblen Abend gab ein Kellner ein fünfminütiges Lamento auf Italienisch von sich, komplett mit der dazugehörigen Mimik und Gestik, die er unterstrich, indem er auf den Boden spuckte. Als ich ihn fragte, was er da gesagt hatte, erzählte er mir, er habe den Gast mit einem Fluch belegt, der beinhalte, dass dieser in sein Auto steigen, sich verfahren, im Nebel die Orientierung verlieren und schließlich über eine Klippe ins Meer stürzen würde. Außerdem habe er gewünscht, fuhr er fort, dass der Gast einen langsamen, extrem schmerzhaften Tod erleiden und dass seine Kinder, falls er welche hätte, ein ähnliches Schicksal ereilen sollte. Seine Schilderung war so detailliert und so leidenschaftlich, dass es mir kalt den Rücken hinunterlief. Warum riskierte jemand, zur Zielscheibe eines derartigen Hasses zu werden? War das die paar Dollar, die man sich gespart hatte, wirklich wert?

Gelegentlich folgt eine durch ihren Job wahnsinnig gewordene Bedienung dem Gast vor das Restaurant und fordert Gerechtigkeit ein. Ich habe das einmal bei einer Kellnerin beobachtet. Es war ein sehr hektischer Abend gewesen, und sie hatte eine Gruppe reicher, zickiger junger Frauen bedient, die sie unbarmherzig auf Trab hielten. Die Rechnung war hoch und die Kellnerin arbeitete wirklich hart. Am Schluss gingen die Frauen jedoch, ohne ein Trinkgeld zu geben, und nahmen ihre Kreditkarten-Quittung mit. Die Kellnerin folgte ihnen nach draußen und begann, hitzig auf sie einzureden. Meine Kollegen und ich beobachteten das Geschehen durch das große Panoramafenster der Bar, das zur Terrasse hinausblickte, wo die Frauen standen. Anfangs sahen wir amüsiert zu, bis plötzlich eine der Frauen auf die Kellnerin losging, sie an den Haaren zog und auf sie eindrosch.

»Weiberklüngel«, sagte der Barkeeper, der die Kellnerin nicht mochte und sich weigerte einzugreifen. Schließlich gingen die Geschäftsführer dazwischen und zerrten die beiden Frauen auseinander. Und das Ende vom Lied? Die netten Damen erhielten ihr Essen umsonst, die Kellnerin klagte auf Körperverletzung – und verlor.

Nicht unerwähnt bleiben darf auch die Spezies der Wiederholungstäter. Stammgäste, die schlechte Trinkgelder geben, bleiben in der Regel nicht sehr lange Stammgäste. Ein Kellner nach dem anderen weigert sich, den betreffenden Gast noch einmal zu bedienen, bis dieser schließlich das gesamte Personal durchlaufen hat. Ein Paar, auf das dieses Profil passt, sucht zurzeit das Restaurant heim, in dem ich arbeite. Sobald die beiden in der Tür erscheinen, huschen die Kellner davon wie Ratten, die das sinkende Schiff verlassen. Neulich waren die beiden gezwungen, ihre Bestellung beim Küchenchef aufzugeben, und irgendein armer Tropf wurde dazu verdonnert, ihnen den Brotkorb zu bringen.

Trinkgeldscheue Gäste, die öfter im selben Lokal auftauchen, erhalten nicht nur den schlechtesten Service, sondern auch übrig gebliebenes Brot, schmutzige Gläser und Teller, die einen Sprung haben oder bereits benutzt worden sind. Wenn ein Stammgast sehr ausdauernd und ein schlechter Trinkgeldgeber ist, haben die Kellner verloren. Ja, ich habe gesehen, dass Bedienungen in Essen und Getränke spuckten. Hin und wieder wird eine gute Seele den trinkgeldfaulen Stammgast im Interesse der Allgemeinheit aufklären und ihn dann als seinen Gast unter die Fittiche nehmen. Ob Sie es glauben oder nicht, aber der Gast ist normalerweise dankbar und wird diesen Kellner – aber nur diesen – angemessen entschädigen.

Meine Lieblingserinnerung, was schlechtes Trinkgeld anbelangt, verdanke ich Marcello, einem Kellner, mit dem ich vor mehreren Jahren gearbeitet habe. Marcello behauptete, er sei Italiener (obwohl andere Italiener meinten, sein Italienisch sei kaum verständlich), in der Schweiz aufgewachsen (dafür gab es so gut wie keine Beweise) und habe seinen Lebensunterhalt hauptsächlich durch »Import/Export« (umgangssprachlich für irgendwelche illegalen Geschäfte) verdient. Niemand konnte einen Witz schlechter erzählen als Marcello, und seine Pointen waren oft so verhunzt, dass sie schon wieder komisch waren. Obwohl wir uns bereits weit in den 90ern befanden, kam Marcello wie ein Mafioso aus *Good Fellas* gekleidet zu den Personalversammlungen: weiße Jeans, Hemd bis zum Bauchnabel geöffnet, weiße Wildlederschuhe. Er war genauso breit wie hoch, pflügte, die Arme in die Seiten gestemmt, durch den Speisesaal und mähte jeden nieder, der ihm im Weg stand.

Einmal knallte Marcello direkt in mich hinein, als ich gerade zwei Teller gemischten Salat trug. Er versetzte mir einen so harten Schlag, dass mir die Salatteller aus den Händen flogen, in einer Fontäne aus Glas, Salatblättern und Tomaten auf den Kacheln explodierten und ich zehn Minuten nach Luft schnappen musste, bis ich wieder durchatmen konnte. Zu der Zeit, als er im Restaurant in Ungnade fiel, erzählte Marcello gerade, er studiere Jura an einer Schule, von der allerdings noch nie jemand gehört hatte. Wir nahmen an, er sei auf irgendeinen Schwindel hereingefallen, der früher oder später in einer der wöchentlichen TV-Zeitschriften entlarvt werden würde.

Marcello war schon seit einigen Monaten durch ein ziemlich unangenehmes Verhalten aufgefallen. Er war entkräftet und abgekämpft und ließ seinen Frust an jedem aus, der ihm über den Weg lief. Dann begann er, Desserts zu stehlen, die andere Kellner bestellt hatten, und servierte sie an seinen Tischen, um mehr Trinkgeld zu bekommen. Er tat, als würde er bei den Getränkebestellungen an der Bar Fehler machen, und kippte die überzähligen Drinks selbst hinunter. Am Tisch wurde er sehr aggressiv und erhielt Beschwerden von den wenigen Gästen, die keine Angst vor ihm hatten.

Eines Abends vollführte Marcello für eine größere Feier wieder seine übliche Nummer mit geklauten Desserts und Ähnlichem. Er rechnete mit einem fetten Trinkgeld, hatte aber kein Glück und erhielt einen Betrag weit unter seinen Erwartungen. Wutentbrannt rannte er dem Gast hinterher, holte ihn vor dem Restaurant ein und beschimpfte ihn unter den Blicken etlicher Stammgäste als jämmerlichen Geizkragen.

»Ich habe absichtlich kein Trinkgeld gegeben«, schrie der Gast zurück. »Sie waren unverschämt und unangenehm. Offen gesagt, Sie sind ein Arschloch.«

»Vaffanculo!«, kreischte Marcello. Er machte mit Arm und Faust das universelle Zeichen und marschierte weg, wobei er leise vor sich hin murmelte: »Du nennst mich Arschloch? Ich bring dich um, du Scheißkerl!«

Der Mann, den Marcello angeschrien hatte, war Stammgast des Restaurants und sehr gekränkt über den Vorfall. Auch in diesem Fall übernahm das Haus die Rechnung und Marcello wurde gefeuert. Als echter Jurastudent stellte Marcello jedoch einen Antrag auf Arbeitslosenunterstützung und behauptete, die Kündigung sei nicht rechtens. Der Fall kam tatsächlich vor einen Richter, der Marcello darauf hinwies, dass es durchaus ein Kündigungsgrund sei, wenn man einem Gast sage, er solle einen am Arsch lecken.

Marcello erwiderte, er habe so etwas nie gesagt. »*Vaf-*

fanculo«, behauptete er, sei in Italien eine Art Gruß, ähnlich wie beispielsweise »schalom«. Der Richter wandte sich an den Hauptgeschäftsführer, auch ein Italiener, der Marcello gefeuert hatte, und fragte ihn, ob das stimme.

Der Geschäftsführer erwiderte: »Nicht in dem Teil Italiens, aus dem ich stamme. Dort bedeutet es: ›Leck mich am Arsch.‹«

Marcello erhielt keine Arbeitslosenunterstützung. Zuletzt hörten wir von ihm, er wäre Berufskiller in Las Vegas.

Ich habe, offen gestanden, niemals eine Erfahrung gemacht, die es mit Marcellos Geschichte aufnehmen könnte. Die Angst, meinen Job zu verlieren, hält mich davon ab, einen Aufstand wegen eines schlechten Trinkgelds zu veranstalten. Letztlich gleicht sich ohnehin alles aus. An einem Tisch mag es ein lausiges Trinkgeld geben, an einem anderen wiederum ein überdurchschnittliches. Es gibt außerdem andere Gründe, die man ebenfalls in Betracht ziehen sollte. Vielleicht hat ein Gast nicht mit so hohen Preisen gerechnet und ist etwas knapp bei Kasse. Vielleicht ist ein Gast auch einfach zu betrunken oder zu durcheinander, um die richtige Prozentzahl auszurechnen.

Einmal bediente ich an einem Tisch, an dem drei Generationen einer Familie vertreten waren, die sich bestens zu unterhalten schienen. Da sie einige Diätvorschriften zu beachten hatten, bestellte ich für sie spezielle Gerichte und empfahl eine Reihe verschiedener Weine. Die Leute schienen sich für mich zu interessieren und so erzählte ich ihnen ein wenig von mir. Es waren ausgesprochen angenehme Gäste, die sich auch sehr lobend über den Service äußerten. Als ich aber die Rechnung vom Tisch nahm, sah ich, dass sie dem Betrag von zweihundert Dollar lediglich fünfzehn Dollar Trinkgeld hinzugefügt hatten. Im Grunde war ich über das niedrige

Trinkgeld eher traurig als wütend, da ich gedacht hatte, sie würden mich wirklich mögen. Den ganzen restlichen Abend grübelte ich darüber nach, was ich verkehrt gemacht haben könnte. Eine ganze Woche später stand ich an der Bar, als mir plötzlich jemand auf die Schulter tippte. Ich drehte mich um und erkannte eine der Frauen wieder, die bei dieser Familienfeier dabei gewesen war.

»Bin ich froh, dass ich Sie gefunden habe«, sagte sie. »Es tut mir so Leid wegen des Trinkgelds, das wir Ihnen letzte Woche gegeben haben. Mir wurde erst beim Gehen bewusst, wie niedrig es war. Mein Mann sagte zu mir: ›Gib fünfzehn!‹, und ich dachte, er meint fünfzehn Dollar statt fünfzehn Prozent. Das hat mich die ganze Woche über beschäftigt, weil Sie doch so nett zu uns waren. Ich wollte Ihnen gerne das hier geben.« Lächelnd drückte sie mir eine Zwanzigdollarnote in die Hand.

Eine solche Erfahrung könnte einem zwar dabei helfen, den Glauben an die Menschheit zurückzugewinnen, aber so etwas passiert leider viel zu selten.

Ich hatte zwei Erlebnisse, die in ihrer Gegensätzlichkeit im Grunde das gesamte Spektrum des Trinkgeldgebens umfassen. Beide ereigneten sich im selben Restaurant. Zusammen betrachtet, illustrieren sie wunderbar die Eigenart des Systems Trinkgeld mit all seinen Widersprüchen.

Bei dem ersten Erlebnis geht es um einen Mann, der seitdem ein Stammgast in meinem Restaurant geworden ist. Bei einem seiner ersten Besuche saß er mit drei anderen Männern in meiner Station. Sie waren eine ziemlich rüpelhafte Meute und recht anspruchsvoll, doch ich beschloss, das Beste daraus zu machen, und plauderte jedes Mal, wenn ich an den Tisch kam, ein paar Takte mit ihnen. Mr. X hatte einen Akzent, den ich sofort dem Geburtsland meiner Mutter zuordnen konnte. Als ich ihn fragte, aus welcher Stadt er komme, stellte sich heraus, dass er ganz in der Nähe der Familie meiner Mutter aufgewachsen war. Wie ich im Verlauf des Abends dann erfuhr, waren er und mein Onkel als Kinder sogar befreundet gewesen. Bis zum Dessert hatten wir uns unsere Familiengeschichten erzählt, Anekdoten ausgetauscht und uns darüber gewundert, wie klein doch die Welt ist.

Als ich die Rechnung präsentierte, war ich überzeugt, ein sattes Trinkgeld zu erhalten. Aber sie gaben gar nichts. Im Hinblick auf die beinahe familiären Bande, die ich zwischen Mr. X und mir empfunden hatte, nahm ich an, es handle sich um ein Missverständnis. Also ging ich zu dem Tisch zurück und fragte, ob sie mit dem Essen und dem Service zufrieden gewesen seien. Sie versicherten mir, es sei alles ganz ausgezeichnet gewesen.

»Nun, Sie haben mir kein Trinkgeld hinterlassen«, sagte ich. »Ich würde gern wissen, ob es dafür einen Grund gibt.«

»Es gibt kein Trinkgeld«, raunzte Mr. X. »Ihre Preise sind ungeheuerlich.«

»Tut mir Leid, aber das sind nicht meine Preise«, sagte ich. »Damit habe ich nichts zu tun.«

»Das spielt keine Rolle«, erwiderte Mr. X finster. »Es gibt kein Trinkgeld.«

Mehrere Monate später arbeitete ich an der Bar desselben Restaurants. Es war eine sehr ruhige Schicht und ich hatte kaum etwas zu tun, bis dann ein Profi-Footballspieler der San Diego Chargers mit einer Begleiterin hereinkam. Er bestellte eine Flasche Cristal, den teuersten Champagner auf unserer Getränkekarte. Ich kühlte zwei Gläser und stellte den beiden einen eisgefüllten Sektkübel auf den Tisch. Während ich den Champagner öffnete und einschenkte, tauschten wir ein paar Höflichkeitsfloskeln aus. Ich fragte, ob ich noch etwas für sie beide tun könne, worauf er meinte, sie wollten in Kürze zu Abend essen und deshalb sollte ich ihm schon einmal die Rechnung bringen. Die Rechnung belief sich auf hundertfünfzig Dollar. Er zahlte mit einer Kreditkarte und schrieb hundert Dollar Trinkgeld hinzu. Ich dankte ihm verwirrt, doch er winkte ab, schenkte mir ein breites Grinsen und sagte, es sei ihm ein Vergnügen.

Ich weiß nicht, ob es eine befriedigende Erklärung für diese extrem unterschiedlichen Verhaltensweisen gibt, mal ganz abgesehen davon, dass durch das Trinkgeldgeben an sich bereits eine außergewöhnliche psychologische Situation geschaffen wird. Das zeigt sich auch an den folgenden Beispielen.

Nachdem mir ein Gast während des Dinners immer wieder versichert hatte, dass alles perfekt sei, hinterließ er mir dennoch ein sehr niedriges Trinkgeld, nebst einem Briefchen, in dem er mir seine Gründe darlegte:

> »Es wurden 10% Trinkgeld gegeben, weil der Service gut war, aber nicht sehr gut. Der Hilfskellner hätte die Teller abräumen müssen. Die Krümel störten und es fehlte an liebenswerten Kleinigkeiten wie einer Markgabel für den Ossobuco. Danke für Ihre Aufmerksamkeit. Wenn Sie diese Dinge beachten, wird Ihr Trinkgeld bei 18–22% der Rechnung liegen. Ich hoffe, das hilft Ihnen weiter.«

Es half mir weiter. Ich habe selten so gelacht. Dieser Brief, den ich bis heute aufgehoben habe, hat mich für das fehlende Trinkgeld voll und ganz entschädigt.

Doch damit der Spielarten nicht genug, wie Sie an der Geschichte meiner Freundin Lucy sehen werden. Eines Abends bediente Lucy in ihrem exklusiven Nobelrestaurant einen Mann, der zu ihr sagte: »Ich gebe Ihnen auf der Stelle fünfzig Dollar, wenn Sie wissen, in welchem Lied diese Zeile vorkommt: ›Say, can I have some of your purple berries‹.«

Lucy erkannte die Zeile sofort wieder und teilte ihrem

Gast mit, aus welchem Lied sie stammte. Er sprang vor Freude auf und rief, er habe bisher jeden Kellner gefragt, der ihn bedient habe, doch sie sei die Erste, die es wisse. Das sei ein echter Sieg, fügte er hinzu. Und, gab er Lucy die fünfzig Dollar? Ja, plus fünfzehn Dollar reguläres Trinkgeld.

Wissenschaftliche Studien über das Trinkgeld – und davon gibt es einige – behaupten, dass Bedienungen ihre Trinkgelder erhöhen können, indem sie einen Gast flüchtig an der Schulter berühren, »Danke« auf die Rechnung schreiben oder sich mit Namen vorstellen. Aber jeder, der länger als ein paar Monate bedient hat, weiß, dass eine kontrollierte Studie über etwas derart Unkontrollierbares wie das Trinkgeldgeben nur wenig Gültigkeit hat. Jeder Gast ist anders. Manche sind nie zufrieden zu stellen und würden selbst dann ein lausiges Trinkgeld geben, wenn die Kellnerin ihnen eine Ganzkörpermassage angeboten hätte, ganz zu schweigen von einer leichten Berührung der Schulter. Andere wieder geben immer ein hohes Trinkgeld, auch wenn ihre Bedienung sich nicht um sie kümmert und praktisch unsichtbar bleibt. Mal abgesehen von naturbedingten Katastrophen und faulen Hilfskellnern – wie es mir an einem bestimmten Tisch ergeht, liegt ganz bei mir und meiner Fähigkeit, mich in den Gast einzufühlen.

Bedienungen mögen es nicht, wenn man sie bestraft, aber sie fühlen sich auch unwohl, wenn sie zu Unrecht belohnt werden. Ich könnte zahlreiche Beispiele anführen, in denen Kellnerinnen fürstliche Trinkgelder erhielten und daraufhin die Gäste fragten, ob sie ihnen tatsächlich so viel Geld geben wollten. Auf diese Weise erhält man eine Bestätigung, dass man seine Arbeit gut gemacht hat – denn dass sich der Gast beim Trinkgeld zugunsten der Kellnerin irrt, kommt kaum vor. Außerdem muss man ehrlich sein, wenn man in diesem Beruf auf Dauer Erfolg haben will, und Bedienungen – auch jene, die schwören, am Ende der Schicht zu kündigen – wollen gelobt werden und stolz sein auf das, was sie leisten.

Leider trägt genau diese Einstellung auch zur Bildung gewisser Vorurteile seitens der Kellner und Kellnerinnen bei. Eine fronterfahrene Bedienung nimmt mit ihren Sensoren nicht nur die Bedürfnisse ihres Gastes wahr, sondern kann damit auch – basierend auf Geschlecht, Alter, Beruf und Nationalität des Gastes – das Trinkgeld voraussehen – meistens jedenfalls.

Einige Jahre lang habe ich in einer Stadt gearbeitet, die ihren Wohlstand einem florierenden Tourismus verdankt. Die Restaurants werden von Menschen aus der ganzen Welt besucht, aber auch von vielen Einheimischen, vor allem den reicheren. Fragen Sie irgendeinen beliebigen Kellner nach seinem »idealen Tisch«, so wird er Ihnen antworten: »Ein Tisch mit vier Geschäftsmännern in Anzügen.« Vorzugsweise Broker aus New York. Und der schlechteste Tisch? Vielleicht der mit einer Gruppe Französinnen nebst Kindern. Jedenfalls werden die Gäste, spätestens wenn die Bedienung an den Tisch kommt, unverzüglich in Schubladen eingeordnet. Alle Kellner und Kellnerinnen, mit denen ich gearbeitet habe, stimmen mit mir darin überein, dass man bei fast allen Gästen von der Ostküste mit einem guten Trinkgeld rechnen kann. Und sie sind auch wie ich der Meinung, dass Europäer die schlechtesten Trinkgelder zahlen. Ich habe sogar schon erlebt, wie sich Kellner darüber stritten, ob nun die Franzosen oder die Deutschen die Hitparade der Billigesser anführen.

In Europa ist der Service meistens in der Rechnung enthalten, weshalb man argumentieren könnte, dass diese Gäste mit den Trinkgeldsitten unseres Landes nicht vertraut sind. Allerdings lässt der Bildungsgrad der europäischen Gäste vermuten, dass sie sich dieses amerikanischen Brauchs sehr wohl bewusst sind, es aber vorziehen, sich unwissend zu geben.

Was das Geschlecht betrifft, so gibt es einige ungeschriebene Regeln, die beinahe immer zutreffen. Männer (traurig, aber wahr) geben für gewöhnlich ein besseres Trinkgeld als Frauen. Und sie geben hübschen Kellnerinnen am meisten von allen. Das hat sicher vielschichtige psychologische Ursachen, die wir an dieser Stelle lieber nicht erörtern wollen. Da ist besonders ein Gast, ein Stammgast in meinem Restaurant, der regelrecht wütend wird, wenn eine männliche Bedienung an seinem Tisch erscheint. »Holen Sie mir eine Frau«, sagt er dann jedes Mal. »Ich möchte von einer Frau bedient werden.«

Frauen sind (zumindest meiner Erfahrung nach) beim Trinkgeld generell zurückhaltend, geben aber Kellnerinnen noch weniger als Kellnern. Ich habe zahllose Frauen-Tische an meine männlichen Kollegen weitergegeben, weil mir gleich von der ersten Sekunde an ungezügelte Feindseligkeit entgegenschlug. Je jünger die Frauen sind, desto schwieriger sind sie zu bedienen und desto niedriger ist am Ende das Trinkgeld. Ich schwöre, ich habe an einigen dieser Tische tatsächlich ein böses Zischen vernommen, sobald ich den dort sitzenden Damen den Rücken zukehrte. Offen gestanden, halte ich mir diese Frauen, die meinen fragilen Glauben an eine universelle Schwesternschaft bedrohen, lieber vom Hals. Statt mich zwei Stunden piesacken zu lassen, gebe ich den Tisch einfach an einen Kollegen ab, der vielleicht besser damit klarkommt. Nebenbei bemerkt, stehe ich, was das geschlechtsspezifische Trinkgeldverhalten betrifft, mit meinen Beobachtungen nicht allein da. Diese seltsamen Studien, die ich vorhin erwähnte, kommen zu denselben Ergebnissen.

Zu guter Letzt gibt es in der Typenlehre der Gäste noch eine Spezies, die über sämtliche Begrenzungen von Geschlecht, Alter und Nationalität hinaus Ähnlichkeiten aufweist. Es handelt sich um den Kollegen oder die Kollegin als Gast. Wenn Kellner und Kellnerinnen essen gehen, können sie immer vorbildlichen Service erwarten. Wer kann besser verstehen als ein Kollege, dass die Küche langsam und die Spezialität des Tages um neunzehn Uhr dreißig ausgegangen ist? Wer sonst kann nachvollziehen, wie es ist, wenn man eine Gruppe von sechs Widerlingen hat, die einen für jeden Penny Trinkgeld, das sie dir vielleicht, aber auch nur vielleicht geben werden, wie einen Sklaven behandeln?

In unserem Restaurant erhalten Mitarbeiter einen besseren Service als Prominente. Außerdem können sie sich darauf verlassen, dass sie eingehend über die verschiedenen Gerichte dieses Abends beraten werden. Oftmals wird die Bedienung den Geschäftsführer davon überzeugen, für den Kollegen ein Dessert zu spendieren, oder den Küchenchef, einen Gratis-Teller mit Vorspeisen anzurichten. Kellner aus anderen Restaurants erhalten ebenfalls eine bevorzugte Behandlung und man tauscht sich mit ihnen über die berufliche Situation aus. Ein extrem hohes Trinkgeld am Ende eines solchen Mahls hat nichts mit Höflichkeit zu tun, sondern ist vielmehr Ausdruck einer tiefen emotionalen Verbundenheit. Dahinter verbirgt sich freilich auch eine gewisse Angst, denn wie jede Bedienung bezeugen wird, gibt es für Kellnerinnen und Kellner, die ihresgleichen um ihr Trinkgeld betrügen, einen speziell für sie gekennzeichneten Platz in der Hölle.

Auch ich bin als Gast öfter den taxierenden Blicken und dem Schubladendenken von Kellnern ausgesetzt gewesen und habe mich dabei nicht sehr wohl gefühlt. Ich habe einen Freund, den ich mehrmals im Jahr besuche, und wenn wir zusammen essen gehen, suchen wir jedes Mal ein neues Restaurant aus. Wir sehen beide jünger aus, als wir sind, und kleiden uns eher salopp. Mein Freund ist ein ziemlich exzentrischer Typ und sehr erfolgreich auf seinem Gebiet. Da er in den Anfängen seiner Karriere gezwungen war, sich tagtäglich in dreiteilige Anzüge zu werfen, kleidet er sich nun bewusst zwanglos. Ich gebe mich nie als Kellnerin zu erkennen, wenn wir ausgehen, und bin jedes Mal aufs Neue verblüfft, wie oft unsere Bedienung uns argwöhnisch mustert und missbilligend die Stirn runzelt. Manchmal erhalten wir einen Service, der bestenfalls als bescheiden bezeichnet werden kann, und ich weiß, dass dies mit jenem anfänglichen Eindruck zusammenhängt.

Der mir liebste Teil dieses Spiels ist der, wenn die Rechnung kommt und mein Freund seine American-Express-Platinkarte zückt und auf den Teller legt. Sobald die Bedienung ihren Irrtum erkennt, tritt jener unverwechselbare Ausdruck von Erschrecken und Ungläubigkeit in ihre Züge, der mich immer wieder amüsiert. Falls wir richtig schlecht bedient wurden, wird mein Freund die Rechnung an mich weiterreichen und sagen: »Du entscheidest, wie viel Trinkgeld wir geben.« Dann wird er sich zur Bedienung umdrehen, auf mich deuten und sagen: »Sie ist Kellnerin.«

Aber natürlich lassen weder mein Freund noch ich jemals weniger als zwanzig Prozent Trinkgeld zurück. Man soll das Schicksal nicht unnötig herausfordern.

Diese Erfahrungen haben mich gelehrt, dass es ein gefährliches Spiel ist, einen Gast vor dem Ende der Mahlzeit abzustempeln. Selbst wenn sich in der Vergangenheit erwiesen hat, dass eine Gruppe australischer Surfer vermutlich eine Hand voll Bargeld auf dem Tisch liegen lassen wird, weiß man es nie wirklich sicher. Die Sache mit dem Trinkgeld ist immer eine Art von Lotterie. Doch genau das ist eben Teil der Herausforderung, eine der Freuden, aber auch einer der Fallstricke dieses Berufs. Und das ist auch der Grund, weshalb so viele Kellner und Kellnerinnen feste Trinkgelder, die in der Rechnung enthalten sind, nicht mögen, obwohl sie dadurch weniger unter Druck stehen. Aber wenn das Trinkgeld bereits feststeht, fällt nicht nur ein gewisser Ansporn weg, sondern auch die Chance, das ganz große Los zu gewinnen. Kurzum, die Spannung ist draußen.

Als meine Chefin im Petit Morsel mich anwies, meine Trinkgelder in den gemeinsamen Topf beziehungsweise Krug zu werfen, hatte ich noch keine Ahnung von Prozenten, den Tippers International oder der Geschichte des Trinkgeldgebens. Ich wusste nur, dass die Menschen, die ich bediente, sich bei mir für die ihnen erwiesenen Dienste bedanken wollten. Und indem sie das taten, handelten sie in Übereinstimmung mit menschlichen Gesetzen, die es schon lange vor meinem Teenager-Leben gegeben hatte. Glauben Sie mir, auch nach so langer Zeit hat sich für mich nicht viel an dieser schlichten Philosophie geändert.

Nach dem Ultimatum meiner Chefin arbeitete ich noch einige Wochen weiter. Während dieser Schichten behielt ich fast meine gesamten Trinkgelder für mich und spendete nur ein paar Dollar für den Krug. Es ärgerte mich jedoch, dass ich mich ducken und meine Trinkgelder heimlich einstecken musste, zumal ich das als völlig ungerecht empfand. Deshalb verließ ich das Restaurant jeden Abend mit einem miesen Gefühl. Schließlich hielt ich es nicht mehr aus und kündigte. Meine Familie war extrem erleichtert.

Ich habe kürzlich herausgefunden, dass das Petit Morsel nach wie vor in Betrieb ist. Da ich vor fast zwanzig Jahren dort gearbeitet habe, interessiert mich jetzt natürlich, wie der Speiseplan mittlerweile aussieht und wie es um das Personal bestellt ist. Gibt es noch einen Gemeinschaftskrug oder erhalten die Bedienungen das, was ihnen zusteht? Sollte ich irgendwann beschließen, eine Rundreise durch meine einstigen Jagdgründe zu unternehmen, wird das Petit Morsel sicherlich auf meiner Liste stehen. Ich werde allerdings gerüstet sein und mich darauf vorbereiten, meiner Kellnerin heimlich ein dickes fettes Trinkgeld in die Hand zu drücken.

3

Von Köchen und Bären

Im Mai 1982 entstieg ich im Nordwesten von Wyoming einem Greyhound-Bus. Meine Kleidung bot erschreckend wenig Schutz gegen den eisigen Wind, der mir entgegenschlug. Ich sah mich an dem Ort um, der für die kommenden drei Monate mein Zuhause sein würde. Er wirkte alles andere als einladend. Auf dem Boden lag eine dreißig Zentimeter hohe Decke aus Neuschnee. Mein erster Gedanke war, dass ich einen schrecklichen Fehler gemacht hatte. »Was mache ich hier?«, fragte ich leise. Doch es war niemand da, der meine Frage beantwortete.

Einige Monate zuvor hatte ich einen Bewerbungsbogen für einen Ferienjob im Yellowstone-Nationalpark ausgefüllt. Viele Nationalparks warben landesweit in Colleges und Universitäten um Aushilfen, was mir bis dahin völlig neu war. Das Attraktive an so einem Job war, dass man an einem der schönsten Orte des Landes arbeiten konnte, zusätzlich zum Gehalt Zimmer und Verpflegung erhielt und genügend Möglichkeiten hatte, die Umgebung zu erkunden. Doch der einzige Grund, weshalb ich mich bewarb, war, offen gestanden, mein damaliger Freund Ray, der meinte, es wäre eine tolle Idee, wenn wir beide in freier Natur, fernab von den Zwängen und Beschränkungen der Schule, zusammen arbeiten würden.

Er war eine Klasse über mir und wollte im Frühjahr 1983 den Abschluss machen. Es war für ihn die letzte Möglichkeit, vor seinem Eintritt in das »wirkliche Leben« noch einmal seine Freiheit zu genießen. Daneben betrachtete er sich als eine Art Naturburschen, als einen

Experten, was Rucksacktouren, Bergsteigen oder irgendeine andere naturverbundene Aktivität betraf. Meine eigene Einstellung zur Natur hätte konträrer nicht sein können, doch ich wollte genauso dringend in die Welt hinaus wie er, und vor allem wollte ich damals mit ihm zusammen sein.

Als wir unsere Bewerbungen zusammen ausfüllten, bereitete mich Ray schon einmal auf mögliche Enttäuschungen vor. Es sei sehr gut möglich, meinte er, dass er angenommen und ich abgewiesen werden würde. Er habe viel mehr Erfahrung als ich, fuhr er fort, und die Nationalparks dürften von einer bestimmten Schule womöglich nur ein begrenztes Kontingent an Schülern anheuern. Auf dem Bewerbungsbogen konnten wir angeben, in welchem Bereich wir am liebsten arbeiten würden. Ray strich als erste Option die Ranger Station an. Während ich den Bereich Speisesaal wählte, überlegte ich, dass er wahrscheinlich Recht hatte. Ich würde keinen Job bekommen und er würde den ganzen Sommer über auf Abenteuertour sein. Vorsichtshalber befasste ich mich schon einmal mit Alternativen für den Sommer.

Bis wir dann eine Antwort vom Yellowstone-Park erhielten, war das Frühjahrssemester fast vorbei. Die Beziehung zwischen Ray und mir hatte in kürzester Zeit dramatisch an Feuer verloren, wie es bei Jugendromanzen häufig der Fall ist. Tatsächlich befanden wir uns gerade mitten in einem hässlichen, zermürbenden Trennungsprozess. Sein Brief traf als Erster ein, ein dünnes Schreiben, in dem man ihm mitteilte, man danke ihm für sein Interesse, habe aber momentan keine Verwendung für ihn. Seine heftige Enttäuschung steigerte sich noch, als ich einige Tage später ein dickes Schreiben vom Yellowstone-Park erhielt, in dem man mich im Sommerteam begrüßte und mir meinen Wirkungsbereich zuwies: Küchenarbeit.

»Vielleicht gehe ich nicht«, sagte ich Ray. »Ich habe eigentlich keine Lust auf Küchenarbeit.«

»Natürlich gehst du«, erwiderte er bitter. »Warum solltest du dir eine so tolle Gelegenheit entgehen lassen? Doch ganz sicher nicht, um mit mir zusammen zu sein.«

Er hatte nicht ganz Unrecht. Um ehrlich zu sein: Die Beziehung zwischen Ray und mir bröckelte zum Teil (genauer gesagt zum Großteil) deshalb auseinander, weil ich mich Anfang des Jahres schwer in einen seiner besten Freunde verknallt hatte. Dieser Freund wiederum hatte mich auf höchst schmerzvolle Weise abblitzen lassen, mir aber genügend Hoffnung auf eine Beziehung irgendwann in ferner Zukunft gelassen, um mich vor unerfüllter Liebe fast in den Wahnsinn zu treiben. Ray und ich durchlebten ein paar ziemlich intensive Monate, in denen wir all dies durchdiskutierten, und zu unseren verwirrten Gefühlen kamen auch noch die harten schulischen Anforderungen hinzu.

Am Ende des Semesters saß ich in der Klemme: Ich hatte zwar tiefe Gefühle für Ray, war aber trotzdem nach wie vor in seinen Freund verliebt. Es war eine unmögliche Situation. Ich brauchte dringend eine Zeit für mich allein. Ich wollte an einen Ort, wo mich niemand kannte und wo ich ganz auf mich selbst angewiesen war. Küche hin oder her, Yellowstone schien dafür genau der richtige Ort zu sein. Ich nahm den Job an.

In den Wochen vor meiner Abfahrt, als Ray und ich unsere Töpfe, Pfannen und kläglichen Möbelstücke aufteilten, vernahm ich von Ray nur, wie unbegreiflich er es fände, dass ich angenommen worden sei und er nicht. Er war von einer Zukunft für unsere Beziehung überzeugt und glaubte, er wisse, was für mich das Beste sei. »Du wirst es dort nicht aushalten!«, warnte er mich. »Du wanderst nicht gern und du hasst Schnee!«

»Der Job hat ja nichts mit Schnee zu tun«, wandte ich ein.

Meine Eltern fanden die Idee, in Yellowstone zu arbeiten, ganz ausgezeichnet. Sie hatten das Gefühl, ich sei zu abhängig von Ray – sie hatten es nie verwunden, dass ich gegen ihren ausdrücklichen Wunsch mit Ray zusammengezogen war – und zu tief in das weltferne schulische Milieu abgetaucht. Ich war das erste Kind, das aus dem Haus gegangen war, um die höhere Schule zu besuchen. Sie lag zwar nur eine halbe Stunde entfernt, aber trotzdem wohnte ich nicht zu Hause und kam nur an den Feiertagen und in den Ferien zu Besuch, und meine Eltern hatten anfangs sehr unter meinen Abnabelungsbemühungen gelitten.

Beladen mit all diesem psychischen Ballast sowie etlichen Räucherstäbchen, einem dicken Schreibblock und warmen Socken, bestieg ich den Bus nach Wyoming. Die Straße wand sich Richtung Tacoma und dann weiter durch Montana hindurch in das »Land des weiten Himmels« bis zum Yellowstone. Die Fahrt sollte zwei Tage dauern. In Tacoma freundete ich mich mit einem Trucker an, der auf dem Weg nach Bozeman war.

»Wollen wir in Spokane nicht aussteigen und irgendwo ein Sandwich essen gehen?«, fragte er. »Ich kenne die Stadt ganz gut.«

»Okay«, stimmte ich zu, obwohl mir meine Intuition davon abriet. Aber was sollte schon groß passieren? Wir waren beide an den Bus gefesselt und der Trucker würde vor mir aussteigen. Er wirkte nicht wie der Typ, der junge Frauen kidnappt und in die Sklaverei verschleppt. Nun, blindes Vertrauen kann manch böse Überraschung nach sich ziehen, wie sich in den folgenden Wochen meiner Reise noch mehrmals zeigen sollte.

Anfangs sah es ja noch gut aus. Mein Trucker war nett und sympathisch und benahm sich mir gegenüber wie ein wohlwollender Onkel. Er lud mich in Spokane zu einem gegrillten Käsesandwich ein. Auf meine Initiative hin aßen wir ganz in der Nähe des Busbahnhofs – ganz bescheuert war ich nun auch wieder nicht. Er erzählte mir von seinem Leben auf der Straße, von seiner Ex in Idaho und seinem zehnjährigen Sohn, den er nicht oft zu sehen bekam. Ich trank Kaffee und er trank Bier. Als wir dann wieder in den Bus einstiegen, hatte ich das Gefühl, er sei ein alter Kumpel und gleichzeitig eine Art von Beschützer.

Mitten in Montana, in der Dunkelheit der Nacht, beschloss mein Trucker, mehr als ein Freund zu werden. Ich saß am Fenster und er neben mir. Nach und nach rückte er immer näher, bis ich gegen die Scheibe gepresst wurde. Da ich auf seine Annäherungsversuche nicht reagierte, dachte er offenbar, er müsse deutlicher werden, strich mit der Hand über meine Beine und tastete sich an meinem Körper nach oben. Als er nach meinen Brüsten grapschen wollte, schlug ich seine Hand weg und sagte: »Bitte, lass das.«

»Ach, komm schon, Schätzchen«, sagte er. »Es ist ganz dunkel. Niemand kann uns sehen.«

»Nein«, sagte ich und überlegte kurz, ob ich in Tränen ausbrechen sollte. Ich fühlte mich von ihm hintergangen und außerdem hatte er mir die restliche Fahrt gründlich vermasselt. Vor allem aber kam ich mir unglaublich dumm vor, weil ich dieses Szenario nicht vorhergesehen hatte. Da ich mir selbst die Schuld gab, dass ich mich, im wahrsten Sinn des Wortes, derart in die Enge hatte treiben lassen, und da ich mehr als nur ein bisschen Angst hatte, rührte ich mich nicht von der Stelle. Stattdessen wehrte ich den Trucker nur stumm ab, schob ständig seine Hände weg oder versetzte ihm einen Klaps. Schließlich döste er ein und fiel auf mich drauf. Es kostete mich all meine Kraft, um ihn wieder auf seine Seite des Sitzes zurückzuschieben.

In der Morgendämmerung fuhren wir in Butte ein. Der

Trucker wachte auf, gähnte und lächelte mir zu, als hätten wir eine besonders angenehme und intime Nacht miteinander verbracht. »Darf ich dich auf eine Tasse Kaffee einladen?«, fragte er.

»Nein, danke«, entgegnete ich knapp. Ich stieg aus und schüttelte ihn in dem Restaurant, vor dem wir hielten, erfolgreich ab. Als der Bus vierzig Minuten später weiterfuhr, setzte ich mich neben eine Frau, die ununterbrochen Kekse aus einer scheinbar bodenlosen Packung in sich hineinstopfte. Ich beobachtete, wie der Trucker in den Bus stieg, nach mir Ausschau hielt und sich schließlich achselzuckend auf seinen alten Platz setzte. Als er in Bozeman ausstieg, konnte ich wieder durchatmen.

Am Greyhound-Busbahnhof in Wyoming standen Reisebusse, die Touristen nach Yellowstone brachten. Im Gegensatz zu der gedrückten Atmosphäre im Greyhound herrschte im nächsten Bus eine aufgeräumte Stimmung. Der Fahrer redete in einem fort und wies auf die Sehenswürdigkeiten der Landschaft hin, die mir so fremd wie eine Mondlandschaft erschien. Ich schenkte dem Gequassel des Fahrers wenig Beachtung, bis wir durch ein Gebiet fuhren, das mit Tierknochen übersät war.

»Erfroren«, erklärte der Busfahrer. »Hierher kommen die Tiere, um zu sterben.«

Irgendwie konnte ich das Gefühl nicht loswerden, dass dies ein schlechtes Omen war.

Als wir endlich in Lakeshore ankamen, war ich müde, gereizt und völlig benommen von der Höhe. Ich meldete mich im Hauptbüro an und wurde wie in einer Bahnhofshalle abgefertigt. Die Schlafsäle für die Angestellten waren klein, grau und deprimierend. Nachdem ich meine Habseligkeiten in mein neues Zimmer geschleppt und sie auf dem knarrenden Bett abgeladen hatte, heulte ich aus Mitleid mit mir selbst erst einmal richtig los. Ich hatte das ungute Gefühl, dass Yellowstone nicht der Zufluchtsort sein würde, den ich mir erhofft hatte. Es sah eher so aus, als sei für mich nun eine Zeit der herben Erfahrungen angebrochen, und ich verspürte statt einem Gefühl ungezügelter Freiheit nur eine schier unerträgliche Einsamkeit.

Doch wieder kam mir der Gedanke, dass die Situation ein direktes Ergebnis meiner Handlungen war. Niemand hatte mich gezwungen, in dieses Land des Sommerschnees und der ausgebleichten Knochen zu fahren. Wenn ich es hier grässlich fand, so hatte ich mir das selbst zuzuschreiben. Und abgesehen davon war ich ja eben erst angekommen. Ich konnte mir im Grunde noch gar kein richtiges Bild machen. Also zog ich mir einen Pullover über und begab mich nach unten in die Hotelbar.

Die Schlafräume der Angestellten befanden sich, nach Geschlechtern getrennt, in verschiedenen Stockwerken, und je zwei Angestellte teilten sich ein Zimmer. Meine Zimmergenossin hieß Susie. Sie war ein Jahr älter als ich und stammte aus einer sehr wohlhabenden Familie in Virginia. Wie sie erzählte, waren ihre Eltern absolut gegen ihre Reise nach Wyoming gewesen, da sie diese Art von Saisonarbeit als hochgradig asozial ansahen. Susie war mit einem Politiker verlobt, den sie zwar nicht besonders mochte, dessen diamantbesetzten Verlobungsring sie aber stolz zur Schau stellte. Sie erklärte, sie brauche Abstand von ihm und der erdrückenden Atmosphäre zu Hause. Sie war als Empfangsdame eingestellt worden, eine begehrenswerte Position. Ich fragte mich, wer die Jobs für all diese Sommerhilfskräfte festlegte und nach welchem eigenwilligen System die Zimmergenossen bestimmt wurden. Meine Zimmergenossin und ich kamen zwar recht gut miteinander aus, aber irgendwie kam mir die ganze Sache doch ziemlich willkürlich vor.

Vor dem eigentlichen Arbeitsbeginn fanden noch ein paar Einführungstage statt, in denen wir ein Bündel an

Regeln und Warnungen erhielten, die wir dringend befolgen sollten. Touren durch den Nationalpark wurden sehr empfohlen, nur sollten wir auf frische Bärenexkremente achten – schließlich war Bärensaison –, niemals Nahrungsmittel in unserem Zelt aufbewahren und stets auf den markierten Wegen bleiben. Wir durften uns nicht mit Touristen anfreunden. Die Lichter mussten um dreiundzwanzig Uhr gelöscht werden. Körperlicher Kontakt zwischen Angestellten war strikt verboten. Später entdeckte ich, dass diese Regel von den Angestellten besonders gern missachtet wurde. Sollten wir uns entschließen, den Nationalpark vor dem festgesetzten Termin zu verlassen, müssten wir verschiedene Formulare ausfüllen und eine ausführliche Befragung über uns ergehen lassen. Kurzum, das Ganze hatte Ähnlichkeit mit einem Programm für Strafgefangene, denen Freigang gewährt wird.

Das alles überschattende Unbehagen, das ich empfand, verwandelte sich an meinem ersten Arbeitstag in Verzweiflung. Die Küche war riesig groß, ein kaltes Meisterwerk aus weißen Kacheln und Stahl. Mein Bereich, die Anrichte, war größer als die gesamte Küche in den meisten Restaurants. Die Geräusche hallten von den Wänden und vom gekachelten Boden wider. Geschirr, Schüsseln und Töpfe waren überdimensionale Monster. Schon mein erster Blick durch die Küche überzeugte mich davon, dass ich mich in einer Art surrealem Albtraum befand. Mehr als die Küche selbst verblüfften mich jedoch die dort vorherrschende Hierarchie und die exakt ausgewogenen Machtverhältnisse.

Bevor ich nach Yellowstone kam, hatte ich in kleinen familienbetriebenen Restaurants gearbeitet, in denen es eher salopp zugegangen war. Dies hier war etwas ganz anderes. Es gab Dutzende von Angestellten in der Küche und im Speisesaal und ein jeder hatte in diesen Miniatur-

Gesellschaften seine ganz besondere Rolle. Die Küche war eine völlig andere Art von Lehranstalt als jene, aus der ich gerade kam, aber auf ihre Art nicht weniger lehrreich. Obwohl ich anfangs noch sehr mit meinem persönlichen Schicksal beschäftigt war, sollte sich das Beobachten und Begreifen der komplizierten Strukturen in der Küche später als wertvolle Lektion erweisen.

Zur Einführung musste ich mich mit den anderen unglücklichen Anrichte-Hilfen in einer Reihe vor unserer Aufseherin aufstellen, einer alterslosen Riesin, die einen gigantischen Schneebesen schwang. Lächelnd zog sie aus einem vor ihr stehenden Trog einen Shrimp und löste die Schale.

»Ihr müsst dieses schwarze Zeugs da hinten rausmachen«, sagte sie, »und ihr müsst es richtig tun.« Sie demonstrierte das Verfahren an einigen Shrimps. »Wir haben eine Menge Shrimps hier, ihr müsst also schnell sein.« Einige meiner Mitarbeiter wurden allmählich etwas grün um die Nase. »Und wenn ich sage, ihr müsst, dann meine ich auch müssen, ich bin aus Müssissippi und ich werde euch Beine machen, wenn ihr nicht spurt.«

Wir mussten neben den Shrimps für alle drei Mahlzeiten riesige Fleisch- und Wurstmengen aus dem Vorratslager schneiden und vorbereiten. Die Schneidemaschine sah aus wie die leicht modernisierte Version einer Guillotine. Wie sehr ich mich auch bemühte, ich brachte es einfach nicht über mich, die Maschine zu bedienen.

»Ihr müsst bei der Bedienung dieses Babys sehr vorsichtig sein«, sagte unsere Aufseherin, während sie über die todbringende Stahloberfläche strich. »Solange ich hier bin, verliert niemand einen Finger, ist das klar? Es gibt nichts Hässlicheres als eine blutige Fingerspitze im Essen eines armen Gastes.«

»Ähm, Verzeihung«, piepste ich schüchtern dazwischen, »aber ich werde die Maschine wohl nicht benutzen können. Ich glaube nämlich, ich bin, ähm, zu klein, um hinaufzureichen.« Ich lief knallrot an, während mein Wolkenkratzer von einer Aufseherin mich von oben bis unten musterte.

»Nun gut«, sagte sie schließlich abfällig, »die Kurze hier benutzt die Schneidemaschine nicht.« An mich gewandt, fügte sie hinzu: »Du wirst dafür jeden Tag Salat anrichten.«

»Klar«, rief ich sehr erleichtert, dass ich die Todesmaschine nicht berühren musste. Das war mir sogar die peinliche Anrede »Kurze« wert, die sich in der Küche durchsetzen sollte.

Die Salate stellten allerdings ein eigenes Problem dar. Man zeigte uns, wie man Kopfsalat mit einem Konservierungsmittel durchtränkte, damit er den ganzen Tag über frisch blieb. Das Konservierungsmittel stammte aus einem Kanister, der mit einem kleinen Totenkopf, gekreuzten Knochen und der Warnung versehen war, dass der Inhalt nicht von schwangeren Frauen oder Frauen, die in absehbarer Zeit schwanger werden wollten, benutzt werden sollte. Ich konnte geradezu spüren, wie meine Lunge sich auflöste, wenn ich diese Körnchen in einen Bottich mit Wasser schüttete. Nach einem kurzen chemischen Bad war der Kopfsalat so knackig wie nie zuvor und wurde dann entweder als Gartensalat (mit einem traurigen Tomatenviertel) angerichtet oder als Bauernsalat (mit großen Scheiben kaltem Fleisch und Käse) oder als Shrimpcocktail (mit sauber gepulten Shrimps, die aussahen, als wollten sie in einer Art postmortalem Protest aus ihren Salatschüsseln springen). Natürlich brauchte man für die Salate verschiedene Dressings. Ein Dauerhit war das Thousand-Island-Dressing, das wir kübelweise anfertigten. Den Reiz des Thousand-Island-Dressings habe ich nie begriffen. Die grässliche dickflüssige Kombination aus Mayonnaise, Ketchup und Pökelgewürz hat eine unnatürliche rosa Färbung und einen entsprechend künstlichen Geruch. Gibt man dieses Dressing über einen Salat, bedeutet das die totale Vernichtung jedweden natürlichen Aromas. Ich habe damals eine Allergie gegen Ketchup entwickelt, die bis zum heutigen Tag andauert. Ich kann Ketchup nicht einmal riechen, ohne dass sich mir der Magen umdreht.

Nicht unerwähnt bleiben dürfen auch die Nachspeisen. Meine Favoriten unter den Konditorwaren waren die Napoleons. Sie wurden aus ellenlangen Lagen Blätterteig hergestellt, der mit Schokoladen- und Vanillepudding gefüllt wurde. Diese kulinarischen Köstlichkeiten erforderten den Gebrauch eines Mixers, der mindestens so groß war wie ich selbst. Ich musste mich auf einen Stuhl stellen, um den Mixer zu bedienen, und ein Mitarbeiter hielt mir die Beine fest, damit ich nicht hineinfiel. Zum Schluss wurden die Teile portionsweise gestapelt und auf riesige Tabletts gelegt, wo die Kellner und Kellnerinnen sie sich schnappen konnten, wenn sie durch die Küche flitzten.

Nie wurde ich von den Speisen, bei deren Vorbereitung ich half, in Versuchung geführt. Und nachdem ich alles eliminiert hatte, was mich entweder töten oder meine genetische Struktur verändern würde, blieben mir nur noch Kartoffelbrei und Schokoladenpudding. Die Mitarbeiter-Mahlzeiten, die von Fett und Stärke strotzten, waren sogar noch schlimmer. Als ich den Yellowstone-Park verließ, hatte ich fünf Kilo abgenommen.

Ich lernte die grundlegenden Aufgaben meines Jobs sehr schnell. Salat tränken und Pudding in Kübeln anrühren erfordert nicht allzu viel Talent. Sobald ich darin eine gewisse Routine entwickelt hatte, konnte ich auch wahrnehmen, was um mich herum geschah, sei es nun in der Küche, im »Hinterhaus«, oder im Speisesaal, im »Vorderhaus«. In der Küche lernte ich eine hierarchische

Struktur kennen, die ich in jedem nachfolgenden Restaurant wiederfinden würde.

Ich werde das am besten an einem Beispiel illustrieren. Tellerwäscher stehen auf der untersten Stufe der sozialen Leiter und rackern sich für einen Hungerlohn ab. Die Tellerwäscherzone in dieser speziellen Küche war weit von allen anderen Arbeitsbereichen entfernt. Niemand bekam die Tellerwäscher je zu Gesicht, sie wurden als unrein angesehen, als Unberührbare und Sklaven ihres eigenen Unglücks. Daher sprachen sie kaum, zumindest nicht mit Menschen, die nicht der Tellerwäscherkaste angehörten, und blieben so anonym wie möglich. Die Ironie der Sache liegt darin, dass ein Restaurant ohne tüchtige Tellerwäscher schlichtweg nicht funktioniert. Jahre später arbeitete ich in einem Restaurant, in dem die Tellerwäscher gelegentlich aufbegehrten und ihre Posten verließen, um sich in süßes Vergessen zu trinken. Schmutzige Teller, Gläser und Besteck stapelten sich, bis die Küche einer Giftmülldeponie glich. Schließlich kam alles zum Erliegen, bis der Küchenchef irgendeinen armen Tölpel dazu überreden konnte, mit dem Scheuern und Spülen zu beginnen.

In der Yellowstone-Küche standen die in der Anrichte Beschäftigten nur eine Stufe über den Tellerwäschern. Da die Anrichte nicht für das »richtige« Kochen verantwortlich war, verdiente sie auch keinen Respekt. Wir schwitzten nicht über Töpfen und stellten gleichzeitig fünfzig Gerichte her. Wir standen nicht in der Schusslinie. Wir waren keine Männer, wir waren nur Mädchen. Auch in den Küchen, die ich später sah, wurde den in der Anrichte Beschäftigten der Respekt verwehrt.

Die Küchenchefs oder Köche – ein feiner Unterschied –, die sich ganz oben auf der Küchenleiter befanden, hatten unter sich ihre eigene Pyramide der Macht. Die Basis der Pyramide bildeten die gewöhnlichen Köche, die wie am

Fließband die vorgeschriebenen Gerichte kochten. Es waren meist diejenigen mit geringer Erfahrung, die weniger Lohn bekamen und nie das Menü zusammenstellten, sondern gezwungen waren, allmorgendlich Eier vorzubereiten. Über ihnen standen die Souschefs, die zweiten Köche, die direkt unter den leitenden Küchenchefs standen, ein wenig Menü-Planung betreiben und die Köche sowie alle anderen Küchenhilfen schikanieren durften. An der Spitze standen schließlich die leitenden Küchenchefs, verantwortlich für die Menü-Planung, die Gestaltung, die Bestellungen und das Küchenpersonal. Im Gegensatz zu den restlichen Küchenangestellten waren die Köche erfahrene Kräfte. Manche wurden schon seit Jahren von der Parkverwaltung beschäftigt.

Küchenchefs und Köche sind ein interessanter Menschenschlag. Sie arbeiten in einem Zustand gezügelter Raserei und stellen oft Unmengen von Speisen her, wobei jedes Gericht eine individuelle Besonderheit erhält. Sie haben einen kleinen Arbeitsplatz und sind einem starren zeitlichen Rahmen unterworfen. Sie sind verantwortlich für die Herstellung von Speisen, die nicht nur genießbar, sondern verlockend sein müssen. Und immer sind sie, im wahrsten Sinn des Wortes, mit Feuer bei der Sache. Ich habe nur mit wenigen Küchenchefs zusammengearbeitet, die ihr Handwerk nicht als Kunstform verstanden und die nicht ernsthaft beunruhigt waren, wenn sie Gerichte zubereiteten, die eindeutig unter dem Durchschnitt lagen. Allerdings erhalten die meisten Küchenchefs nur sehr selten Lob. Sie können nicht durch den Speisesaal flanieren und Komplimente von den Gästen einsammeln, die ihr Kunstwerk genießen. Der Küchenchef – selten auch mal die Küchenchefin – hat nur die Bedienung als Vermittler zwischen sich und seinem Publikum.

Leider sind Bedienungen oft zu beschäftigt mit ihren

eigenen Problemen, vor allem damit, dass ihre Gerichte zu spät ausgegeben werden, um sich um die Bemühungen des Küchenchefs Gedanken zu machen. In vielen Fällen hat der Küchenchef völlig Recht mit seiner Vermutung, er werde unter Wert gehandelt und unterschätzt. Mehr als einmal habe ich miterlebt, wie ein Küchenchef ein besonders schönes Gericht bereitstellte, das von der Bedienung weggekarrt wurde, ohne dass auch nur die Andeutung eines anerkennenden Lächelns über ihr Gesicht gehuscht wäre. Konflikte zwischen dem Küchenchef und seiner Truppe und der Kellnerriege gehören deshalb zum Alltag.

So ist es auch keine Überraschung, dass sich die Köche trotz aller internen Streitigkeiten in einem Punkt stets einig waren: Sie hassten die Kellner. Kellner und Kellnerinnen wurden als geldgierige Meute betrachtet, die nicht die leiseste Ahnung hatten, wie hart die Küche für sie schuftete. In meiner langen Laufbahn als Kellnerin habe ich verschiedene Varianten dieses Themas erlebt, aber die Feindschaft war in irgendeiner Form immer vorhanden, ganz gleichgültig, ob es sich um einen begnadeten Kochkünstler oder um einen drittklassigen Koch handelte. Das Können eines Kochs spielt hierbei keine Rolle; wenn er will, wird er einer Bedienung das Leben zur Hölle machen, da kann sie noch so geschickt und erfahren sein. Andererseits wird eine Bedienung, die sich gut mit dem Koch versteht, bedeutend weniger Stress haben und sehr viel mehr Umsatz machen.

Denn so niedergeschlagen ich wegen meines Jobs auch war, so galt mein Mitleid doch vor allem den Kellnern und Kellnerinnen, von denen manche völlig unerfahren waren. Von meinem Aussichtspunkt in der Anrichte aus beobachtete ich, wie sie schwitzend und aufgeregt in die Küche stürmten.

»Wo ist meine Hafergrütze?«

»Nein, nein, ich wollte Spiegelei, kein Rührei.«
»Hat jemand meinen Toast gesehen?«
»Wo ist das verfluchte Thousand-Island-Dressing?«
Regelmäßig wurden volle Tabletts fallen gelassen. Und täglich brachen Kellnerinnen in Tränen aus.

Wie es unserer niederen Stellung entsprach, verhielten wir uns in der Anrichte recht ruhig, doch die Köche waren erbarmungslos und quälten die Kellner bei jeder sich bietenden Gelegenheit. Die Köche waren ohnehin ziemlich finstere, durch die Arbeit im Hotel abgestumpfte Gesellen. Ein bis heute beliebter Trick besteht darin, einen aus dem Backofen kommenden Teller zu den anderen Gerichten in die Reihe zu stellen und darauf zu warten, dass ihn der Kellner in die Hand nimmt. Der Kellner wird vor Schmerz natürlich aufbrüllen und der Koch wird dann lächelnd sagen: »Vorsicht, heiß.«

Wenn die Gerichte bereitstanden, riefen die Köche die Bedienungen bei ihrer jeweiligen Nummer; oft verzögerten sie jedoch die Lieferung einer bestimmten Bestellung, bis die genervte Bedienung es aufgab, auf ihr Essen zu warten, und sich anschickte, in den Speisesaal zu eilen, um sich für die Verspätung zu entschuldigen. Sobald sie jedoch die Tür erreicht hatte, riefen die Köche ihre Nummer auf und machten ihr Vorwürfe, weil sie nicht an der Ausgabe bereitgestanden hatte. Bedienung Nummer neun, eine üppige Schönheit aus Tennessee und eine extrem langsame Kellnerin, erlebte dieses Manöver mehrere Male. Eines Tages, es war genau in der hektischsten Mittagszeit, begannen sich ihre bestellten Gerichte an der Ausgabe zu stapeln und langsam vor sich hin zu welken.

»Nummer neun, abholen!«, rief ein Koch. Nach wenigen Minuten wiederholte er den Aufruf. »Hat jemand Nummer neun gesehen?« Wie abgesprochen stimmten alle Köche »Revolution Number Nine« von den Beatles an und wiederholten immer wieder: »Number nine, number nine, number nine …«

Nummer neun holte ihre Gerichte niemals ab. Sie hatte fluchtartig den Speisesaal, den Nationalpark und den Bundesstaat verlassen – die Erste einer ganzen Serie von Flüchtlingen.

Natürlich waren die Köche gegen weibliche Verlockungen nicht gefeit und viele legten eine geradezu wölfische Gier an den Tag. Wenn ich in den höhlenartigen Kühlraum ging, ertappte ich mehr als einmal einen Koch dabei, wie er seinen Unterleib gegen den einer Kellnerin rieb. Auch dies war ein Szenario, das ich in den folgenden Jahren in verschiedener Form immer wieder erleben sollte.

Die Kellnerin-Koch-Verbindung ist für die Vertreter der beiden feindlichen Gruppen – in diesem Fall waren es die Repräsentanten des Vorder- und des Hinterhauses – eine der wenigen Möglichkeiten, sich frei zu verbünden. Wie die Köche haben auch Kellner und Kellnerinnen ein eigenes hierarchisches System, das in seinem pyramidenartigen Aufbau dem mittelalterlichen Feudalsystem ähnelt. Am Fuß dieser Pyramide befinden sich die Hilfskellner oder Servicehilfen. Hilfskellner haben eine symbiotische Beziehung zu ihren Kellnern. In einem guten Restaurant, in dem Service groß geschrieben wird, kann ein Kellner seinen Job nicht ohne seinen nützlichen Sklaven verrichten, der die Tische abwischt, Brot bringt und Wassergläser nachfüllt. Auf der anderen Seite wird ein Hilfskellner keinen anständigen Lohn erhalten, wenn an den Tischen seines Kellners aufgrund von mangelndem Service schlechte Trinkgelder gegeben werden.

Platzanweiserinnen und Platzanweiser stehen eine Stufe über den Hilfskellnern. In manchen Restaurants verfügen sie sogar über eine nicht unbeträchtliche Macht, die darauf beruht, dass sie das Reservierungsbuch unter sich haben, den Heiligen Gral des Speisesaals. Die Platzanweiserin ist die erste Person, die den Gast begrüßt und ihm als Repräsentationsfigur einen ersten Eindruck vermittelt. Eine Platzanweiserin kann Ihnen den von Ihnen gewünschten Tisch an dem von Ihnen gewünschten Zeitpunkt geben. Sie kann Sie der Obhut eines Kellners überlassen, der nur Paare zu bedienen hat, oder eines Kellners, der bis über beide Ohren beschäftigt ist, weil er einige größere Runden betreut. Macht korrumpiert bekanntlich. In Yellowstone war das zwar nicht der Fall, aber Jahre später arbeitete ich in einem Restaurant, das beinahe zur Gänze von einem Kartell bakschischgeiler Platzanweiserinnen kontrolliert wurde. Diese hübschen Damen nahmen an der Tür von Gästen, die bestimmte Tische haben wollten, Trinkgelder an und vermittelten zahlungskräftige Gäste nur an Kellner, die ihnen dafür Schmiergelder zahlten. Ich hatte von frühester Jugend an meinen Vater über die Schmiergeld-Politik klagen hören, die in den Hotel-Restaurants, in denen er arbeitete, praktiziert wurde. Und ich war nicht bereit, mich diesem Diktat zu beugen. Das Ergebnis war, dass ich mehrere Monate lang nur zweit- oder drittklassige Tische erhielt. Und da half auch kein Jammern und kein Klagen, obwohl etliche andere Kellner in derselben miesen Situation waren. Die Platzanweiserinnen stritten alles ab und die Geschäftsleitung stellte sich hinter sie. Wie später herauskam, gab es diverse Affären zwischen Geschäftsleitung und Platzanweiserinnen, doch das ist eine andere Geschichte.

Bedienungen befinden sich in der Mitte der Speisesaal-Pyramide und bilden die größte Gruppe. Oft sind sie die einzige Verbindung zwischen dem Gast und seinem Gericht. Nur sie allein haben gleichzeitig mit dem Vorder- und dem Hinterhaus zu tun. Bedienungen sind auch dafür verantwortlich, all die zwischenmenschlichen

Unwägbarkeiten im Restaurant zu steuern: verärgerte Hilfskellner, habgierige Platzanweiserinnen, hungrige Gäste, mürrische Küchenchefs und profitorientierte Geschäftsführer, um nur ein paar zu nennen.

Geschäftsführer und Besitzer bilden die Spitze der Speisesaal-Pyramide. Wie bereits erwähnt, erhalten mittlere Geschäftsführer oft weniger Gehalt als die Bedienungen, die sie überwachen, was zu Groll und Machtmissbrauch führt. Ein Geschäftsführer kann jederzeit Strafmaßnahmen über eine Bedienung verhängen, ohne dafür Rechenschaft ablegen zu müssen. Das Zauberwort ist hier die Schichteinteilung. Legt man nicht das unterwürfige Verhalten an den Tag, das ein bestimmter Geschäftsführer erwartet, garantiert das eine Woche Frühstücks- oder, schlimmer noch, Brunch-Schicht. Solch eine Woche bedeutet für eine Bedienung gut und gern einen Einkommensverlust von fünfzig Prozent. Unabhängig davon, ob der Geschäftsführer auch der Besitzer oder nur eine von vielen Aufsichtspersonen ist, wird er oder sie auch ein Auge darauf haben, dass die Kasse stimmt. Der Kundenservice ist immer wichtig, aber er muss sich für das Restaurant vor allem finanziell lohnen. Am wenigsten interessiert einen Geschäftsführer das Wohlbefinden einer Bedienung, ob nun in finanzieller oder sonstiger Hinsicht.

Dies alles mag dem durchschnittlichen Restaurantbesucher selbstverständlich oder womöglich unwesentlich erscheinen. Aber stellen Sie sich einmal folgendes Szenario vor: Sie betreten ein Restaurant und werden unverzüglich an einen Tisch geführt. Direkt neben der Toilette. Sofort erscheint Ihre Kellnerin, um die Getränkebestellung aufzunehmen, aber anschließend warten Sie ewig auf Ihr Brot und Ihr Wasser. Ihr Salat wird schnell gebracht, das Hauptgericht lässt jedoch auf sich warten, und als es schließlich ankommt, ist es nur noch lauwarm.

Sie beklagen sich bei einem Geschäftsführer, der gerade an Ihrem Tisch vorbeikommt, und er entschuldigt sich wortreich. Ihre Kellnerin wird durch einen Kellner ersetzt, der Ihnen eher unwillig einen Nachtisch auf Kosten des Hauses serviert. Fazit: Ihr Restaurantbesuch ist mehr als enttäuschend verlaufen. Dafür können verschiedene Gründe verantwortlich sein.

Die Platzanweiserin hatte einen besseren Tisch für einen Gast reserviert, der ihr für diese Gefälligkeit zwanzig Dollar zugesteckt hat. Ihre Kellnerin hat Krach mit ihrem Hilfskellner, der glaubt, sie habe ihn das letzte Mal, als sie zusammenarbeiteten, um Geld betrogen. Also reißt er sich wegen ihr kein Bein aus, sondern bummelt absichtlich herum. Die Kellnerin gerät völlig in Stress und beschwert sich in der Küche darüber, dass alles so lange dauert. Als Antwort hält der Küchenchef lediglich die Bestellbons der Kellnerin in die Höhe, teilt ihr aber nicht mit, wann ihr Gericht fertig ist. Mittlerweile hört sich der Geschäftsführer Ihre Beschwerde an und aus Angst, Sie könnten nie mehr kommen und Ihr Geld hier lassen, pfeift er die als zu lahm verleumdete Kellnerin von Ihrem Tisch zurück und ersetzt sie durch einen Kellner, der bereits völlig überlastet ist, weil er vor Antritt der Schicht der Platzanweiserin ein Schmiergeld zusteckte, worauf diese ihm sämtliche Tische mit sechsköpfigen Gruppen besetzt hat. Dieser Kellner kann sich nicht groß mit Ihnen und Ihrem kostenlosen Nachtisch abgeben. Der Geschäftsführer hat ihm erzählt, wie unzufrieden Sie sind, und er ist sich sicher, dass Sie kein gutes Trinkgeld geben werden.

Die innere Struktur ist aus den Fugen geraten. Das Netzwerk ist nicht mehr im Gleichgewicht. Und darunter leiden alle.

Trotz meiner Absicht, das Beste daraus zu machen, hasste ich Yellowstone. Meine Arbeit konnte nur als stupide bezeichnet werden. Ich arbeitete an fünf Tagen in der Woche von fünf Uhr morgens bis zwei Uhr nachmittags und verfluchte jede einzelne Minute davon. Als immer mehr Kellner und Kellnerinnen das Handtuch schmissen – die hohe Verschleißrate war auch etwas, was natürlich nicht im Prospekt stand –, teilte man mir mit, dass ich in deren Rang »aufsteigen« könnte, doch ich lehnte ab. Denn die Kellner waren – sofern das überhaupt möglich war – in einer noch erbärmlicheren Lage als ich. Und da sie kaum Trinkgeld kassierten, waren sie auch in finanzieller Hinsicht schlechter dran.

Gelegentlich wurde ich aus der Küche abkommandiert, um am Frühstücks-Buffet die warmen Gerichte auszugeben. An einem Sonntagmorgen strömte eine größere Gruppe ausländischer Touristen mit ihren Kameras in den Speisesaal. Ehe sie sich ihre Teller beladen ließen, knipsten sie mehrere Fotos von mir und meiner Kollegin, wie wir hinter dampfenden Platten mit Bratkartoffeln und Rühreiern standen. Als die Blitzlichter aufflammten, wandte sich meine Kollegin mir zu, schüttelte ungläubig den Kopf und raunte: »Das darf ja wohl nicht wahr sein!«

»Hast du 'ne Ahnung, Schätzchen«, sagte eine vorbeikommende Kellnerin. »Das passiert hier ständig.«

Außer mit Susie, die ich nur selten sah, schloss ich mit niemandem Freundschaft. Obwohl Yellowstone der ultimative Schmelztiegel sein sollte, in dem Leute aus allen Bundesstaaten Amerikas zusammentrafen, hatte ich eher den Eindruck eines soziologischen Experiments, das fürchterlich schief gelaufen war. Angestellte aus denselben Bundesstaaten bildeten Cliquen, und in wenigen Wochen kristallisierte sich eine Klassenstruktur heraus, basierend auf Herkunft, Rasse und Bildungsstand. Es herrschte absolut kein Gemeinschaftssinn, und verbindend war einzig die Tatsache, dass sich hier niemand so richtig zu amüsieren schien.

Wann immer es mir möglich war, rief ich zu Hause an und beklagte mich bitterlich. Meine Eltern waren ohne jedes Mitgefühl. »Halt durch«, war ihre einzige Parole. Ich führte ein paar längere Telefongespräche mit Ray, der mir aus der Distanz sehr viel anziehender erschien als noch vor wenigen Wochen. Ich begann mich sogar schon zu fragen, wie um alles in der Welt ich auf die Idee gekommen war, ihn zu verlassen. Nachdem er mich selbstgefällig daran erinnert hatte, er habe von vornherein gesagt, ich sei zu weich für den Job in Yellowstone, teilte er mir mit, er wolle demnächst von Oregon nach Massachusetts fahren, wo seine Eltern wohnten, und könne mich unterwegs gern abholen und mitnehmen. Es war ein verlockendes Angebot und ich begann es ernsthaft zu erwägen.

Wenn ich nicht arbeitete, vertrieb ich mir die Zeit auf dieselbe Art wie alle anderen – ich trank. Aufgrund der Höhe wurde man schon nach geringen Mengen betrunken, also trank ich so idiotische Cocktails wie Amaretto Sours und stillte meinen fortwährenden Hunger mit der Garnierung. Um meinen von Ray unterstellten Mangel an männlich kühnem Auftreten auszugleichen, kaufte ich mir einen Cowboyhut, den ich in der Hotelbar trug. Die meiste Zeit über saß ich allein in der Bar und plauderte mit dem Barkeeper, der gerade Schicht hatte. Manchmal saß ich auch einfach nur da und beobachtete die Touristen, die von überall her zu kommen schienen, nur nicht von Mutter Erde.

Jeglicher Wunsch, selbst als Touristin zu reisen, wurde mir in Yellowstone gründlich ausgetrieben. Als wäre die Kombination von grellbunten Hawaii-Hemden und Cowboyhüten nicht schon schlimm genug, fühlten sich die Besucher offenbar gezwungen, auch noch auf andere

Weise Aufsehen zu erregen, und legten dabei eine erstaunliche Phantasie an den Tag. Wie die Angestellten wurden die Besucher darauf hingewiesen, die im Nationalpark herumstreifenden Wildtiere zu respektieren. Auf der Liste einiger Idioten stand Respekt freilich an letzter Stelle. Einmal habe ich fassungslos beobachtet, wie eine Frau einen liegenden Bison trat, weil er sich malerisch in das Bild stellen sollte, das ihr Mann knipste. Ein anderer Tourist hielt seine Kamera einer Elchkuh vor die Nase, die, wie sich herausstellte, ein Junges hatte. Äußerst ungehalten über die Störung, griff die Elchkuh an und trieb den Touristen aus dem Dorf hinaus. Im Speisesaal erhielten die Kellner regelmäßig Anfragen nach Elch-Burgern oder Bison-Steaks.

»Ham Sie nich? Wassn das fürn Kaff?«

»Oh, Mama«, trällerte eine Kellnerin, »don't let your babies grow up to tourists ...«

Während meiner Anstellung verließ ich die Grenzen von Lakeshore genau zweimal. Das eine Mal als ich mit Susie und ihrem Politiker-Verlobten, der eigens aus Washington, D.C., angeflogen war, um sich vom Wohlergehen seiner Angebeteten zu überzeugen, zum Essen ging. Susie bestand darauf, dass ich sie beide in ein Restaurant begleitete, von dem er behauptete, es sei »das beste in ganz Montana«. Also fuhren wir die paar lächerlichen Stunden in seinem Mietwagen nach Pray, in Montana – eine Stadt, die ihren Namen, Pray – Beten, der Vielzahl an gefalteten Händen verdankt, die man beinahe überall abgebildet sieht –, und ließen uns in einem Restaurant im Chalet-Stil von befrackten Kellnern schokoladenüberzogene Erdbeeren servieren. Auf dem Rückweg in den Nationalpark gerieten wir in einen heftigen Schneesturm. Es war Anfang Juni.

»Was für eine gottverlassene, beschissene Gegend!«, schimpfte Susies Verlobter.

»Ich habe dich ja nicht gebeten zu kommen«, brauste Susie auf.

»Wenn du nicht abgehauen wärst, hätte ich mir die Reise auch sparen können«, erwiderte er, das Lenkrad fest umklammernd, sodass seine Knöchel weiß hervortraten.

Den ganzen Heimweg über stritten die beiden über ihre Beziehung, während ich mich schon als Zahl in der Statistik »Erfroren im Sommer« sah.

Das zweite Mal bewegte ich mich aus dem Dorf heraus, nachdem ich mich mehr oder weniger dazu entschlossen hatte, Yellowstone so schnell wie möglich zu verlassen. Vorher wollte ich wenigstens eine Tour durch die Wildnis machen, weil sich diese Gelegenheit sicher nie wieder bieten würde. So brachen eine meiner Kolleginnen aus der Anrichte, deren Zimmergenossin und ein Typ, der dringend eine beziehungsweise irgendeine Freundin suchte, sowie meine Wenigkeit zu einer Tagestour durch einen der malerischsten Landstriche des Nationalparks auf. Wie alles andere im Yellowstone-Park geriet auch diese Wanderung zu jener Art von Katastrophe, die man später gern als »Erfahrung, aus der man etwas gelernt hat« bezeichnet.

Der Möchtegern-Freund hatte beschlossen, die Führung unserer Gruppe zu übernehmen, da er, seinen Angaben zufolge, ein erfahrener Wandersmann und, nun ja, eben ein Mann war. Dumm, wie wir waren, ließen wir uns von dem Knaben vom gekennzeichneten Pfad weglocken. Auf dem Weg ins Nirgendwo kamen wir an einem weiteren Knochenfriedhof vorbei. Diesmal kniete ich mich hin und strich über einen ausgebleichten Schädel.

»Hast du eine Ahnung, von welchem Tier der Schädel stammt?«, fragte ich unseren Freund, der darauf den Knochen fachmännisch inspizierte.

»Sieht mir ganz nach einem Küchenangestellten aus

Lakeshore aus«, sagte er schließlich mit unbewegter Miene.

Kurz nach den Knochen stießen wir auf Tierspuren.

»Meint ihr, die sind frisch?«, fragte meine Kollegin zaghaft. Während wir uns anblickten und herauszufinden versuchten, ob die Spuren von Bären oder Bisons stammten, brach direkt über unseren Köpfen ein schweres Gewitter los. Der Regen prasselte auf uns nieder und plötzlich wurde uns bewusst, dass unsere Rucksäcke mit Metallgestell die höchsten Erhebungen der Umgebung bildeten. Wenn es uns gelänge, den Bären zu entkommen, dozierte unser Freund, würden wir wahrscheinlich vom Blitz erschlagen werden. Also quetschten wir uns zu viert in ein Zwei-Mann-Zelt, tranken drei Flaschen Wein, die meine Kollegin in weiser Voraussicht eingepackt hatte, und sagten uns, wenn wir schon in der Wildnis zugrunde gehen müssten, so wollten wir dies mit einem Lächeln tun. Im Zelt wurde unser Freund mangels Alternativen mir zugeteilt, da sich meine Kollegin und ihre Zimmergenossin auf ihren dreißig Zentimetern Platz intensiv miteinander zu beschäftigen begannen. Nachdem die letzte Flasche Wein geleert war und wir uns prustend und kichernd mit unserem Schicksal abgefunden hatten, schliefen Möchtegern-Freund und ich in klammer Umarmung ein.

Am nächsten Morgen waren wir zwar noch am Leben, aber schwer verkatert, und irrten hilflos durch die Gegend. Nach einem fünfzehn Meilen langen Umweg mitten durch Bären-Land hindurch erreichten wir schließlich bei Sonnenuntergang die Hauptstraße. Alle vier knieten wir nieder und küssten den Teer.

Drei Tage später traf Ray mitten in der Nacht in Yellowstone ein. Ich machte am nächsten Tag noch meine Schicht bis vierzehn Uhr zu Ende und ging dann ins Büro. Eine Dame hinter einem grauen Metallschreibtisch sah von einem Stapel uralt aussehender Akten auf und blies eine gute Lunge voll Mentholqualm in meine Richtung. Sie trug einen Cowboyhut. Das Plastikschild auf ihrem Schreibtisch verriet zwar nicht ihren Namen, dafür aber ihre Abteilung: »Personalbüro«.

»Kann ich Ihnen helfen?«, fragte sie.

»Ich habe beschlossen, den Nationalpark zu verlassen«, sagte ich.

»Wie schade!« Es war offensichtlich, dass sie diese Worte schon viele, viele Male gesagt hatte. »Wann wollten Sie gehen?«

»Jetzt«, teilte ich ihr mit.

Als ich in mein Zimmer zurückkehrte, hatte sich Ray ausgeruht und war bereit zum Aufbruch. »Bist du dir auch sicher, dass du mitkommen willst?«, fragte er, obwohl er meine Antwort nur zu gut kannte.

»Bring mich einfach nur weg von hier«, sagte ich.

Ich hatte es vier Wochen in Yellowstone ausgehalten und reiste mit zweihundert Dollar, einem Cowboyhut und dem tiefen Wunsch ab, bis an mein Lebensende nie wieder eine Bar von innen sehen zu müssen. Als wir den Nationalpark hinter uns ließen und die Grand Tetons in Sicht kamen, ergriff mich eine Euphorie, als wäre mir soeben eine tollkühne Flucht gelungen. Gleichzeitig hatte ich ein merkwürdig schlechtes Gewissen.

Meine Reise mit Ray quer durch das Land dauerte fast vier Tage. Es war eine Fahrt, die durch Raststätten-Kellnerinnen und Halluzinationen geprägt war. Und manchmal durch beide zusammen.

Mein Job war es, mit Hilfe mehrerer Karten, die Ray mitgebracht hatte, die günstigste Strecke zu bestimmen. Auf diese Weise lernte ich etwas über die Geographie der Vereinigten Staaten. Wyoming führte nach Colorado, Colorado nach Kansas, und dann ging es weiter nach Missouri, Illinois, Indiana, Ohio …

Bis wir Missouri erreichten, redete ich über nichts anderes als über meine Yellowstone-Erfahrung. Es war ein Versuch, diese Zeit in meinem Gedächtnis zu konservieren, bevor die Erinnerung alles verzerren würde. Ray hatte noch immer daran zu knabbern, dass man ihn nicht eingestellt hatte, und war an meinen Geschichten nicht interessiert. Er hatte nur die eine Frage: »Hast du in der Zeit mit jemandem geschlafen?« Sobald diese Frage zu seiner Zufriedenheit beantwortet worden war, hörte er nicht mehr zu, sondern ließ sich stattdessen des Langen und Breiten über den Zustand unserer Beziehung aus, und ob sie das nächste Jahr noch überdauern würde oder nicht.

Ich feierte meinen zwanzigsten Geburtstag im endlos weiten Staat Kansas unter einer brennenden Junisonne. Rays Mietwagen hatte keinen Kassettenrekorder, nur ein Radio. Stundenlang hörten wir Songs von Toto (sehr passend), die Ray fast wahnsinnig machten. Bis heute habe ich, wenn ich »Rosanna« höre, sofort das Bild von ausgedörrtem Weideland und einem endlosen Highway vor Augen. Als dann Missouri in Sicht kam, hatte ich drei Tage nicht geschlafen und aufgrund lebhafter Halluzinationen Schwierigkeiten, die Karte zu lesen oder auch nur ein Gespräch zu führen. Irgendwann sah ich auf und erblickte eine ganze Reihe swingender Pflaumen, die am flirrenden Horizont in ihren Martinigläsern tanzten.

Als Ray und ich zwei Tage später die Staatsgrenze nach New York passierten, hatten wir keine Themen mehr parat, die nicht sofort in ein Streitgespräch ausgeartet wären. Irgendwo in Pennsylvania hatte er sich in die Rolle eines edlen, strahlenden Ritters hineingesteigert und sich eingeredet, er habe mich vor einem Schicksal, schlimmer als der Tod, errettet. Ich verhielt mich, seiner Meinung nach, völlig undankbar. Außerdem hatte er sich wieder darauf verlegt, mich über meine Gefühle gegenüber seinem Freund auszuquetschen. Ein Thema, das ich trotz meines weggetretenen Zustands absolut nicht diskutieren wollte. Es war vielleicht schäbig von mir, aber ich hatte den Eindruck, er sei völlig überwältigt von dem Gefühl seiner eigenen Bedeutung im großen Schöpfungsplan.

Um mein inneres Gleichgewicht wiederzufinden und das Gespräch in eine andere Richtung zu lenken, bat ich Ray, einen Abstecher in meine alte Heimatstadt Monticello zu machen. Ich wollte an meiner alten High School und meinem alten Haus vorbeifahren. Ich wollte bei Maxman's nachsehen, ob es die Luncheonette noch gab. Ray hatte immer einen Hang zur Nostalgie gehabt und so zog er die Straßenkarte zurate und fuhr furchtlos in meine Vergangenheit. Ich war überrascht, als ich entdeckte, wie vieles unverändert geblieben war. Mein altes Haus stand noch an exakt derselben Stelle, an der wir es zurückgelassen hatten; der einzige Unterschied war, dass statt meines Vaters ein Fremder vor dem Haus den Rasen mähte. Ray blieb ungewöhnlich ruhig, als ich das Haus betrachtete und meinen Erinnerungen nachhing.

Die Suche nach der Luncheonette verlief dann weniger erfolgreich. Ich war mir nicht sicher, ob wir lediglich in der falschen Straße waren oder ob die Anlage tatsächlich nicht mehr da war, aber Maxman's schien sich im Nebel der Zeit aufgelöst zu haben. Obwohl ich Ray dankbar war, dass er sich die Zeit für den Besuch genommen hatte, fand ich die Rundreise ein wenig deprimierend. Ich hatte das Gefühl, dass in meinem Leben zu viele Dinge ohne Dauer und lediglich Teil einer mehr als trügerischen Erinnerung waren.

Als wir uns Massachusetts näherten und Ray allmählich in die Rolle des verlorenen Sohns zu schlüpfen begann, war ich völlig durch den Wind. Ich wusste damals nicht, dass ich seine Familie nett, wenngleich ausgesprochen merkwürdig finden würde. Und ich hatte auch nicht den Weitblick, um vorherzusehen, dass ich innerhalb weniger Tage so viel Heimweh bekommen sollte und so viel Angst, mich seiner Familie gegenüber zu irgendetwas zu verpflichten, dass ich mein restliches Geld nehmen und in den nächsten Bus nach Portland steigen würde. Ich konnte nicht wissen, dass ich fünf Tage in diesem Bus verbringen und somit genügend Zeit haben würde, um über die Fehler, die ich in den vergangenen Wochen gemacht hatte, nachzudenken und das Schlechte gegen das Gute abzuwägen.

Dafür gelangte ich zu einer Erkenntnis, die in mir gewachsen war, seit ich das erste Mal den Fuß in die Yellowstone-Küche gesetzt hatte. Ich empfand ganz deutlich, dass ich mit meinen zwanzig Jahren noch völlig unerfahren war und bisher sehr wenig Bekanntschaft mit dem so genannten wirklichen Leben gemacht hatte. Ich war nicht in der Lage gewesen, auf meine eigene Stärke zu vertrauen und den Job im Yellowstone-Park durchzuziehen. Ich betrachtete meine Unfähigkeit, diese Erfahrung in ein erfolgreiches Abenteuer umzuwandeln, als eine Art von Versagen. Und damit war auch ich eine Art von Versager. Diese Schlussfolgerung zu ziehen war in einem Alter, in dem das Ego für gewöhnlich von allergrößter Bedeutung ist, nicht einfach. Mehr denn je hatte ich das Gefühl, meine Zukunft würde aus einer Reihe von Geschichten bestehen, die nur darauf warteten, erzählt zu werden. Und wie es für mich typisch ist, konnte ich es nicht erwarten, endlich damit zu beginnen.

4
Fisch-Phantasien

Es gibt viele Fragen, die ich mühelos beantworten kann. Zum Beispiel: »Was empfehlen Sie heute Abend?«, oder: »Welcher Chardonnay ist nicht zu trocken?« Ich habe sogar Antworten auf wesentlich kompliziertere Fragen parat, wie beispielsweise: »Was ist der Sinn des Lebens?« Diese Frage stellen Gäste übrigens immer, wenn ich von ihnen wissen will, ob sie noch irgendwelche Fragen haben, und vergesse, »zur Speisekarte« hinzuzufügen. Eine Frage gibt es jedoch, die mir nach wie vor Probleme bereitet: »Und was machen Sie?«

Manchmal wird diese Frage von einem Gast gestellt, der dann gern hinzufügt: »Ich meine, wenn Sie nicht hier sind.« Als wäre Bedienen etwas Nebensächliches, keine richtige Arbeit.

Seltsamerweise wird dieser Standpunkt von den meisten Kellnern und Kellnerinnen, mit denen ich gearbeitet habe, geteilt. Die meisten haben das Gefühl, es sei sozial inakzeptabel, wenn man sagt: »Ich bin Kellnerin.« In der Regel lautet die Antwort eher: »Nun ja, eigentlich bin ich Schauspielerin / Künstler / Model / Lehrer / Musikerin …« Sie können sich offenbar nicht eingestehen, dass Bedienen ihr Beruf ist. Es ist bestenfalls ein zeitweiliger Job.

Meiner Erfahrung nach sind Menschen, die niemals gekellnert haben, seltsam fasziniert, wenn ich ihnen erzähle, dass ich in einem Restaurant arbeite. Die Kommentare reichen von »Ich wette, du triffst dort eine Menge reicher Junggesellen« bis hin zu »Wie hältst du das nur aus, dich von Leuten herumkommandieren zu lassen?« Es ist kaum zu überhören, dass diese Arbeit nicht gerade als Traumjob angesehen wird. Vielleicht ist das der Grund, weshalb »ein richtiger Job« ein in der Gastronomie allgemein gebräuchlicher Ausdruck für jede Arbeit ist, die nichts mit Kellnern zu tun hat.

Ich bin in meiner Laufbahn als Kellnerin derselben sozialen Unsicherheit und Scham erlegen. Bei der Schuleinschreibung für meinen Sohn musste ich ausfüllen, wer in einem Notfall verständigt werden sollte, und dabei auch meinen Beruf angeben. Ich habe lange mit mir gehadert, ehe ich schließlich zugab, »Bedienung in einem Restaurant« zu sein. Ich war überzeugt, dass die Lehrer meines Sohnes eine ziemlich niedrige Meinung von einer alleinerziehenden Mutter, die als Kellnerin arbeitete, haben würden, zumal das Einzugsgebiet der Schule recht vornehm war. Die meisten Eltern der Klassenkameraden meines Sohnes waren regelmäßig Gäste in dem Restaurant, in dem ich beschäftigt war.

Doch seit einiger Zeit bin ich in der Lage, diese Schwierigkeit zu umgehen. Obwohl das Kellnern auch heute noch meine einträglichste Arbeit ist, ist es für mich inzwischen ein Job von vielen. So rezensiere ich unter anderem Bücher für die Lokalzeitung, bin freie Mitarbeiterin eines Verlags und arbeite in einem speziellen Programm für Vorschulkinder mit. Auf besagte Frage, was ich mache, liste ich detailliert alle anderen Tätigkeiten auf und füge dann erst hinzu: »Außerdem arbeite ich in einem Restaurant.« Meine Hoffnung ist, dass meine Gesprächspartner so benommen sind von der langen Liste meiner sozial anerkannten Jobs, dass sie den Verweis auf das Kellnern gar nicht mehr mitbekommen.

Mitunter nenne ich den Kellnerberuf jedoch zuerst, um zu sehen, welche Reaktion das hervorruft. Nach zwanzig Jahren Bedienen habe ich, was die soziale Werteskala der verschiedenen Menschen betrifft, einen sechsten Sinn entwickelt. Ich weiß, dass einige Leute in der Nachbarschaft, die ich durch die Schule meines Sohnes kenne oder die ich vielleicht sogar im Restaurant bediene, das Kellnern als sozial inakzeptabel betrachten – und mich sofort einer anderen gesellschaftlichen Schicht zuordnen. Andere Menschen wiederum fühlen sich gleich viel wohler in meiner Gegenwart, sobald sie erfahren, dass ich als Kellnerin arbeite und eine echte Repräsentantin der Arbeiterklasse bin. Die Fähigkeit, sofort zu erkennen, wer welcher Gruppe zuzuordnen ist, habe ich mir einzig durch das jahrelange Bedienen erworben.

Abgesehen vom geringen Prestige gibt es noch etliche andere Gründe, weshalb der Kellnerjob auf der Hitliste der begehrten Berufe nicht hoch platziert ist. Zum einen gibt es so gut wie keine Kranken- oder Rentenversicherung. Zum anderen wird es mit zunehmendem Alter immer schwieriger, den körperlichen Anforderungen des Jobs gewachsen zu sein. Und je nach den Ansprüchen des Restaurants kann es einem jederzeit passieren, dass man durch eine jüngere, agilere Version von sich selbst ersetzt wird. Außerdem gibt es keine Aufstiegsmöglichkeiten, es sei denn, man versucht, ins Management zu gelangen. Aus all diesen Gründen sind Kellner und Kellnerinnen fast ausnahmslos auf dem Sprung – und warten nicht nur ihren Gästen auf, sondern warten vor allem darauf, aus dem Geschäft auszusteigen. Sie drücken noch einmal die Schulbank oder verdienen sich nebenbei etwas dazu. Sie machen in Kunst oder versuchen, einen eigenen Laden aufzuziehen. Oder sie warten darauf, entdeckt zu werden. Selbst die kleine Elitetruppe, die sich als berufsmäßige Kellner und Kellnerinnen betrachtet – sie werden in der Branche als »Lebenslange« bezeichnet –, hat in der Regel etwas in petto, worauf sie warte, wie beispielsweise die Eröffnung eines eigenen Restaurants.

Obwohl ich in der Luncheonette von Maxman's bedient, in der Yellowstone-Küche gearbeitet und sogar im Campus-Café Sandwiches belegt habe, wagte ich mich erst nach dem College-Abschluss an die Erwachsenen-Version des Kellnerspiels. Meine Zufriedenheit über den erfolgreichen Abschluss wurde durch das Wissen getrübt, dass ich nun vier Jahre lang Studiengebühren würde abzahlen müssen. Nach einem zermürbenden Studiensemester beschlich mich denn auch der heimliche Verdacht, dass es mit meinen marktfähigen Talenten nicht sonderlich weit her war. Ich fragte mich ernsthaft, ob ein Studienabschluss mir irgendwelche Türen öffnen würde – und wenn ja, ob ich durch diese überhaupt hindurchgehen wollte.

Das sollte ich vielleicht näher erklären. Ich hatte am College mit einem B. A., Bachelor of Arts, in Englischer Literatur abgeschlossen, einem jener Hauptfächer, das meiner Vorstellung nach den Vorteil hatte, dass man auf jeder Cocktailparty mitreden oder an der Universität weiterstudieren konnte. Die meisten meiner College-Kollegen wählten die Uni und sahen sich bereits als zukünftige Anwälte, Ärztinnen, Lehrer. Ich selbst hatte eine akademische Laufbahn nie ins Auge gefasst. Die vier Jahre am College sah ich als eine Art Karenzzeit an, bevor das eigentliche Leben begänne. Die Kosten für das College hatte ich durch eine knifflige Kombination aus Stipendien, Ausbildungsbeihilfen und Darlehen finanziert. Nichtsdestotrotz hatte ich meinen Lebensunterhalt durchweg selbst bestritten und die Vorteile eines jeden Arbeitsstudienprogramms ausgenutzt, das mir unterkam.

Fast all meine Mitstudenten stammten aus Familien, die es sich erlauben konnten, ihre Kinder an dieses exklusive und teure College zu geben. Doch aus mir unerfindlichen Gründen versuchten sie beinahe alle, die Tatsache zu verheimlichen, dass sie finanziell abgesichert waren. Das äußerte sich dadurch, dass sie beispielsweise nicht genügend Geld zusammenkratzen konnten, um Lehrbücher oder neue Ski zu kaufen oder eine Party mit mehr als drei Bierdosen zu bestreiten. Dies war eine Haltung, die mich auf unterschwellige, aber nachdrückliche Weise störte. Es kam mir unehrlich und irgendwie verdorben vor. Der Gedanke, noch mehr Darlehen auf mich zu laden, nur um weitere Jahre in einem solchen geistigen Umfeld zu verbringen, war mir ziemlich zuwider.

Unabhängig davon hatte ich gerade meinen ersten Roman beendet. Was mich betraf, so war ich eigentlich Schriftstellerin. Ich war davon nicht nur überzeugt, sondern bestand auch darauf, das zu schreiben, was ich schreiben wollte – eine Haltung, die bereits bei meinen Professoren zu einiger Verwirrung geführt hatte. Als Schriftstellerin hatte ich, wie ich fand, auch eine gewisse Verantwortung. Vor allem war ich, wenn auch nur vage bewusst, der Meinung, dass Leiden für die Entwicklung eines richtigen Schriftstellers wichtig war. Und ich glaubte nicht, an der Universität echtes Leben erleiden zu können. Genauso wenig glaubte ich, dieses Leben in einem Bürojob, der sich als nächste Option anbot, zu finden.

In den vergangenen zwei Monaten hatte ich für eine Zeitarbeitsfirma gearbeitet, hatte von einem Büro ins nächste gewechselt und hielt das Leben einer Büroangestellten für ein Schicksal, schlimmer als der Tod. Ich verbrachte die Tage damit, meine Beine übereinander und wieder auseinander zu schlagen, Papiere aus dicken Aktenbündeln herauszusuchen, Fremde anzurufen, die nicht mit mir sprechen wollten, auf die Mittagspause, Kaffeepause, irgendeine Pause zu warten, die die stumpfsinnige Monotonie für eine Weile unterbrach. Und das Grässlichste von allem war der Büroklatsch: hinterhältiges Gefrotzel, flache Witze und pubertäre Flirts. Ein paar Mal wurde mir eine feste Stelle zum Anfangsgehalt angeboten, doch ich suchte immer so schnell ich konnte das Weite.

Mir schwebte eher vor, Glück zu haben und meinen Roman zu verkaufen. Und irgendwann würde ich als das große Talent entdeckt werden, das ich, meiner bescheidenen Meinung nach, auch war. Bis dahin brauchte ich eine Heizung, Strom und Telefon (das Leiden, das mir in meiner Entwicklung noch fehlte, musste ja nicht gleich übertrieben werden). Um das Leben, das ich für mich ausersehen hatte, zu finanzieren, würde ich irgendetwas arbeiten müssen.

Kellnern hatte für mich nach wie vor dieselbe schillernde Anziehungskraft wie damals, als ich sechzehn war. Nur würde ich mich diesmal nicht mit einer Imbiss-Stube oder einem Petit Morsel begnügen. Ich würde in erstklassige Schuppen gehen und richtig viel Geld verdienen.

Es spielten auch noch andere Überlegungen eine Rolle. Ich wollte wirklich interessanten Menschen begegnen. Bis zu diesem Zeitpunkt hatte ich mich immer nur wie eine Beobachterin meines eigenen Lebens gefühlt. Als würde ich auf einem Spielbrett meine Figur mal dahin, mal dorthin bewegen. Ich sah nur zu und wartete ab, was passieren würde. Kellnern war eine Möglichkeit, ein Teil dessen zu werden, was ich immer als die Welt draußen angesehen hatte. Und es wäre natürlich nur auf Zeit.

Eingedenk all dieser Überlegungen, heftete ich mein Diplom in einen Ordner ab und bewarb mich um einen Job, der in einer Zeitung ausgeschrieben war. Der Speisesaal eines renommierten Klubs suchte Kellnerinnen »mit mindestens zweijähriger Erfahrung im Bereich der gehobenen Gastronomie«. Ich hatte keinerlei Skrupel, mit meinen Erfahrungen ein wenig zu bluffen. Keines der Restaurants, in denen ich gearbeitet hatte, konnte ernsthaft der gehobenen Gastronomie zugeordnet werden. Aber dafür hatte ich einen College-Abschluss. Und man musste schließlich kein Genie sein, um eine Flasche Wein zu öffnen. (Aber man muss, wie ich bald herausfand, genau wissen, *wie* man eine Flasche Wein öffnet, damit dieser verflixte Korken zumindest mit einem Anflug von Eleganz herausflutscht).

Ich wurde zu einem Bewerbungsgespräch mit Carol eingeladen, der hochfahrenden Matriarchin des Speisesaals. Mir war sofort klar, dass Carol mich auf Anhieb hasste. Zudem vermutete ich, dass sie meinen mehr oder weniger geschönten Lebenslauf durchschaute. Dennoch ließ sie den Geschäftsführer im Bereich Speisen und Getränke, den Food & Beverage-Manager, kommen, damit dieser an dem Bewerbungsgespräch teilnahm. Der F & B-Mann hieß Hans, ein merkwürdiger Import aus der Schweiz, der vor kurzem eingeführt worden war, um den allgemeinen Standard des Speisesaals anzuheben. Hans führte das Bewerbungsgespräch mit meinen Brüsten und befand sie offenbar für qualifiziert. Ich war eingestellt.

Ich hatte das große Glück, bei meiner ersten Anlernschicht einem Kellner namens Deane zugewiesen zu werden. Fast jeder Kellner hasst es, neue Kräfte anzulernen, weil es schier unmöglich ist, den eigenen Rhythmus, der für den reibungslosen Ablauf einer Schicht notwendig ist, beizubehalten, wenn man ständig innehalten muss, um einer anderen Person, die in der Regel dumm herumsteht, alles zu erklären. Auch Deane war alles andere als erfreut, eine neue Kellnerin am Hals zu haben, die ihn auf Schritt und Tritt verfolgte, dennoch bereitete es ihm sichtlich Vergnügen, mich mit einer kurzen Charakteristik jedes Einzelnen aus der Kellnertruppe vertraut zu machen.

Da gäbe es eine Gruppe älterer Kellnerinnen, erzählte

er mir, die bereits seit Jahren im Klub arbeiteten und ihre festen Stammgäste hätten. Diese Frauen würden mich niemals akzeptieren, fuhr Deane fort, da sie generell nicht willens seien, sich mit irgendeiner Art von Veränderung in ihrem Arbeitsumfeld zu befassen. Sie hatten Namen aus einer anderen Zeit – Thelma, Agnes, Ethel – und dazu passende Frisuren. Die meisten von ihnen arbeiteten in der Frühstücks- und Mittagsschicht, berichtete Deane weiter, aber einige hatten auch die begehrten Abendschichten, die sehr schwer zu bekommen waren.

In jedem Restaurant ist die Abendschicht die Geldschicht, wobei die Freitage und Samstage die besten Tage sind. Kellner, die unfähig oder nicht bereit sind, von der Mittagsschicht – der obligatorischen Läuterungsphase für Anlernkräfte – zur Abendschicht überzuwechseln, werden als ungeeignet oder schlicht als wahnsinnig angesehen.

Der Rest, fuhr Deane fort, bestehe aus einer Clique älterer Kellner, von denen die meisten, er eingeschlossen, schwul seien, sowie aus einigen jungen Frauen wie mir, die von Hans eingestellt worden seien. Ich begann allmählich zu ahnen, welche »allgemeinen Standards« der gute Hans bevorzugte.

Deane ließ es sich auch nicht nehmen, mich warnend darauf hinzuweisen, dass die Gäste, die ich bedienen würde, ausnahmslos Klubmitglieder seien: sehr reiche, alte, mitunter uralte, verbitterte, rassistische, sexistische Leute in allgemein schlechtem körperlichen Zustand. Viele hätten ein Gebiss, fuhr er fort, und mümmelten stundenlang an ihren Steaks. »Tapioka ist hier eine sehr beliebte Zutat«, erzählte er.

Schließlich führte mich Deane durch die labyrinthartigen Gänge und Räume, die zum Restaurantbereich des Klubs gehörten. Der Hauptspeisesaal bestand aus zwei großen, in gedämpftem Beige und Oliv gehaltenen Räumen, die durch eine halbhohe Mauer voneinander getrennt waren. Die Service-Stationen – wo Kaffee, Tabletts, Geschirr, Tafelsilber und hektische Bedienungen zwischengelagert wurden – waren durch ähnliche Trennwände vor den Blicken der Gäste geschützt. Zwei ballsaalgroße Bankettträume erstreckten sich auf der einen Seite des Hauptspeisesaals, und auf der anderen Seite führte ein kurzer Durchgang in das Herrenzimmer, eine Bar, die mit ihrer dunklen Holztäfelung, den Ledersesseln und den zahlreichen Aschenbechern der reine Atavismus war. Frauen waren im Herrenzimmer zwar zugelassen, durften aber nicht deren Unterabteilung, das Kartenzimmer, betreten. Einzig die Bardamen durften mit ihrer weiblichen Anmut das Kartenzimmer verschönen, wo Relikte aus einer anderen Zeit (des Bürgerkriegs vermutlich) rauchten, Highballs tranken, Poker spielten und mit zitternden Greisenhänden nach den Hinterteilen besagter Bar-Kellnerinnen grapschten. Wie ich erfuhr, gab es tatsächlich einige Kellnerinnen, die es vorzogen, im Kartenzimmer zu arbeiten.

Die Küche, die all diese Bereiche versorgte, war sehr sauber, sehr weiß und groß genug, um sich darin verlaufen zu können. Die Köche waren alle mit penibler Sorgfalt gekleidet und hatten sämtlich eine ausgezeichnete Ausbildung vorzuweisen. Einige sahen, wie mir auffiel, recht gut aus, und einer war Bruce Springsteen wie aus dem Gesicht geschnitten. Deane erzählte mir, dass »Bruce« gerade eine heiße Affäre mit einer verheirateten Bankettsaal-Bedienung hatte, was der Skandal schlechthin sei. Doch getreu der allgemeinen Faustregel verabscheuten die Köche die Kellnertruppe fast ausnahmslos.

Zu der elitären Atmosphäre des Klubs – da die steinreichen Gäste, dort das arme Personal – trugen auch die strengen Regeln bei, die alle im Restaurant Beschäftigten zu befolgen hatten. Wir mussten vorschriftsmäßige

Dienstkleidung und Schuhe anziehen, die in jeder Hinsicht grauenvoll waren und die wir nur im Speisesaal tragen durften. Wir mussten den Klub nicht nur durch einen eigenen Eingang, sondern von einer anderen Straße aus betreten, und zwar über einen langen Gang, der zwei Gebäude miteinander verband. Wir durften uns nirgendwo in der Nähe der Speisesäle in Straßenkleidern sehen lassen. Deshalb wurde uns allen zum Umziehen ein Spind in einem Umkleideraum zugeteilt. Es gab Vorschriften in Bezug auf Haarlänge (höchstens schulterlang oder zurückgesteckt für Frauen, sehr kurz für Männer), Nagellack (verboten), Gesichtsbehaarung (Schnurrbärte nur für Männer erlaubt) und Ohrringe (nur Stecker). Wir erhielten eine Mahlzeit pro Schicht, die wir im Personal-Aufenthaltsraum nahe dem Umkleideraum und weitab vom Speisesaal zu uns nehmen mussten. Es war uns verboten, den Klub als Privatperson zu betreten.

Ich hatte sehr bald das Gefühl, dass mir die Arbeit über den Kopf wuchs. Hier ging es schließlich um höchste Esskultur. Die Salatgabel musste auf dem Gedeck exakt dreiunddreißig Zentimeter vom Teelöffel entfernt liegen. Carol ging umher und führte, mit einem Maßband bewaffnet, stichprobenartige Überprüfungen vor, um sicherzugehen, dass die Regel eingehalten wurde. Die Servietten mussten mit der vorgeschriebenen Anzahl von Kniffen gefaltet werden. Wir hatten von rechts zu servieren und von links abzuräumen. Da wir im Speisesaal mit Tablett bedienten, musste jede Bedienung riesige Tabletts, auf die sechs Teller passten, hochstemmen und balancieren. Ich hatte noch nie ein Tablett dieser Größe getragen und war mir nicht sicher, ob ich es schaffen würde.

Das Menü stammte aus derselben Dinosaurier-Epoche wie die Gäste, die es aßen. Cholesterin war ein noch unbekannter Feind und es galt die Devise, je mehr, desto besser. Das Frühstück enthielt Tapioka (Tapioka war bei allen drei Mahlzeiten dabei), Würstchen, Speck, Pfannkuchen und Eier in allen nur denkbaren Variationen. Im Grunde waren diese Mahlzeiten nichts weiter als eine aufgepeppte Version jener Spezialfrühstücke, wie sie im ganzen Land in Raststätten angeboten werden. Es gab Krabbencocktails, Krabbensalat und gegrillte Krabben. Es gab eine Vielzahl von Salaten (der Kopfsalat erweckte albtraumhafte Erinnerungen an Yellowstone) und Sandwiches, bei deren Belag an Fett nicht gespart wurde. Die meisten Klub-Mitglieder konnten kaum die Hälfte von dem, was sie bestellt hatten, essen und ließen sich die Reste einpacken. Diejenigen, die das nicht machten, drückten in der Regel ihre Zigaretten in den halb aufgegessenen Sandwiches aus, was einer offenen Unmutsäußerung gleichkam.

Das Dinner war ein Kniefall vor den Traditionen altehrwürdiger Steakhäuser. Es gab Filet Mignon, T-Bone-Steak, Kammstück vom Kalb, Kammstück vom Lamm und so weiter und so weiter. Regelmäßig wurde *Surf and Turf* – Welle und Weide – angeboten und erfreute sich extremer Beliebtheit. Da ich dieses Gericht nicht kannte, fragte ich Deane danach.

»Ach, ganz einfach«, sagte er und verdrehte die Augen. »Welle, wo der Fisch schwimmt …«, er ruderte wild mit den Armen, »… und Weide, wo die Kuh grast …« Er scharrte mit dem Fuß. »Herrgott noch mal, sei doch nicht so schwer von Begriff, Mädel! Steak und Fisch. Ich kann einfach nicht glauben, dass du noch nie davon gehört hast!«

»Vielleicht war das vor meiner Zeit«, erwiderte ich.

Das *pièce de résistance* indes war das flambierte Steak, das Deane am Tisch neben Tracy zubereitete, der zu Unrecht so genannten rechten Hand des Kochs und unser aller Oberkellner. Der arme Tracy war eine gequälte Seele – ebenfalls Schriftsteller, wie er mir gestand – und hatte das Gefühl, er sei für weit Größeres bestimmt als für den Dienst im Speisesaal. Er hatte sich ohne die Hilfe seiner saufenden, prügelnden Eltern durch das College gekämpft und gleich darauf Lisa geheiratet, eine hübsche junge Kellnerin, die mit ihm im Speisesaal arbeitete. Lisa wollte sofort eine Familie, Tracy wollte damit noch so lange wie möglich warten. Dieses Thema war eine Quelle permanenter Auseinandersetzungen zwischen den beiden. Man sah Tracy die Anspannung oft an, wenn er den Servierwagen aus rostfreiem Stahl zu einem Tisch rollte und ein Steak in Flammen setzte.

Schon kurz nach meiner Einstellung wurden mir Abendschichten zugeteilt. Diese Ehre hatte vermutlich weniger mit meinem Können zu tun als mit der Tatsache, dass ich jung war und willens, bis zu fünf Zwischenschichten in der Woche zu arbeiten.

Die Zwischenschicht in einem Restaurant ist eine grausige Angelegenheit, da die acht Stunden Grundarbeitszeit in eine Zehn-Stunden-Schicht eingeschoben werden. Zählt man die Zeit hinzu, die man zum Umziehen und für den Arbeitsweg benötigt, kommt man mühelos auf zwölf Stunden. Abgesehen davon, sind Zwischenschichten mitunter weniger einträglich als normale Schichten, da die Geschäftsführer, um Überstunden zu verhindern, Kellner, die in der Zwischenschicht arbeiten, immer wieder kurzfristig aus dem Speisesaal abziehen und dadurch die Trinkgelder beschneiden. In anderen Restaurants, in denen ich gearbeitet habe, durften Kellner die Zwischenschicht ausstempeln und so lange bleiben, wie sie wollten, doch in diesem Speisesaal achtete man streng auf die Einhaltung gewisser Arbeitsvorschriften.

Ich fühlte mich der Abendschicht im Speisesaal eigentlich noch gar nicht gewachsen. Es gab so viel mehr Details, die man beachten musste. Die Gedecke wurden um Suppenlöffel, Weißweingläser und Rotweinkelche erweitert. Die Servietten für das Dinner mussten zu stehenden Fächern gefaltet werden, im Gegensatz zu der flachen Faltung für das Mittagessen. Die Diner verliefen auch gemächlicher, sodass, laut Carol, mehr Zeit »für hochwertigen Service« vorhanden war. All dies beunruhigte mich nicht weiter. Was mir wirklich Angst machte, war die Tatsache, dass ich früher oder später eine Flasche Wein entkorken müsste und absolut keine Ahnung hatte, wie man das machte. Außerdem würde ich diese Riesentabletts schleppen müssen, was ich bisher erfolgreich vermieden hatte. Doch am allerschlimmsten war die Vorstellung, ich müsste einen ganzen Fisch am Tisch entgräten. Ich beschloss, eine Möglichkeit zu finden, um für immer von dieser Aufgabe verschont zu bleiben.

In meinen ersten Abendschichten kämpfte ich mich zunächst mit den Tabletts ab. Letztlich waren es pures Adrenalin und Panik, die mich vorantrieben und mir halfen, meine Gerichte an die Tische zu bringen, ohne dass eines hinunterfiel. Dennoch erntete ich von meinen Gästen recht verdutzte Blicke, als ich das Tablett unbeholfen auf einem Klappständer abstellte, den der Hilfskellner zähneknirschend für mich aufgetrieben hatte. Der Wein war wieder eine andere Geschichte. Ich bat Tracy an den Tisch und redete mich damit heraus, ich sei zu beschäftigt oder Tracy wisse mehr über den Wein, den der Gast bestellen wollte. Tracy half mir gern, wenn er konnte, aber mir fielen allmählich keine Ausreden mehr ein. Schließlich kam der Moment der Wahrheit in Form einer Flasche Pinot Noir. Tracy fackelte gerade an einem anderen Tisch ein Steak ab und Deane konnte ich nicht um Hilfe bitten, so freundlich er auch war. Schließlich ging jeder davon aus, dass ich etwas so Elementares wie das Entkorken einer Flasche beherrschte.

Als ich zitternd mit der Flasche in der Hand dastand,

erhielt ich aus einer völlig unerwarteten Ecke Hilfe. Belinda, die etwa in meinem Alter und eine Woche vor mir eingestellt worden war, bemerkte meine Beklommenheit und nahm mir die Flasche aus der Hand. »Soll ich das übernehmen?«, fragte sie.

»Wenn es dir nichts ausmacht«, erwiderte ich. Belinda ließ sich nicht lange bitten, stolzierte mit der Flasche Wein zu meinem Tisch hinüber und öffnete sie, ohne sie überhaupt abzustellen.

Als sie zurückkam, sagte sie: »Du weißt nicht, wie man eine Flasche öffnet, stimmt's?« Ich gestand mein Unvermögen ein, bat Belinda aber, Stillschweigen zu bewahren, da ich sicher meinen Job verlieren würde, wenn es jemand herausfände. Belinda, die schon seit ihrer Teenager-Zeit bediente, machte es sich in diesem Moment zur Aufgabe, mir alles beizubringen, was ich wissen musste. An diesem Tag begann eine Freundschaft, die drei Jahre und genauso viele Restaurants überdauern sollte.

Am folgenden Abend kam Belinda mit einer Flasche Wein in mein Apartment und ließ sie mich wieder und wieder öffnen, während wir den Inhalt tranken. Was sie mir an jenem Abend zeigte, war mir fortan in jedem Restaurant von unschätzbarem Nutzen.

Eine kurze Anmerkung zum Thema Wein: Ich fand heraus, dass bei der Beratung zu und dem Servieren von Wein das Theater drumherum mindestens genauso wichtig ist wie das wirkliche Wissen darum – wenn nicht gar wichtiger. Der Grund ist, dass die meisten Leute weniger über Wein wissen, als sie zugeben würden. Sie wissen, ob sie roten oder weißen Wein bevorzugen, und können dann auf der Grundlage dessen, was sie über Chardonnay, Cabernet, Chianti, Merlot oder Riesling gehört haben, Weine auswählen. Es besteht sicher ein Unterschied zwischen guten und schlechten Weinen, den selbst der ungebildetste Banause herausschmecken kann. Darüber hinaus ist jedoch der Geschmack, den man an einem bestimmten Wein findet, beim durchschnittlichen Gast eine völlig subjektive Sache. Die Leute wurden darauf trainiert, zu Fisch Weißwein und zu Fleisch Rotwein zu bestellen, und einige meiner Gäste verwirrte es sichtlich, wenn ich zu diesen Gerichten die gegenteiligen Farben empfahl. Um herauszufinden, was einem wirklich zusagt, gibt es nur die Möglichkeit, mit verschiedenen Weinen zu experimentieren und dann entsprechend zu bestellen. Es ist Unsinn, einen Wein nach dem Preis zu bestellen oder danach, was man laut Regel trinken sollte.

Einige Jahre später erlebte ich in einem italienischen Restaurant mit gut sortierter Weinkarte ein perfektes Beispiel für diese Wein-Borniertheit. Ein Kellnerkollege, der sich als Kenner bezeichnete, hatte seinen Gästen eine Flasche teuren Tignanello – eine Cuvée aus unterschiedlichen Traubensorten, die in begrenzten Mengen hergestellt wird – empfohlen und serviert. Er hatte sich so begeistert über den Wein ausgelassen, dass die Gäste ihm ein Viertel der Flasche als kleine Aufmerksamkeit zurückließen. Der Kellner stellte die Flasche dummerweise in die Küche, wo sie auch prompt von einem Paar aus seiner Hilfskellnertruppe geleert wurde. Als der Kellner das Fehlen der Flasche bemerkte, geriet er in Rage und beschuldigte jeden des gemeinen Diebstahls. Ein anderer Kellner, der sich das Gezeter nicht länger anhören wollte, holte die leere Flasche aus dem Mülleimer und ersetzte den Tignanello durch dieselbe Menge an rotem Hauswein – ein grässlicher Verschnitt, der als Hauswein dem Hause nicht gerade zur Ehre gereichte. Der erfreute Kellner zog seine verleumderischen Anschuldigungen zurück und lud den zweiten Kellner auf ein Glas ein. Also setzten sich die beiden nach Feierabend an die Theke und tranken.

»Aaah«, rief der bestohlene Kellner genüsslich, »das ist ein Tröpfchen, was?«

»Mmm«, brummte der zweite Kellner, der sich gewaltsam das Lachen verbeißen musste. Aber trotz aller Beherrschung konnte er irgendwann nicht mehr an sich halten und fiel unter Lachkrämpfen vom Barhocker.

Wenn man als Gast nicht gerade von einem echten Kenner oder einem Sommelier beraten wird, muss man damit rechnen, dass einem der Kellner oder die Kellnerin nur den Wein empfiehlt, den er oder sie persönlich mag oder für den er oder sie auf Drängen des Restaurants die Werbetrommel rühren soll. Wenn es um Wein geht, merke ich immer, ob meine Gäste wissen, worüber sie reden, oder ob sie nur ihre Begleiter beeindrucken wollen, indem sie einen besonders teuren Wein bestellen oder eine Flasche zurückgehen lassen, die vollkommen in Ordnung ist. Falsche Aussprache ist ebenfalls ein Indiz. Diejenigen, die zum Beispiel das t bei Cabernet aussprechen, sind meist in derselben Liga wie diejenigen, die *a cup of chino* bestellen, wenn sie jenes allgegenwärtige Gebräu, gemeinhin bekannt als Cappuccino, ordern möchten.

Was den Korken betrifft, so muss man einen Blick darauf werfen, um zu sagen, ob der Wein schlecht ist oder nicht. Ist der Korken krümelig oder schimmelig, kann es sein, dass der Wein falsch gelagert wurde und umgekippt ist. Das beliebte Riechen am Korken bringt hingegen überhaupt nichts. Ein Korken wird immer wie ein Korken riechen. Die Etikette schreibt sogar vor, den Korken vom Tisch zu entfernen, sobald ihn der Gast inspiziert hat.

Bei Champagner oder Sekt verhält sich die Sache wieder ein wenig anders. Trotz der zahllosen Flaschen Champagner, die ich bereits geöffnet habe, habe ich nach wie vor Angst, von einem Korken getroffen zu werden. Man muss nur einmal eines dieser hochgefährlichen Projektile an den Kopf oder ein anderes Körperteil bekommen haben, um zu wissen, dass diese Erfahrung keine Wiederholung wert ist. Ich öffne Champagnerflaschen mittlerweile mit großer Vorsicht, halte die Flasche in einem Fünfundvierzig-Grad-Winkel von mir weg, lege eine Serviette über den Korken und drehe die Flasche leicht hin und her, um den Korken zu lösen. Auf diese Weise geöffnet, gibt der Korken nur ein gedämpftes Plopp von sich, statt des lauten Knalls, wenn man ihn mit beiden Daumen herausdrückt, dafür schießt jedoch sehr viel weniger Schaum heraus und der Verlust ist geringer. Einmal öffnete ich eine besonders spritzige Flasche Cristal und sah zu, wie der Schaum über den Flaschenrand in den Sektkübel lief.

»Hey«, rief der Gast, »Sie haben gerade gute fünfzehn Dollar verschleudert!«

Belinda beließ ihren Unterricht an jenem Abend nicht beim Entkorken von Wein. Sie zeigte mir auch, wie man ein Tablett mit der Schulter ausbalanciert und es absetzt, ohne dabei einen Krampf im Rücken zu bekommen. Sie machte mir sogar vor, wie man mit der einen Hand einen Klappständer aufstellt, während man mit der anderen das Tablett hält. Nach zwei Gläsern Wein kam mir Belinda wie eine ausgeflippte Kellnerakrobatin vor, die sich über die Gesetze der Schwerkraft hinwegsetzen konnte. Es schien keinen Aspekt des Bedienens zu geben, den sie nicht gesehen oder selbst erlebt hatte. Sie hatte sogar Schönheitstipps speziell für Kellnerinnen erfunden.

»Weißt du, warum meine Augen so klar aussehen?«, fragte sie mich. Ich schüttelte den Kopf und bemerkte nun erst, wie ihre Augen strahlten.

»Clown-Weiß«, rief sie triumphierend und zog eine Tube Clown-Schminke aus ihrer Handtasche. »Ein klein wenig unter die Augen«, sagte sie, während sie mir die Farbe auftupfte, »und schon wirken sie klar. Das funktioniert immer, vor allem, wenn du in einem dunklen Speisesaal arbeitest.«

Belinda war auch die einzige mir bekannte Kellnerin, die mit einer Karriere als Kellnerin zufrieden war. Als junges Mädchen hatte sie einige lokale Schönheitswettbewerbe gewonnen und gedacht, ihre Berufung sei der Laufsteg. Doch diese Hoffnung erfüllte sich nicht, und so arbeitete sie während der High School bei Denny's, um sich etwas Geld zusammenzusparen. Die Trinkgelder, die sie dort bekam, reichten aus, um der provinziellen Enge und dem harten, tyrannischen Familienleben zu entfliehen. Sie blickte nie zurück, wechselte alle paar Monate das Restaurant zugunsten eines besseren und achtete immer darauf, dass die Bezahlung stimmte. Langfristig plante Belinda, sich einen reichen Mann zu angeln und zu heiraten. Und bis dahin wollte sie viel Spaß haben und so viel Geld wie möglich verdienen.

Äußerlich besaß Belinda alles, was ich nicht hatte. Sie war groß, hatte kurzes lockiges schwarzes Haar, dunkle Augen und eine blasse Haut. Als wir uns anzufreunden begannen und oft zusammen über die kleinen Absurditäten des Speisesaals lachten, nannte uns Deane oft spöttisch die »Fürchterlichen Zwei«. Ich wusste zwar nicht, warum, aber Deane mochte Belinda nicht, und so verlief meine Freundschaft mit ihm auf einem getrennten Gleis. Belinda war viel professioneller und forscher als ich und wurde sofort für die Abendschicht eingeteilt. Nur wenige Wochen nach ihrer Einstellung erhielt sie sogar die begehrte Fisch-Phantasie-Schicht.

Die Fisch-Phantasie (von Deane »Neptuns Albtraum« genannt) war das größte Ereignis im Speisesaal. Am ersten Freitag jedes Monats zog der Klub sämtliche Register und veranstaltete eine kulinarische Show, die auch die

Mutigsten unter den Meeresbewohnern in Angst und Schrecken versetzt hätte. Alle Arten von pazifischen Krustentieren, Fischen und Meeressäugern wurden gekocht, gedämpft und filetiert ausgestellt, umrahmt von exotischen Garnierungen und dampfenden, nach Zitrone duftenden Tüchern. Doch damit war der Spaß noch nicht zu Ende, im Preis enthalten waren auch kunstvolle Eisskulpturen, die Meerjungfrauen, Delfine und Poseidon darstellten, sowie glitzernde Fischernetze und eine Vielfalt bunter Fähnchen. Der Andrang an diesen Phantasie-Abenden war enorm und die Kellner machten gute Umsätze.

Da ich erst vor kurzem gelernt hatte, wie man korrekt eine Flasche Wein öffnet, und mich nach wie vor etwas unsicher fühlte, nahm ich an, es würde eine Weile dauern, ehe man mich für eine Phantasie-Schicht einteilte. Und so verbrachte ich meine Nachmittage mit Deane, denn wir übernahmen oft gemeinsam die Zwischenschichten und hatten tagsüber zwei unausgefüllte Stunden, die wir irgendwie herumbringen mussten. Wir spazierten durch die Innenstadt von Portland, tranken Espresso und stöberten nach Edith-Piaf-Platten, die er sammelte. Manchmal besuchte er mich auch in meinem Apartment und dann saßen wir kettenrauchend da und erzählten uns Geschichten. Deanes Geschichten waren weitaus aufregender als meine. So berichtete er mir beispielsweise ganz sachlich über seine frühere Promiskuität und über das Schicksal der meisten seiner Ex-Freunde. Beinahe jeder in Deanes Freundeskreis hatte entweder das Vollbild AIDS oder ARC (AIDS related complex). Immer häufiger musste er auf Begräbnisse von Freunden oder einstigen Liebhabern gehen. Als ich ihn etwas besser kennen lernte, merkte ich, dass auch er, so unbekümmert er in der Vergangenheit gewesen war, große Angst vor einer möglichen Ansteckung hatte. So ertappte ich ihn eines Morgens in der Service-Station, wie er mit einem Handspiegel eine Hautunreinheit in seinem Gesicht begutachtete. »Kannst du dir das bitte mal ansehen?«, bat er mich. »Glaubst du, es ist ein Kaposisarkom?«

Deane lebte schon seit einigen Jahren mit seinem Geliebten Bill zusammen, den er auf einer AA-Versammlung kennen gelernt hatte. Die beiden liebten sich sehr und teilten eine Leidenschaft für Sammelobjekte aller Art. Wie Deane mir erzählte, war es sein Ziel, genügend Geld zu sparen, um mit Bill einen eigenen Laden zu eröffnen.

Wie Belinda verspürte auch Deane den Drang, mich zu unterrichten. Als ich ihn eines Nachmittags fragte, warum er nie das Bedürfnis gehabt habe, Sex mit einer Frau zumindest einmal auszuprobieren, grinste er mich an und pustete affektiert Rauchkringel in meine Richtung. »Meldest du dich freiwillig?« Als er meinen Gesichtsausdruck sah, fügte er hinzu: »Ach, Schätzchen, ich muss dir wirklich mal was zeigen.«

Gleich am nächsten Tag machte er mit mir eine Tour durch die Schwulenbars von Portland und kommentierte, was sich dort abspielte. Es gab keine Geschichte, die für Deane zu extrem war, und er hatte keine Scheu, die Dinge offen auszusprechen. Deane war in Bezug auf andere Menschen von einer ungewöhnlichen Toleranz und einem verblüffenden Scharfblick. Diese beiden Eigenschaften machten sein leicht neurotisches und oft zickiges Benehmen mehr als wett. Er war in vielerlei Hinsicht ein idealer Freund und wir entwickelten eine echte Zuneigung füreinander.

Waren wir jedoch im Dienst, wahrte Deane Abstand. Helfen war nicht unbedingt eine seiner Stärken. Und so war ich an jenem Abend auf mich allein gestellt, als Hans zum Essen kam und sich mit ein paar Geschäftsführern in meinen Bereich setzte. Ich war starr vor Angst bei der

Vorstellung, ihn bedienen zu müssen, und überzeugt, ich würde irgendeinen schlimmen Patzer machen. Was natürlich auch geschah. Ich bediente von links anstatt von rechts und räumte die Teller in der verkehrten Reihenfolge ab. Und natürlich wies mich Hans am Ende des Mahls darauf hin. Als er die Rechnung unterschrieb, sagte er: »Ihr Service war gut, aber mir fiel auf, dass Sie von links bedient haben. Sind Sie sich dessen bewusst?«

Ich starrte Hans an und richtete mich in Gedanken schon darauf ein, dass dies das Ende meiner Karriere im Speisesaal war. Den Stift nach wie vor in der linken Hand haltend, starrte Hans mich gleichfalls an.

»Äh, ja, doch, Sir«, stammelte ich, »aber ich habe gehört, Sie sind Linkshänder, und deshalb nahm ich an, es wäre für Sie angenehmer, wenn ich von links bediene.« Ich lächelte ihn breit an. »Ich bin auch Linkshänder«, fuhr ich fort, »deshalb weiß ich, wie schwierig es ist, in einer Welt zu leben, die für Rechtshänder erschaffen wurde.«

»Oh«, war alles, was Hans darauf sagte, doch in seinem Gesicht erschien ein ähnlich breites Grinsen und das anerkennende Funkeln in seinen Augen verriet mir, dass ich soeben ein paar Punkte gesammelt hatte.

Leider war ich nicht in der Lage, auch bei Carol, die mir meinen Arbeitsplan so unangenehm wie nur möglich gestaltete, zu punkten. Hin und wieder trug sie mich sogar für das Kartenzimmer ein. Mir genügte eine einzige Mittagsschicht mit einer Gruppe giftiger, leicht lüsterner alter Männer, um zu wissen, dass ich im Wiederholungsfall sofort kündigen müsste. Ich wurde nur dadurch gerettet, dass es einige Kellnerinnen gab, die gern in diesem Zimmer arbeiteten und sehr ungehalten wurden, als ich plötzlich ihre Arbeit übernahm.

Ich verstand nie ganz, weshalb Carol mich so piesackte. Vielleicht, weil ich nicht unterwürfig genug wirkte.

Oder weil ich selbst in diesem frühen Stadium meiner Kellnerinnenkarriere bereits das Gefühl hatte, die Geschäftsführer hätten nur wenig Ahnung von den eigentlichen Vorgängen im Restaurant, und diese Empfindung auch nicht besonders gut verbarg. Aber vielleicht war ich ihr auch einfach unsympathisch. Was immer der Grund gewesen sein mag, ich hatte das Gefühl, ich müsste ständig gegen Carol ankämpfen. Und sollte ich je Erfolg in diesem Beruf haben, wäre es trotz und nicht wegen Carol.

Bei den altgedienten Kellnerinnen war ich auch nicht sehr beliebt. Ich vermute, sie fühlten sich durch meine und Belindas Anwesenheit im Speisesaal irgendwie bedroht. Sie hatten im Verlauf der Jahre nur wenig Anerkennung für ihre Dienste erhalten und manche unter ihnen waren verständlicherweise verbittert. Die meisten hatten Kinder in meinem Alter. Dennoch bemühte ich mich, eine Art von Kameradschaft zwischen uns herzustellen. War ich zum Beispiel in der Pause im Aufenthaltsraum, so gesellte ich mich zu Agnes, Thelma und Ethel, die unzählige Tassen Kaffee in sich hineinkippten und päckchenweise Zigaretten rauchten, und versuchte, mich in ihre Unterhaltung einzubringen. Redeten sie über Kinder, erzählte ich irgendetwas über meine Familie. Diskutierten sie über die Speisesaalregeln, gab ich ungefragt meinen Senf dazu. Doch es war hoffnungslos. Ich hatte mit diesen Frauen absolut nichts gemeinsam und sie wussten das. Die meiste Zeit über ignorierten sie mich einfach, bis ich mich wieder trollte. Seltsamerweise schienen sie jedoch Deane zu mögen, obwohl er nie irgendwelche Anstalten machte, sich bei ihnen einzuschmeicheln. Ich begann, den Aufenthaltsraum zu meiden, es sei denn, ich hatte Deane im Schlepptau. Er wurde für mich eine Art von Beschützer. Belinda zog sich nie in den Aufenthaltsraum zurück. Sie erschien immer

– gegen die Regeln – in ihrer Arbeitskleidung zum Dienst und kam – ebenfalls gegen die Regeln – durch den Vordereingang in den Speisesaal.

Trotz der frostigen Aufnahme seitens der Herrscherinnen des Speisesaals und trotz Carols unverhüllter Abneigung gelang es mir, Verbündete zu finden. Tracy, den ich in Verdacht hatte, auf der Suche nach einem außerehelichen Abenteuer zu sein, war sehr nett zu mir und legte, was meine Fähigkeiten als Kellnerin betraf, immer ein gutes Wort für mich ein. Dann war da Hans, der von meiner letzten Improvisation so beeindruckt war, dass er kurz darauf zum Mittagessen erschien und dezidiert nach der »neuen, linkshändigen Bedienung« fragte. Das konnte selbst Carol nicht ignorieren.

In der nächsten Woche wurde ich für meine erste Fisch-Phantasie eingeteilt. Am folgenden Freitag erschienen Deane und ich lange vor Beginn der Abendschicht. Er hatte mir versichert, es werde ein besonders langer Abend werden, und gemeint, er wolle sich noch duschen, bevor es losginge. Der Weg zu den Umkleideräumen, der über zwei Aufzüge und ein Labyrinth an Gängen führte, dauerte zehn Minuten. Als wir schließlich ankamen, tippte mir Deane auf die Schulter und eilte an mir vorbei in den Männerumkleideraum. »Wir sehen uns drin«, rief er, die Stimme verwaschen von zu vielen Espressos. Ich hatte selbst drei Tassen von dem Zeug intus und spürte, wie in meinem Hinterkopf das typische Kaffee-Hämmern begann.

Rosemary, eine Kellnerin, mit der ich einige Mittagsschichten gemacht hatte, war allein im Damenumkleideraum. Sie brauchte länger als alle anderen, um sich zurechtzumachen, und als ich hereinspazierte, begann sie gerade mit ihrer Verwandlung. Nach ein paar Grußworten zog sie T-Shirt, Jeans und Sneakers aus und stand eine, wie mir vorkam, übermäßig lange Zeit nur in BH und Slip da. Schließlich schien sie bereit zur Tat zu sein; sie förderte ein Körperspray zutage und besprühte damit sich im Besonderen und den Umkleideraum im Allgemeinen. Anschließend kam die Strumpfhose. Danach das Deodorant (ebenfalls in Sprayform). Dabei summte sie vor sich hin, gelegentlich von ein paar Liedzeilen unterbrochen. »Money for nothin'«, trällerte sie, als sie ihre weiße Arbeitsbluse überstreifte. Und als sie die Krawatte umband, fügte sie hinzu: »Chicks for free.«

Mit brummendem Koffein-Schädel beobachtete ich gebannt, welch penible Sorgfalt Rosemary jedem einzelnen Detail ihrer Uniform angedeihen ließ.

»Hast du das Video gesehen?«, fragte sie. »Läuft gerade überall. Wirklich klasse. Ständig geht mir dieses Lied im Kopf herum. Willst du dich denn nicht umziehen?«

»Zu viel Kaffee«, teilte ich ihr mit. »Ich kann mich nicht bewegen. Außerdem ist noch genügend Zeit.«

Sie zog die schwarze, trägerkleidartige Dienstkluft aus hundert Prozent Polyester über den Kopf und stellte sich auf eine Bank, damit sie in dem kleinen Spiegel des Umkleideraums die Gesamtwirkung begutachten konnte. Ich hasste dieses Gewand, da es meiner Meinung nach nur kreiert worden war, um jede Frau so unattraktiv wie möglich zu machen, doch an Rosemary sah es aus wie ein Abendkleid.

Als Letztes kamen ihre Arbeitsschuhe an die Reihe. Die Schuhe waren dieselben wie meine und die jeder anderen Kellnerin im Haus. Schwarz, mit Kreppsohle und unvorstellbar hässlich. Beinahe schon Grund genug, um nach einer anderen Stelle Ausschau zu halten. Nachdem sie die schwarzen Ungetüme angezogen hatte, band Rosemary ihre langen braunen Haare zu einem Pferdeschwanz zusammen und verteilte großzügig Haarspray darüber. Die paar Stellen ihres Körpers, die womöglich kein Spray abbekommen hatten, wurden nun mit etlichen Spritzern aus einer Parfümflasche benetzt. Rosemarys Make-up kam erst zum Schluss, da es die meiste Aufmerksamkeit erforderte. Mit leichter, routinierter Hand ließ Rosemary ihr blaues Auge unter sorgfältig aufgetragenen Lidschatten-Schichten verschwinden. Sie bewahrte in ihrem Fach einen ganzen Vorrat an gut deckender Schminke auf und das aus gutem Grund. Obwohl ich sie erst wenige Monate kannte, sah ich sie nicht zum ersten Mal mit einem Veilchen. Die leicht verblasste Farbe verriet, dass sie es bereits vor einigen Tagen erhalten hatte. Ihre Verletzungen waren ein offenes Geheimnis. Jeder wusste, dass sie von einem alkoholsüchtigen Ehemann stammten, aber niemand hatte je mit ihr darüber gesprochen.

Rosemarys Schminktechnik war großartig. Sie mischte ihren Lidschatten so, dass er mit den Hämatomen verschmolz und man die Misshandlung nur noch vage ahnen konnte. Ehe sie den Umkleideraum verließ, zelebrierte Rosemary jedes Mal ein Abschlussritual: Sie küsste ihre Fingerspitzen und presste sie auf ein Foto ihrer beiden kleinen Kinder, das sie zusammen mit ihrem Schminksortiment und Sprays in ihrem Fach aufbewahrte.

»Sehen wir uns beim Dinner?«, fragte sie mich, während sie ihr Fach zusperrte.

»Ich werde da sein«, erwiderte ich.

»Du machst heute die Phantasie?«

»Mhm, das erste Mal. Wo bist du?«

»Kartenzimmer. Also dann, viel Glück!« Sie schwebte hinaus und ließ in ihrem Kielwasser Myriaden an Düften zurück: Babypuder, Haarspray, Gardenie. Rosemary war gerade zweiundzwanzig geworden. Als ich ihr nun nachblickte, fühlte ich mich trotz der zwei Jahre, die ich älter war, unendlich viel jünger.

Ich wartete ein paar Takte, ehe ich in mein Monstrum von Dienstkleidung schlüpfte. Wie Rosemary zog ich die

Schuhe als Letztes an, um das Unvermeidliche so lange wie möglich hinauszuzögern. Leider hatte ich nicht Rosemarys lange Beine und kam mir vor wie ein Schulmädchen in schlecht sitzender Uniform.

Als ich im Aufenthaltsraum ankam, erwartete mich Deane bereits geduscht, rasiert und glänzend geschrubbt.

»Noch mehr Kaffee?«, fragte er, als ich mich mit meinem Abendessen, bestehend aus einem Brötchen, Butter und einer Tasse Kaffee, an den Tisch setzte.

»Ich habe dort drüben nichts entdeckt, was mich irgendwie angemacht hätte«, erwiderte ich und deutete auf das Personal-Buffet.

»Ha, das kann ich Ihnen nicht verübeln«, legte Thelma los, während sie sich an unserem Tisch niederließ. »Das hier …«, sie hielt mit der Gabel ein Stück Fleisch in die Höhe, von dem eine fragwürdig aussehende Soße heruntertropfte, »… soll ein T-Bone-Steak sein. Es ist zäh wie Leder! T-Bone-Steaks müssen einem auf der Zunge zergehen.«

»Thelma, Sie glauben doch nicht ernsthaft, dass wir die guten Stücke kriegen?«, seufzte Deane und schnitt sich von seinem Fleisch, das wie ein Zwilling von Thelmas Steak aussah, ein Stück ab.

»Ich arbeite seit zwanzig Jahren hier«, brummte Thelma. »Da könnte man das schon erwarten.«

Deane zuckte die Achseln und wandte seine Aufmerksamkeit wieder mir zu. »Nervös?«

»Ein bisschen«, gestand ich.

»Weshalb denn nervös?«, erkundigte sich Thelma, während sie auf ihrem zähen Steak kaute.

»Sie ist heute Abend für die Phantasie eingeteilt«, antwortete Deane für mich.

»Was?« Thelma wirkte verärgert und ungläubig zugleich. »Die teilen Sie nach zwei Monaten für die Phantasie ein? Ich musste Jahre schuften, ehe die mich da ranließen.« Sie schluckte und musterte mich giftig. Thelma war unter den älteren Kellnerinnen wahrscheinlich die feindseligste. Ihr Mann war ein pensionierter, desillusionierter Cop, dessen Härte scheinbar auf sie abgefärbt hatte.

»Vermutlich weil Sie so jung sind«, fügte sie nun hinzu. »Die wollen ein paar junge Frauen als Blickfang dabeihaben, um das Ganze aufzulockern. Ganz schön dämlich, wenn Sie mich fragen.«

Ich betrachtete Thelmas Gesicht, ein Mosaik aus Falten, von denen jede wahrscheinlich ihre eigene Geschichte hatte. Ihre Augenbrauen waren rasiert und mit einem Stift nachgestrichelt und auf die Lider hatte sie knallblauen Lidschatten aufgetragen. Ihre orangefarbenen Haare türmten sich auf ihrem Kopf in bedenklicher Höhe zu einem Lockentuff und bildeten einen schreienden Farbkontrast zu dem Ziegelrot ihrer missbilligend zusammengekniffenen Lippen.

»Sie haben vermutlich Recht«, sagte ich schließlich. »Aber ich bin nun mal eingeteilt.«

»Hm«, brummte Thelma.

Deane verdrehte die Augen. »Komm«, sagte er zu mir, »auf zur Phantasie.«

Im Speisesaal herrschte bereits ein hektischer Trubel rund um den Fisch. Als ich mich umblickte, hatte ich tatsächlich ein, zwei Minuten lang das Gefühl, ich befände mich unter Wasser. Das Beste an der Fisch-Phantasie war, dass es sich um ein Buffet mit festem Preis handelte. Die Kellner mussten lediglich für heiße Handtücher sorgen, Wein und Champagner (der zum Essen gehörte) öffnen und das Geschirr abräumen. Obwohl mehr Betrieb war als an einem normalen Abend, war die Arbeit leichter und lukrativer. Allein schon der Anblick der Gäste war die Mühe wert: Portlands ältester Geldadel mühte sich in

Smoking und Abendrobe damit ab, Hummer von ihren Panzern zu befreien. Die ganze Atmosphäre hatte etwas Surreales an sich. Ich hatte das Gefühl, in eine Party hineinzuplatzen, zu der ich eindeutig nicht geladen war.

Ein paar meiner Gäste fragten mich, wer ich sei und ob mir die Arbeit im Klub gefalle, aber die meisten wollten einfach nur erfahren, wo Agnes und Ethel waren. Als Neuling hatte ich weniger Tische als die anderen Bedienungen und dadurch viel Gelegenheit, die Vorgänge von der Service-Station aus zu beobachten. Belinda, die, wie ich bemerkte, sowohl die Nagellack- als auch die Ohrring-Vorschrift verletzte, schwang ihren kleinen Hintern geschäftig durch die Gegend. Deane, der sich normalerweise auch bei der größten Hektik nicht aus der Ruhe bringen ließ, standen feine Schweißperlen auf der Stirn. Zweifellos würden die beiden am Ende der Schicht mit sehr viel mehr Geld nach Hause gehen als ich.

Ich wandte meine Aufmerksamkeit dem Buffet zu, das von einer Reihe von Köchen in gestärkten weißen Uniformen betreut wurde. Ich kannte sie alle, bis auf einen – ein großer, stämmiger Neuling, der mit schwungvollen Gesten auf die Speisen deutete und alle Gäste begrüßte. Er stand direkt vor einem aus einem Eisblock geschnitzten, gigantischen Lachs, der einen recht eigenwilligen Rahmen für ihn abgab. Plötzlich blickte er auf und sah in meine Richtung, worauf ich rasch den Blick abwandte. Als ich wieder zu ihm hinübersah, starrte er mich noch immer an. Ich tauchte hinter der Service-Station ab und beschäftigte mich mit dem Ordnen von Besteck und dem Drehen von Sektkübeln. Als es Zeit wurde, mich wieder ins Getümmel zu stürzen, um an einem meiner Tische Kaffee zu servieren, stand der große neue Koch plötzlich vor mir und verstellte mir den Weg. Ich verrenkte mir fast den Hals, als ich zu ihm hochblickte.

»Hi, Kleine«, sagte er.

Vermutlich hätten mich diese Anrede und sein leicht lüsterner Tonfall abschrecken sollen, aber das war nicht der Fall. Lag es an der unwirklichen Atmosphäre im Speisesaal oder an meinem Gefühl, von den Festlichkeiten ausgeschlossen zu sein? Jedenfalls war ich auf der Stelle betört. Er stellte sich als Leo vor und schuf sofort eine konspirative Stimmung zwischen uns, indem er mir zuraunte, wie bescheuert er das ganze Fisch-Phantasie-Konzept fände. Ich erfuhr, dass er Gastkoch war, eingeladen von seinem guten Freund Hans, und einige Wochen lang die Menüfolge in der Küche beaufsichtigen würde.

Leo machte gar nicht erst den Versuch, seine Verdienste vornehm herunterzuspielen, sondern zählte ungefragt die Namen verschiedener Restaurants und Berufsverbände auf, von denen ich noch nie etwas gehört hatte. Es war beinahe so, als wollte er mich mit seinem Lebenslauf konfrontieren, um zu sehen, ob dieser bei mir auf Zustimmung stieß. In der kurzen Zeit, in der wir uns unterhielten, erfuhr ich, dass Leo ursprünglich aus New York stammte – eine Gemeinsamkeit! – und jetzt in Colorado lebte. Wir gaben unsere Ansichten über den Speisesaal und die Chefs zum Besten und tauschten kleine Späßchen aus – noch mehr Gemeinsamkeiten. Als wir alles durchgehechelt hatten, sagte Leo: »Ich beobachte dich schon den ganzen Abend.«

Gottlob wurde mir erspart, auf diese unmögliche Bemerkung eine Erwiderung zu finden, weil Leo von Hans und einer sehr aufgeregten Carol unterbrochen wurde, der unsere Unterhaltung eindeutig nicht passte. Leo begab sich wieder an seinen Platz, um weitere Gäste zu begrüßen und neue Platten mit Hummer und Soßen zu enthüllen.

»Bitte, komm vorbei, bevor du gehst«, sagte er. »Du weißt ja, wo du mich findest.«

Auch heute kann ich nicht mit Sicherheit sagen, warum ich mich zu Leo hingezogen fühlte. Mag sein, dass es sein Selbstbewusstsein oder sein Humor war. Vielleicht lag es auch daran, dass er sehr viel älter war als ich und dass er beruflich offenbar erfolgreich war. Rein äußerlich war er jedenfalls nicht unbedingt das, was ich als meinen »Typ« bezeichnen würde. Er hatte eine beginnende Glatze, war fülliger, als ich es normalerweise mochte, und seine Gesichtszüge waren eher angenehm als attraktiv. Obgleich ich auf der Hut war, erweckte seine offensichtliche Bewunderung doch meine Neugierde. Ich hatte nicht besonders viel Erfahrung mit routiniertem Geplänkel oder älteren Charmeuren. Andererseits verfügen manche Menschen über eine angeborene Naivität, die keine noch so tiefschürfende Erfahrung ausmerzen kann. Und zu der Spezies gehöre ich. Diese romantische Blindheit hat sicher dazu beigetragen, dass ich mir über die Jahre hinweg einen gewissen Optimismus bewahrt habe, doch sie hat mich auch zu einigen sehr unklugen Entscheidungen verleitet.

Aus welchem Grund auch immer, jedenfalls ging ich am Ende der Schicht zu Leo und unterhielt mich noch eine Weile mit ihm. Er sagte, er wolle mich demnächst zum Dinner ausführen, und zwar in Portlands bestes Restaurant, dessen Küchenchef er persönlich kenne. Ich sagte ihm, ich würde darüber nachdenken, und er schien es gut zu finden, dass ich nicht sofort zusagte.

»Klar!«, grinste er. »Ich könnte ja auch ein psychopathischer Axtmörder sein.«

Er hatte wirklich eine Begabung für solche Sprüche.

Kurz danach hatten wir unser erstes Rendezvous. Leo bevorzugte alles im großen Stil. Er tauchte mit Rosen in meinem Apartment auf und machte als mein Begleiter einen Riesenwirbel um mich, indem er Türen aufhielt und Stühle zurechtrückte, wann immer sich ihm die Gelegenheit dazu bot. Das Restaurant, in das er mich führte, hatte einen Rundblick über die ganze Stadt, sodass durch jedes Fenster die glitzernden Lichter Portlands und des Willamette River zu sehen waren. Wir hatten einen eigens für uns reservierten Tisch und der Küchenchef kam zu uns herüber, um Leo mit Handschlag zu begrüßen und ein wenig über das Geschäft zu plaudern, ehe er in die Küche zurückeilte und sich unserem Essen widmete. Ich gestehe, ich war beeindruckt. Doch das war erst der Anfang von Leos Verführungsstrategie. Wäre ich älter gewesen, hätte er mir sicher nicht die Geschichte aufgetischt, die er mir erzählte, als unser Essen eintraf. Aber er hatte mit erstaunlichem Spürsinn mein Verlangen erkannt, die Geschichten anderer Menschen zu sammeln und sie meinem eigenen Erfahrungsschatz hinzuzufügen. Der Brocken, den er mir nun hinwarf, war ein geradezu maßgeschneiderter Köder.

»Ich habe in Vietnam kochen gelernt«, begann er. Ich machte große Augen. »Mit achtzehn wurde ich eingezogen, direkt aus der High School heraus. Marines. Hab zweieinhalb Jahre in Da Nang verbracht.«

»Hast du jemanden getötet?«, fragte ich halb im Scherz.

»Tja, wenn jemand auf dich schießt«, sagte er, »dann wartest du nicht, bis dir die Kugeln den Bauch zerfetzen, sondern schießt zurück.«

Zum ersten Mal fiel mir nun auf, dass seine braune Krawatte nicht zu seinem blauen Jackett passte. Überhaupt war seine ganze Kleidung eine Spur daneben.

»Macht dir das nichts aus?«, fragte ich. »Das Wissen, dass du Leben ausgelöscht hast? Das bedrückt dich nicht?«

Leo hatte Kalbfleisch für sich bestellt. Ich bemerkte, wie er das Fleisch in sehr kleine Stücke schnitt, ehe er es bedächtig in den Mund schob. »Man sieht die Menschen ja nicht«, sagte er. »Man weiß nicht, wer sie sind. Es ist irgendwie nicht real. Aber mal abgesehen davon, wenn es darum geht, mein Leben oder das eines anderen … Nun, ich möchte nicht von jemandem getötet werden, den ich nicht einmal kenne. War ja nicht meine Idee.« Er zuckte die Achseln. »Das hat die Regierung entschieden.«

»Du hättest versuchen können, die Sache irgendwie zu umgehen«, beharrte ich.

»Das hätte ich auch getan, wenn ich gewusst hätte, was mich erwartet.«

Eine Stille trat ein, erfüllt vom Klappern des Bestecks und dem Summen der uns umgebenden Gespräche.

»Und wie bist du dann herausgekommen?«, fragte ich, wild entschlossen, die Geschichte zu Ende zu hören.

»Eine Verletzung. Sie haben mich nach Hause geschickt.«

»Du wurdest angeschossen?«

»Nein, irgendwie konnte ich das immer vermeiden.«

»Was war es dann?«

»Ich war zur falschen Zeit am falschen Ort. Es war eine Mine, eine brillante Erfindung, ersonnen von einem perfiden Verstand. Wenn man darauf tritt, klickt es nur, explodiert aber, sobald man den Fuß wegnimmt. Man sagte mir, ich könnte von Glück reden, dass ich überlebt habe. Ich lag fünfzehn Stunden blutend und bewusstlos am Straßenrand, bevor sie mich fanden.«

»Aber …«, sagte ich stockend, »du hast doch kein verkrüppeltes Bein, oder?«

»Ich wurde nicht direkt am Bein getroffen«, sagte er mit einem, wie mir vorkam, erregten Glitzern in den Augen. »Es war eher am Oberschenkel. Ganz oben. Nicht die Art von Verletzung, die Außenstehende gleich bemerken.« Er musterte mich eindringlich, als würde er seine nächsten Worte sorgfältig abwägen. »Alles funktioniert einwandfrei, aber ich werde niemals Kinder haben können.« Sprachlos starrte ich ihn an und er fügte hinzu:

»Dir missfällt dieses Gespräch, stimmt's? Es beunruhigt dich.«

»Ich finde es interessant«, stieß ich hervor.

»Wir müssen nicht mehr darüber reden.«

»Es macht mir nichts aus.«

»Du starrst die ganze Zeit auf meine Krawatte. Ist da ein Fleck oder so etwas?« Lächelnd besah er sich seine Krawatte.

»Nein, da ist nichts. Ich dachte nur gerade … Sie ist braun und dein Jackett ist blau.«

»Ich bin farbenblind.«

Er hatte auf alles eine Antwort.

Bald hatte es sich im Speisesaal herumgesprochen, dass Leo und ich uns auch privat trafen. Zumindest in der Küche brachte mir dies einen besonderen, wenn auch argwöhnischen Respekt ein. Ich hatte die Hierarchie durchbrochen und den einzigartigen Status erlangt, die Freundin des Spitzenkochs zu sein. Die anderen Köche schienen vor Leo und seinen professionellen Fähigkeiten ziemlich viel Ehrfurcht zu haben und demonstrierten ihre Hochachtung ihm gegenüber, indem sie mir das Leben merklich erleichterten. Meine Gerichte kamen immer zuerst heraus, und ich erhielt sofortige Absolution, wenn mir bei einer Bestellung ein Fehler unterlief. Ich wurde auch nicht aufgezogen oder mit sexuellen Andeutungen verfolgt, wie es anderen Bedienungen normalerweise passierte. Leo selbst machte kein Geheimnis aus der Tatsache, dass wir uns gut verstanden. Er kochte besondere Gerichte und stellte sie für mich beiseite. Da er eher eine Aufsichtsfunktion innehatte, konnte ihm niemand den Vorwurf machen, er ließe mir eine Sonderbehandlung zukommen, obgleich das eindeutig der Fall war. Er nannte mich nur selten bei meinem Namen, sondern zog es vor, mich mit »Kurze« anzureden.

Was meine Kellnerkollegen betraf, so reagierten sie auf

die, von außen betrachtet, doch recht eigenartige Verbindung, indem sie sie ignorierten, ungläubig beobachteten oder vage missbilligten. Jenen Kellnern und Kellnerinnen, die bereits seit Jahren im Speisesaal arbeiteten, war vor allem mein neuer Status in der Küche ein Dorn im Auge. Deane fand die ganze Geschichte völlig aufgebauscht. Er zog mich unentwegt damit auf und machte zweideutige Bemerkungen, wenn er in der Küche an mir vorbeirauschte. Belinda hielt Leo für einen Falschspieler. Er habe etwas an sich, behauptete sie, was nicht ganz echt sei.

Belinda war jedoch weit mehr mit ihren eigenen Problemen beschäftigt als mit meinen romantischen Irrungen und Wirrungen. Sie hatte die Nase voll vom Speisesaal und der darin herrschenden Politik. Carol hatte ihr bereits wegen verschiedener Regelverstöße eine Reihe von Abmahnungen gegeben und nun drohte die Kündigung. Doch findig, wie sie war, wusste sich Belinda zu helfen. Wenige Wochen nach meiner ersten Verabredung mit Leo wurde sie in einem italienischen Nobelrestaurant eingestellt, das in einem kleinen, exklusiven Einkaufszentrum lag. Sie kündigte und verließ noch am gleichen Tag den Speisesaal. Ich vermisste sie sehr.

Meine Beziehung zu Leo gewann an Feuer, genährt durch das Wissen, dass er nur zu Besuch hier war und bald nach Colorado zurückkehren musste, um sich dort um seine Geschäfte zu kümmern. Wie er mir mitteilte, besaß er ein Haus und leitete ein Restaurant. Er erzählte mir auch von seinen beiden ExFrauen, zu denen er nach wie vor ein gutes Verhältnis hatte. An den freien Abenden führte er mich regelmäßig zum Dinner aus, und die Nachmittage verbrachten wir oft am Fluss, wo wir am Ufer saßen und die letzten warmen Spätsommertage genossen. Er bot mir an, mir einen ganzen Schrank voller neuer Kleider zu kaufen, aber ich lehnte ab. Er wolle ganz bestimmt zu mir zurückkommen, sagte er. So etwas Besonderes wie mich würde er nicht einfach aufgeben. Ich sei für ihn unendlich kostbar. Ein seltenes Juwel. Und so weiter und so weiter.

Als Leo nach Colorado zurückfuhr, war ich am Boden zerstört. Trotz aller guten Vorsätze hatte ich mein Herz doch an ihn und unsere kleine Romanze verloren. Auch wenn er das Gegenteil behauptet hatte, war ich mir sicher, dass ich ihn nie wiedersehen würde.

Ohne Belinda und Leo wurde es im Speisesaal bald unerträglich. Ich war kein absoluter Neuling mehr und mittlerweile auch mit den heikleren Aufgaben des Bedienens vertraut. Belinda war eine gute Lehrerin gewesen. Ich konnte eine Flasche Wein mit ebenso viel Effekthascherei entkorken wie sie und hatte sogar die Angst vor herausschießenden Champagnerkorken überwunden. Ich konnte mühelos die riesigen Tabletts auf meiner Schulter balancieren und Servietten mit dem Geschick einer Origami-Meisterin falten. Dafür konnte ich mich beim besten Willen nicht an die Gäste des Speisesaals gewöhnen. Deane hatte mit seiner Beschreibung Recht gehabt. Sie wirkten trotz all ihren Geldes extrem verbittert. Darüber hinaus waren sie sehr fordernd und sahen auf uns herab, als wären wir irgendeine niedrigere Lebensform. Ich hatte zahlreiche Gäste, die mich nicht einmal ansahen, wenn ich an ihrem Tisch stand. Wieder andere wiederholten ihre Bestellung mehrere Male langsam und deutlich, als wäre ich minderbemittelt und bräuchte etwas länger, um diese komplizierte Information aufzunehmen.

Abgesehen von all diesen Marotten, die noch erträglich gewesen wären, wenn die Bezahlung gestimmt hätte, waren sie auch noch Geizhälse, die am Trinkgeld sparten. Da alle Gäste Klub-Mitglieder waren, wurde im Speisesaal nicht bar bezahlt. Am Ende einer Mahlzeit mussten die Gäste lediglich die Höhe des Trinkgelds eintragen und die Rechnung unterschreiben. Mit krakeliger Hand gezeichnet, enthielten diese Rechnungen einige der lausigsten Trinkgelder, die ich je erhalten habe. In der Tat galt die Faustregel, je reicher ein Gast, desto niedriger das Trinkgeld. Und als wäre das noch nicht genug, wurden alle Trinkgelder direkt zu unserem regulären Gehalt addiert und als Gesamtsumme zu einem weit höheren Prozentsatz versteuert.

In meiner Anfangszeit hatte ich dieser Sache keine Beachtung geschenkt; ich war voll und ganz damit beschäftigt gewesen, das zu lernen, was ich angeblich bereits konnte, und danach hatte mir mein privates Küchendrama mit Leo den Blick nach außen verstellt. Nun, da all dies hinter mir lag, fiel mir erst auf, dass ich zum einen nicht gut verdiente und zum anderen Leute bediente, die ich wirklich nicht mochte.

Auch Carol verstärkte jetzt wieder ihre Anstrengungen, mir das Leben schwer zu machen. Sie trug mich für Doppelschichten ein und riss meine freien Tage auseinander, sodass ich nie zwei an einem Stück hatte. Sie wartete nur auf einen Anlass, um mich fertig zu machen, und mir war klar, dass eine Konfrontation unvermeidlich war. Allein schon beim Gedanken daran wurde mir übel.

Ich beklagte mich bei Belinda, mit der ich mich nach wie vor regelmäßig traf. Belinda liebte ihren neuen Job, bei dem sie obendrein viel besser verdiente als im Speisesaal. Ein Wort von mir, sagte sie, und sie würde sofort bei der Geschäftsleitung einen Termin für mich arrangieren. Ich erwiderte, ich würde es mir überlegen.

Leo rief mich in unregelmäßigen Abständen aus Colorado an. Als ich ihm von den schikanösen Bedingungen im Speisesaal erzählte, bot er mir an, mit Hans zu reden und zu sehen, ob ich nicht einen Job »in der oberen Etage« bekommen könnte. Doch die Vorstellung, zusammen mit Carol im Bereich Organisation zu arbeiten, war derart abwegig, dass ich Leo bat, die Sache zu vergessen.

»Nun, du musst nicht mehr lange durchhalten«, sagte er. »Ich werde dich da rausholen.« In leuchtenden Farben malte er mir aus, wie wir zusammen um die Welt reisen würden, erschuf ein Märchen, das ich zwar nicht glauben konnte, aber trotzdem hören wollte.

Einige Wochen darauf tauchte Leo wieder im Speisesaal auf. Ich arbeitete in der Fisch-Phantasie-Schicht und irgendwann schlich sich Deane von hinten an mich heran, hielt mir mit schwitzigen Händen die Augen zu und führte mich in die Küche. »Rate mal, wer da ist«, sagte er.

»Hi, Kurze«, begrüßte mich Leo lächelnd. Als er sich vorbeugte und mich umarmte, begannen die hinter ihm stehenden Köche leise zu klatschen. Und ich, ja, ich schwebte im siebten Himmel. Jeder Zweifel war vergessen. Leo war zu mir zurückgekehrt. Wäre er auf einem Schimmel direkt in den Speisesaal geritten, die Wirkung wäre nicht größer gewesen.

Er war etwas gedämpfter als noch vor wenigen Wochen. Wie er erzählte, hatte er zu Hause sehr viel Arbeit und stand ziemlich unter Druck. Er neigte zu Migräne, und ein-, zweimal musste er die Küche verlassen und sich in ein abgedunkeltes Zimmer legen, bis die Schmerzen abgeebbt waren. Sobald sein Job für Hans beendet sei, versicherte er mir, könnten wir endlich Pläne für eine gemeinsame Zukunft machen. Und so war ich zwar traurig, als er wieder nach Colorado aufbrach, aber felsenfest davon überzeugt, dass er sehr bald zurückkommen würde.

Da Geduld noch nie meine Stärke war, wollte ich Leo anrufen und die weiteren Pläne mit ihm besprechen, doch die Nummer, die er mir gegeben hatte, war abgemeldet. Also wartete ich ein paar Tage, in der Hoffnung, er würde mich anrufen, aber mein Telefon blieb stumm.

Auch mein Anruf bei der Telefonauskunft blieb ergebnislos: Sein Name stand nicht im Verzeichnis. Allmählich beschlich mich ein Gefühl der Panik. Belinda schüttelte nur den Kopf und Deane schnalzte mitfühlend mit der Zunge. Beide gaben mir indes den Rat, die Sache mit Leo zu vergessen, ehe ich womöglich noch Dinge herausfand, die besser unentdeckt geblieben wären.

Nach drei Wochen ohne ein Lebenszeichen von Leo tat ich etwas, worüber ich mich heute noch wundere. Ich rief Hans an, als wäre er nicht mein Boss, sondern ein Kumpel, und fragte ihn, ob er die Geschäftsnummer seines Freundes Leo habe. Hans brauchte einige Sekunden, ehe ihm klar wurde, wer ich war. Ob Leo denn nicht über mich gesprochen habe, fragte ich ihn. Und ob er nicht wisse, dass Leo und ich quasi ein Paar seien. Hans schwieg eine ganze Weile. Ich merkte, wie mir der Schweiß ausbrach. Als Hans schließlich antwortete, war es in einem Ton, der Mitgefühl, Verärgerung und einen leisen Abscheu zugleich verriet.

»Hat Leo Ihnen denn nicht erzählt, dass er verheiratet ist?«, fragte Hans.

»Verheiratet?«, wiederholte ich stumpfsinnig.

»Er hat ein Kind. Einen kleinen Sohn«, fuhr Hans fort. »Leo junior.«

»Aber er kann keine Kinder zeugen«, wandte ich ein. »Er wurde in Vietnam verwundet.«

»Leo ist nie in Vietnam gewesen.«

Ich weiß bis heute nicht genau, wie ich es schaffte, das Gespräch zu Ende zu führen. Ich erinnere mich nur noch, wie Hans irgendwann sagte: »Es tut mir Leid.« Dann legte er auf.

Eine Sache war mir nach dem Telefongespräch mit Hans allerdings klar: Ich konnte nicht länger im Speisesaal arbeiten. Jeder wusste, was für eine Idiotin ich gewesen war, und allein diese Demütigung war Grund genug, sofort zu kündigen. Ich rief Belinda an und fragte sie, ob ihr Angebot, einen Bewerbungstermin für mich zu arrangieren, noch gelten würde. Als ich ihr von Leo erzählte, war sie voller Mitgefühl und sparte sich jegliches »Ich-habe-es-dir-ja-gleich-gesagt«. Sie fragte, ob sie versuchen solle, Leos Aufenthaltsort ausfindig zu machen, damit ich mich angemessen rächen könnte. Das sei eine verlockende Aussicht, erklärte ich, aber ich wolle die ganze Episode einfach nur vergessen und den Speisesaal niemals mehr betreten.

Es dauerte zwei Wochen, bis Belinda für mich einen Termin mit ihrem Geschäftsführer vereinbaren konnte. Während dieser Zeit versuchte ich, mich im Speisesaal so zurückhaltend wie möglich zu geben. Doch wann immer ich Thelma, Agnes und Ethel den Rücken zuwandte, glaubte ich ihr schadenfrohes Kichern zu hören. Beinahe noch schlimmer waren die mitleidigen Blicke, die ich von Rosemary erhielt. Auch die Köche behandelten mich, als hätte ich vor kurzem nur knapp eine schwere Krankheit überlebt, starrten mich verstohlen aus den Augenwinkeln an und achteten darauf, nichts zu sagen, was mich vielleicht verletzen könnte. Die unangenehmste Reaktion kam von Tracy, der sagte, er habe irgendwie gehört, was ich gerade durchmache, und wolle mir wirklich helfen. Ob wir nicht etwas unternehmen sollten, vielleicht auf einen Drink zu mir nach Hause gehen? Ich teilte ihm mit, ich hätte im Moment keinen Bedarf.

Carol – hatte sie von Hans einen Wink erhalten? – teilte mich für die Bar und das Kartenzimmer ein, wo ich nur einen Bruchteil der ohnehin mageren Trinkgelder bekam. Und obendrein wurde ich aus der begehrten Fisch-Phantasie-Schicht gestrichen. Als ich Carol auf diese Veränderungen im Dienstplan ansprach, teilte sie mir mit, meine Arbeitsleistung sei gesunken und ich müsse mir den Rückweg in den Speisesaal neu erarbeiten.

Ich reichte die Kündigung ein.

Mein Bewerbungsgespräch mit Belindas Geschäftsführer dauerte nicht lang. Ich verliebte mich sofort in das kleine, lebhafte italienische Restaurant. Die Kellner und Kellnerinnen waren eher in meiner Altersklasse und schienen vor allen Dingen sehr viel Spaß an der Arbeit zu haben.

Der Geschäftsführer warf einen flüchtigen Blick auf meinen Lebenslauf und sagte: »Ich will offen mit Ihnen sein. Im Moment brauche ich eigentlich keine weitere Bedienung, aber Belinda hat mir Ihr Talent in den glühendsten Farben geschildert. Ich kann Sie zunächst nur in die Mittagsschicht hineinquetschen. Wäre das in Ordnung?«

»Aber sicher«, erwiderte ich rasch.

»Und wenn Sie so gut sind, wie Belinda behauptet«, fuhr er fort, »werden Sie bestimmt sehr bald in die Abendschicht aufsteigen.« Er überflog noch einmal meinen Lebenslauf und lächelte. »Sie haben viel Erfahrung«, sagte er.

Ich hörte nie wieder von Leo. Im Verlauf der Zeit gewann die Erinnerung an ihn die Aura eines ungelösten Kriminalfalls. Ich kann nicht sagen, ich hätte aus der Erfahrung nichts gelernt. Was den beruflichen Bereich betraf, so wurde mir bewusst, wie wichtig es ist, ein gutes Verhältnis zum Küchenchef eines Restaurants zu haben. Dieses Wissen begleitete mich in jeden nachfolgenden Kellnerjob, mitunter auf extreme Weise. Und was den persönlichen Bereich anbelangte, so würde ich nie wieder auf eine Verführungstaktik, wie Leo sie angewandt hatte, hereinfallen. Die Sache mit dem Vertrauen war gar nicht so einfach, überlegte ich, und die Welt war offenbar voll von Trojanischen Pferden.

Aber zumindest erhielt ich durch Leo die Chance, mich endlich kopfüber in jene Art von wirklichem Leben zu stürzen, auf die ich seit meiner Yellowstone-Zeit gewartet hatte. In der Tat war ich bereits so in diese neue Wirklichkeit verstrickt, dass ich ganz vergessen hatte, weshalb ich ursprünglich dorthin wollte: Ich wollte Erfahrungen sammeln, denn um eine gute Schriftstellerin zu sein, musste ich »authentisches« Leben vermitteln können. Abgesehen von einigen geistreichen Tagebucheintragungen hatte ich während der Monate im Speisesaal kaum etwas geschrieben. Erst später sollte ich merken, dass die Zeitspanne zwischen dem Erleben und seiner literarischen Verarbeitung mitunter sehr lang sein kann.

Ich traf mich nach meiner Kündigung auch weiterhin mit Deane, aber unsere Treffen wurden immer unregelmäßiger, bis wir uns nur noch etwa alle zwei Wochen auf einen Kaffee verabredeten. Irgendwie schien er an Schwung verloren zu haben. Er sagte, er vermisse mich im Speisesaal und ohne mich sei dort alles so unendlich langweilig. Lachend erzählte er, dass Lisa und Tracy ein Baby erwarteten, Rosemary zur Geschäftsführerin des Kartenzimmers ernannt worden und ein Klubmitglied tatsächlich am Tisch umgekippt sei. »Siehst du, was ich meine?«, sagte er augenzwinkernd. »Es ist nichts los. Da hast du dir doch ganz andere Sachen geleistet!«

Zu seiner Ehre sei erwähnt, dass er Leo nie namentlich erwähnte, nicht einmal im Scherz. Für einen, der Klatsch so liebte wie er, war das sicher ein heroischer Akt der Selbstbeherrschung. Er hatte die Speisesaal-Politik ebenfalls satt und dachte daran, zu kündigen.

Das letzte Mal sprach ich mit Deane zwei Jahre, nachdem ich den Klub verlassen hatte. Er hatte ganz zu arbeiten aufgehört, um Bill, der einen bösartigen Gehirntumor hatte, zu Hause zu pflegen. In seiner Stimme schwang eine tiefe Traurigkeit, die er erfolglos zu verdecken versuchte, indem er seine üblichen sarkastischen Bemerkungen über die menschliche Natur von sich gab. Aus mehreren Gründen war ich zu diesem Zeitpunkt nicht in der Lage, ihm viel Trost zu spenden. Ich ertappte mich vielmehr dabei, wie ich ihm etwas von meinen eigenen Schwierigkeiten vorjammerte.

»Du schaffst das schon«, munterte mich Deane auf. »Wenn jemand ein Überlebenskämpfer ist, dann du. Das steht außer Frage.«

»Meinst du nicht, das gilt für uns beide?«, fragte ich.

»Vielleicht«, sagte er leise.

Ich verabredete mich noch mit Deane zum Kaffeetrinken und sagte, ich würde mich sehr darauf freuen, ihn wiederzusehen, aber aufgrund dringender Verpflichtungen, die wir beide einhalten mussten, fand das Treffen nie statt. Dies habe ich immer sehr bedauert, denn bald darauf verloren wir uns ganz aus den Augen.

Kurze, intensive Beziehungen wie jene, die ich mit Deane und Leo hatte, sind in der Gastronomie sehr verbreitet. Das hat viel mit der wechselhaften Natur dieser Arbeit zu tun. Kellner und Kellnerinnen bewegen sich ständig von einem Ort zum anderen und lassen ihre Kollegen hinter sich zurück. Die Struktur eines Restaurants unterliegt immer wieder neuen Veränderungen. Und jeder Abend wird, sobald er zu Ende ist, sofort zu einem Bestandteil ganz verschiedener Lebensläufe.

Ich wollte nie die engen Freunde, die ich im Verlauf der Jahre gewonnen habe, hinter mir zurücklassen. Doch die wenigen, die mir bis heute geblieben sind, sind die, mit denen ich noch immer zusammenarbeite. Und was die anderen betrifft, so sind sie zu unveränderlichen Teilen meiner selbst geworden. Ihre Geschichten, zumindest diejenigen, die sie mit mir erlebt haben, sind nun auch meine Geschichten. So bleiben wir uns nah.

5

Die Kunst des Kellnerns

Heute Abend wollen alle auf der Terrasse sitzen. Mein Bereich ist drinnen, auf der erhöhten Ebene, wo die Tische eng aneinander stehen. Ich überschlage in Gedanken gerade, wie viel Geld mir entgeht, als sich eine Gruppe von fünf Leuten an einen meiner Tische setzt. Sie sind gut gekleidet, sonnengebräunt und sehen aus, als wären sie in der Stimmung, etwas Geld auszugeben. Meine Erleichterung währt nicht lange, denn schon kommt eine Kollegin auf mich zu und sagt: »Racker dich für die Leute da bloß nicht ab.«

»Warum nicht?«

»Weil sie mich letzte Woche geneppt haben. Sie sind Schweizer oder Franzosen oder so was. Jedenfalls geben sie kein Trinkgeld.«

»Das ist so ungefähr das Letzte, was ich im Moment hören möchte«, seufze ich.

»Ich wollte dich nur warnen.«

Die Leute sind weder Franzosen noch Schweizer, aber im höchsten Maße anspruchsvoll. Sie hetzen mich wegen tausend kleiner Sonderwünsche. Sie haben Reklamebons und wollen alle einen Gratis-Aperitif. Der Geschäftsführer kennt die Leute und sagt mir, ich solle darauf achten, dass sie Desserts auf Rechnung des Hauses erhalten. Er hat offensichtlich keine Ahnung von den Reklamebons. Sie wollen eine Flasche Weißen und eine Flasche Roten. Nein, zwei Flaschen Roten und ein Glas Weißwein. Nein, nur einen Rotwein und zwei Gläser Weißwein. Nein, einfach nur die Flasche Roten und ein Glas Fernet Branca.

»Für mich«, sagt die Frau, die als Einzige nicht Teil eines Paares ist. »Den brauche ich für die Verdauung.«

Als ich das Hauptgericht serviere, nörgelt die Single-Frau mit angewiderter Grimasse an ihrer Lasagne herum: »Die sollte eigentlich heißer sein.«

»Die muss noch mal in die Mikrowelle«, schlägt eine andere Frau vor.

»Wir haben keine Mikrowelle«, sage ich. »Aber ich lass die Lasagne in der Küche gern noch einmal heiß machen.«

»Genau das ist das Problem«, sagt sie.

»Sie wollen sie nicht heiß machen lassen?«

»Ich will sie heißer haben, aber ich habe keine Lust, eine halbe Stunde auf eine neue Lasagne zu warten.«

»Wir müssen keine neue Lasagne zubereiten, wir können diese hier rasch aufwärmen. Das dauert keine halbe Stunde.«

»Ich will aber nicht ohne Essen herumsitzen, während es sich meine Freunde schmecken lassen.«

»Wenn du dich schon beschwerst«, mischt sich eine andere Frau ein, »dann gib dem Mädchen doch die Gelegenheit, die Sache in Ordnung zu bringen.«

»Es geht nicht darum, etwas in Ordnung zu bringen. Die Lasagne hätte von Anfang an heißer sein müssen. Wenn ich sie zur Hälfte gegessen habe, wird der Rest nicht mehr warm genug sein.«

»Dann geben Sie mir doch Ihren Teller mit. Es dauert nur eine Minute.«

»Darum geht es nicht. Es hätte gar nicht erst so weit kommen dürfen.«

Hilflos sehe ich die Frau an. Eine Situation dieser Art habe ich beim Bedienen schon oft erlebt, aber ich weiß nach wie vor nicht, wie ich angemessen darauf reagieren soll. Die Frau will mir ihr Gericht nicht mitgeben, damit ich es aufwärmen lasse, sie will es aber auch nicht behalten. Wenn ich ihr anbieten könnte, die Zeit zurückzudrehen, damit die Lasagne genau nach ihren Vorstellungen zubereitet würde (vielleicht wäre ein sich selbst erhitzendes Gericht das Beste für sie), könnte ich sie eventuell zufrieden stellen. Aber so sehe ich mich einem unlösbaren Problem gegenüber. Alle am Tisch starren mich an und warten gespannt auf meinen nächsten Schritt. Ich unternehme einen letzten Versuch.

»Lassen Sie mich die Lasagne rasch in die Küche bringen«, sage ich. »Ich lasse sie schnell aufwärmen und bringe sie dann sofort zurück.«

»Nein«, erwidert sie, »ich behalte sie. Ich habe Hunger. Verstehen Sie, jetzt ist die Temperatur genau richtig, aber ich unterhalte mich gern beim Essen. Die Lasagne wird zu schnell auskühlen und der letze Rest wird kalt sein.«

»Was kann ich denn dann für Sie tun?«, frage ich.

»Bleiben sie in der Nähe«, sagt sie. »Vielleicht lass ich den letzten Rest doch noch aufwärmen.«

Meine Rolle erfordert, dass ich lächle und zustimmend nicke. Genau darum dreht sich alles, überlege ich: komplizierte psychologische Interaktionen mit Fremden über eine festgelegte Zeitspanne hinweg, für die Dauer der Mahlzeit. Jedes Mal, wenn ich an einen Tisch komme, verpflichte ich mich automatisch zu dieser Art von Dialog. Ich bin die Kellnerin. Meine Aufgabe ist es, zu bedienen. Doch was genau man unter Bedienen versteht, darüber scheiden sich die Geister.

Meine Einstellung gegenüber dem Bedienen und den Bedienungen veränderte sich grundlegend durch meinen Job im Molto's, dem kleinen italienischen Restaurant, in dem Belinda arbeitete. Während meiner kurzen Anstellung im Speisesaal des Klubs hatte ich etliche Kellner und Kellnerinnen getroffen, die das Bedienen als ihr Lebenswerk ansahen. Wäre ich aufmerksamer gewesen, hätte ich vermutlich gemerkt, dass die meisten von ihnen ziemlich talentiert waren. Doch zu dem Zeitpunkt war ich eher damit beschäftigt gewesen, mich in dem Dschungel aus Anforderungen und Pflichten und Liebschaften zurechtzufinden.

An meinem ersten Tag im Molto's wurde ich mir jedoch des krassen Gegensatzes in der Struktur dieser beiden Restaurants bewusst. Zum einen war das Personal im Molto's sehr viel jünger, hipper und attraktiver. Anne, die Frau hinter der Bar, war eine zierliche Blondine mit wunderschönen grünen Augen und einer Vorliebe für Möchtegern-Rockstars. Sie war so klein, dass sie auf einen Stuhl steigen musste, um an die höher stehenden Flaschen zu gelangen. Dabei gewährte sie den Gästen an der Bar jedes Mal einen unverstellten Blick auf ihren wohlgeformten Hintern. Anne verdiente eine Menge Geld.

Dann war da Belinda, die sich nun endlich entfalten konnte und sogar ihre Arbeitsklamotten selbst schneiderte, um so attraktiv wie möglich auszusehen. Keine Ohrring- und Frisur-Regeln mehr, denen sie sich unterwerfen musste. Charlotte war die Grande Dame im Molto's. Sie war Anfang dreißig, gab tagsüber Aerobic-Unterricht und hatte den geschmeidigen Körper einer Tänzerin und ein fürsorgliches, beinahe mütterliches Wesen. Als ich im Molto's anfing, arbeitete sie dort bereits seit fünf Jahren. Zu guter Letzt wäre da noch Grace zu erwähnen, eine rothaarige alleinerziehende Mutter Mitte zwanzig, die sich sehr freizügig über die körperlichen Eigenschaften der Kellnerkollegen, mit denen sie sich traf, äußerte.

Auch die Kellner bei Molto's strahlten eine gute Portion Sinnlichkeit aus. An meinem ersten Tag wurde ich zum Anlernen Chris zugewiesen, der das Aussehen eines Chippendale-Striptänzers und die Stimme von Barry White hatte. Als Chris einen Spinatsalat bestellte und dieser etwas schlapp aus der Küche kam, schickte er ihn umgehend zurück. Der neu angerichtete Salat war ein schimmernd grüner, appetitlicher Augenschmaus. »Sieh her«, sagte Chris. »Das nenne ich einen sexy Salat. Mmm-mm.« Das allein genügte, um ihn entzückend zu finden.

Die Köche bei Molto's, Sonny und Wes, waren ein Kapitel für sich. In jedem Restaurant ist Hitze ein Faktor, der die Laune des Personals entscheidend mitbestimmt. In der Küche ist es immer heiß und im Speisesaal ist man als Bedienung ständig in Bewegung. Im Verlauf einer hektischen Schicht gerät jeder etwas ins Schwitzen. Doch im Molto's war die Hitze mehr als nur ein Faktor, sie war ein eigenständiges Wesen. Die Küche von Molto's war winzig, bot kaum genügend Raum, um ordentlich den sprichwörtlichen Kochlöffel zu schwingen. Bei Hochbetrieb drängten sich fünf oder sechs Bedienungen in diesen kleinen Raum hinein und wieder hinaus, ganz zu schweigen von den beiden Köchen und dem Tellerwäscher. Wir traten uns ständig auf die Füße. Körperlicher Kontakt war unvermeidlich. Das Restaurant hatte maximal fünfundsiebzig Plätze und an manchen Abenden gab die Küche in sengender Gluthitze zweihundert Essen aus.

Im Sommer zogen sich Sonny und Wes bis auf Jeans, Schürze und Unterhemd aus. Wenn wir in die Küche stürmten, sahen wir nur ausgestreckte Arme, die Pfannen hielten, Nudeln abgossen, Steaks umdrehten und Soßen umrührten. Sie hatten beide ein herrlich freches Mundwerk und drehten sich nur selten zu uns um, da sie jeden Kellner und jede Kellnerin am Geruch erkannten. An anstrengenden, hektischen Abenden wirkten sie wie Traumwesen – wunderschön gebaut, witzig und obendrein begnadete Kochkünstler. Wir Kellnerinnen kamen in die Küche, bestellten und seufzten. Um in Laune zu bleiben, hatten sie sich ein Radio in die Küche gestellt, in dem immer der gerade angesagteste Sender eingestellt war. Und so hüpften wir Bedienungen manchmal zur Radiomusik in der Küche herum und brachten Sonny und Wes, die nur durch wenige Zentimeter Theke von uns entfernt waren, zum Lachen.

Charlotte und ich standen oft zusammen an der Ausgabe und beobachteten hingerissen, wie sich Sonnys und Wes' gut gebaute Körper im Takt bewegten.

»Das ist nicht fair, oder?«, sagte sie dann oft zu mir.

»Nein, ist es nicht.«

»Jungs, ihr müsst euch was überziehen«, rief sie ihnen schließlich zu. »Wir drehen hier draußen sonst noch durch.« Sonny und Wes lebten für Kommentare dieser Art. Es gab wirklich keine Kellnerin, die während der Dauer einer Schicht nicht nach ihnen lechzte. Sonny und Wes spielten das Spiel gerne mit.

Ob es nun an der Hitze, der Enge oder der Jugend der Angestellten lag, jedenfalls herrschte im Molto's eine eigenartige Vertrautheit untereinander, die sich auch auf andere Bereiche ausdehnte. Wir boten uns gegenseitig Mitfahrgelegenheiten an, halfen einander beim Umzug und gingen nach Dienstschluss oft zusammen auf einen Drink. Natürlich war das Molto's nicht das Paradies. Zu viel Vertrautheit führt sehr leicht zu Respektlosigkeit und das war bei uns nicht anders. Es gab Liebeleien, die ebenso plötzlich erloschen, wie sie aufgeflackert waren, und gelegentlich war der eine oder andere unzufrieden mit dem Job. Doch insgesamt herrschte beim Personal kaum Konkurrenz und wir standen uns alle sehr nah.

Nicht zuletzt gewann das Molto's auch dadurch an Reiz, dass es sehr gut lief. Solange ich dort beschäftigt war, arbeiteten alle Kellner und Kellnerinnen als ein Team, auch wenn sie unterschiedliche Interessen hatten und aus unterschiedlichen Verhältnissen kamen. Obwohl viele Kellner und Kellnerinnen nicht die Absicht hatten, in dem Beruf zu bleiben, machte ihnen das Bedienen während der Zeit, die sie bei Molto's waren, aufrichtig Spaß. Sie genossen die Arbeit und das Geld, das sie damit verdienten. Dafür gab es mehrere Gründe. Zum einen liebten wir alle das Essen, das wir servierten. Molto's war seiner Zeit ein Stück voraus und bot in seiner Speisekarte original italienische Gerichte, die damals noch recht unüblich waren, mittlerweile jedoch in zahlreichen italienischen In-Restaurants im ganzen Land zu finden sind. Auch die Weinkarte war erlesen und mit großem Sachverstand zusammengestellt. Der Besitzer von Molto's veranstaltete für das Personal regelmäßig Weinproben, damit wir über die Weine, die wir verkauften, Bescheid wussten. Ein weiterer Grund war unser Geschäftsführer, Barry, der zwar ein Perfektionist war, aber über einen ausgeprägten Gerechtigkeitssinn und über die seltene Fähigkeit verfügte, bei seinen Angestellten Loyalität zu erzeugen. Die Kellner und Kellnerinnen, mit denen ich arbeitete, machten sich über ihre Leistungen ernsthaft Gedanken. Es war eine Frage der persönlichen Ehre.

Jedenfalls lief das Molto's, das bereits seit zehn Jahren existierte, für den Besitzer gut genug, um ein zweites Restaurant zu eröffnen. Für mich wurde das Molto's zu einem Maßstab, an dem ich nicht nur mein Können als Kellnerin maß, sondern auch meine Fähigkeit, mich als erwachsener Mensch in der Außenwelt zu bewähren. Die Zeit im Molto's sollte einen Wendepunkt in meinem Leben markieren. Damals konnte ich das natürlich nicht wissen, doch nur ein Jahr nach meiner ersten Schicht würde ich, was mein Verständnis für diesen Beruf und meine weitere Zielsetzung betraf, einige radikale Veränderungen durchlaufen. Und für diese Veränderungen war im Grunde das Restaurant verantwortlich.

Doch ich greife bereits zu weit vor. Was ich sagen

möchte, ist ganz einfach: Es gibt eine Kunst des Bedienens und Servierens. Ich werde das etwas näher erläutern.

Laut dem Amt für Arbeitsstatistik gibt es gegenwärtig in den Vereinigten Staaten fast zwei Millionen Menschen, die als Kellner und Kellnerinnen beschäftigt sind. Diese Zahl macht etwas weniger als die Hälfte aller Jobs im Bereich Nahrungsmittel und Gaststätten aus. Eine Hochrechnung für das Jahr 2006 geht von einem Zuwachs von zweihunderttausend aus. Natürlich bezieht sich diese Statistik nur auf aktuelle Zahlen und sagt nichts über jene Leute aus, die sich irgendwann einmal ihren Lebensunterhalt durch Kellnern verdienten, ehe sie in einen anderen Beruf überwechselten. Wie hoch deren Anzahl ist, lässt sich nur vermuten.

Unbestreitbar ist die Zahl der Einzelpersonen und Familien, die mehrmals in der Woche auswärts essen, innerhalb der letzten zwei Jahrzehnte sprunghaft angestiegen. Dieser Nachfrage wurde mit einer Fülle von neuen Restaurants entsprochen, die jedes Bedürfnis, von Gourmetküche bis Fast Food, befriedigen. Die Zeit ist ein knappes Gut geworden, alle sind ständig in Eile und niemand möchte mehr kochen. Das Amt für Arbeitsstatistik beschreibt das so: »Der Stellenanstieg (in der Gastronomiebranche) geht mit einer Zunahme der Bevölkerungszahl, des persönlichen Einkommens und der Freizeit einher. Da in der Regel sowohl der Ehemann als auch die Ehefrau aktiv am Berufsleben teilnehmen, werden es Familien zunehmend bequemer finden, auswärts zu speisen.«

Meine persönlichen Beobachtungen haben mich zu der Überzeugung geführt, dass das Essengehen für abgehetzte, berufstätige Eltern weniger eine Bequemlichkeit als eine Notwendigkeit darstellt, da sie nach einem anstrengenden Arbeitstag schlichtweg keine Energie mehr haben, sich in die Küche zu stellen und ein aufwändiges Essen zu kochen. Nein, sie wollen selbst bedient werden. Sie wollen, dass jemand für sie kocht und sie mit einem Lächeln umsorgt. Sie wollen, dass sich jemand um ihre Bedürfnisse kümmert und ihnen genau das gibt, wonach sie verlangen. Und oft genug ist dieser Jemand der Kellner oder die Kellnerin.

Gemessen an der bloßen Anzahl der Kellnerinnen und Kellner, die sich um uns und das Essen, das wir zu uns nehmen, kümmern, erscheint es seltsam, dass man diesem Beruf nicht mehr Respekt entgegenbringt. Die meisten Gäste erwarten von ihren Bedienungen ein gewisses Maß an emotionaler Zuwendung, so dass sie sich, zumindest für die Dauer der Mahlzeit, umhätschelt und verwöhnt fühlen können. Darüber hinaus sind viele Gäste der Meinung, dass Kellner und Kellnerinnen komplette Idioten sind. Denn wer, außer einem ungebildeten Idioten, würde freiwillig den Job übernehmen, sie zu bedienen?

Meiner Erfahrung nach gibt es zwei Tätigkeiten, die jeder zu können glaubt. Das eine ist Bedienen, das andere Schreiben.

Eine in der Gesellschaft allgemein verbreitete Einstellung gegenüber dem Bedienen fand ich vor wenigen Jahren in der Spiele-Show *Family Feud,* Familienfehde, skizziert. Die Frage lautete: »Welchen Beruf sähen Sie bei Ihrer Frau am wenigsten gern?« Die Antwort Nummer eins, die sich aus der Befragung ganz unterschiedlicher Ehemänner ergab, war – Sie vermuten richtig – »Bedienung«. Nicht etwa Stripperin oder Prostituierte. Nein, Bedienung.

Das Amt für Arbeitsstatistik schätzt nichtsdestotrotz, dass Stellenangebote für Kellner und Kellnerinnen »bis ins Jahr 2006 im Überfluss zu erwarten sind und in ihrer Fülle eine grundlegende ökonomische Umschichtung widerspiegeln – typisch für jene Berufe, die für Menschen interessant sind, die eher eine kurzfristige Einkommensquelle als eine Karriere im Auge haben.«

Nun, das klingt ganz nach einem Job, den jede und jeder machen kann, nicht wahr? Ich erlaube mir, anderer Meinung zu sein. Beileibe nicht jeder ist dieser speziellen Herausforderung gewachsen. Manche der talentiertesten, phantasievollsten und intelligentesten Menschen, die ich je kennen gelernt habe, stammten aus den Reihen meiner Kollegen und Kolleginnen. Alle diese Leute waren obendrein gut in ihrem Job. Ich habe auch Beispiele für das Gegenteil erlebt, Kellner und Kellnerinnen, die es nicht lange in der Branche aushielten und sich Jobs zuwandten, die vermutlich sehr viel mehr Fertigkeiten erforderten.

Das Amt für Arbeitsstatistik definiert sehr anschaulich das Wesen der Gastronomiearbeit und benennt die Fähigkeiten, die eine Bedienung haben sollte. Was an dieser ziemlich flotten Beschreibung eines von Millionen Menschen verübten Berufs jedoch wirklich interessant ist, sind der Unterton und der Praxisbezug von Erläuterungen wie: »Kellner und Kellnerinnen nehmen die Bestellungen eines Gastes entgegen, servieren Essen und Getränke, stellen Rechnungen mit einzeln aufgeführten Posten aus und akzeptieren mitunter auch ein Entgelt.«

Klingt simpel genug.

Und wie sieht die Realität aus?

Das Wesen der Arbeit

»Ob sie nun in kleinen, zwanglosen Lokalen oder in großen, eleganten Restaurants beschäftigt sind«, bemerkt das Amt für Arbeitsstatistik in seinem jährlich erscheinenden *Occupational Outlook Handbook* (einer Broschüre, die sich mit den Zukunftsaussichten verschiedener Berufssparten befasst), »allen Angestellten im Nahrungsmittel- und Gaststättengewerbe ist gemeinsam, dass sie mit Kunden zu tun haben. Die Qualität ihres Service bestimmt zu einem Teil mit, ob ein Gast wiederkommen wird oder nicht.«

»Qualität des Service« ist ein relativer Ausdruck. Es gibt Gäste, die sich bei einem Restaurantbesuch liebend gern ärgern. Ich wünschte, ich hätte mir jedes Mal einen Dollar geben lassen, wenn ein Gast sagte: »Ich habe in diesem Restaurant immer einen miserablen Service erhalten.« Warum rennt er dann ständig dorthin? Meiner Theorie zufolge sucht so ein Gast immer wieder die Bestätigung seiner Bedienung. Anders ausgedrückt, er möchte, dass die Bedienung ihn mag. Da es für den Gast absolut unannehmbar wäre, dies vor sich oder anderen zuzugeben, wehrt er dieses Verlangen ab, indem er feindselige Gefühle auf seine Bedienung projiziert. Wenn die Bedienung dies spürt, wird sie automatisch in die Defensive gehen und sich eher schroff verhalten – warum sollte sie auch für die früheren Erfahrungen des Gastes verantwortlich gemacht werden? – und der Gast wird seine schlechte Meinung über Restaurants und Bedienungen wieder einmal bestätigt sehen. Anders gesagt, seine Erwartung bestätigt sich, eben weil er sie erwartet. Er wird schimpfen und wüten, nach dem Geschäftsführer verlangen und darauf bestehen, dass mehrere Posten von der Rechnung gestrichen werden oder er beim nächsten Besuch eine freie Mahlzeit erhält. Die Bedienung wird Schwierigkeiten mit dem Geschäftsführer kriegen, sodass ihr der ganze restliche Abend verdorben ist. Sie wird frustriert nach Hause gehen und die Menschheit verfluchen. Der Gast wird freilich wiederkommen. Er kann nicht anders. Denn seine Bedienung mag ihn noch immer nicht.

Diese Theorie passt aber nur auf einen bestimmten Typ von Gast. Ich habe den starken Verdacht, dass es auch Menschen gibt, die sich in Restaurants zwanghaft beschweren müssen. Für diese Menschen bedeutet es eine Art von Therapie – womöglich die einzige –, wenn sie ihre Frustration an dem Kellner, der Kellnerin oder dem Geschäftsführer abreagieren. Ich erkenne diese Spezies, sobald ich mich ihrem Tisch nähere. Sie sehen finster drein, knurren und geben eindeutig zu verstehen, dass sie sich, egal, was ich für sie tue, nicht wohl fühlen werden.

Einmal erklärte mir eine Frau, noch ehe ich Gelegenheit hatte, ihre Bestellung aufzunehmen: »Sie werden es mit mir nicht leicht haben, das sage ich Ihnen gleich. Etliche Leute, die mich in der Vergangenheit bedient haben, sind mittlerweile in psychiatrischer Behandlung.« Sie hatte nicht zu viel versprochen.

Gelegentlich haben Gäste sogar dadurch von sich reden gemacht, dass sie Haare, Glassplitter, ja sogar Käfer in ihr Essen schmuggelten, um eine kostenlose Mahlzeit zu bekommen.

Manche Restaurantbesitzer und Geschäftsführer verschärfen derartige Probleme noch, indem sie zu drakonischen Mitteln greifen und Detektive, oder besser gesagt, Spione anheuern, die, als gewöhnliche Gäste getarnt, im Restaurant essen und über die Qualität des genossenen Service Bericht erstatten sollen. Das erste Mal ist mir diese Praxis im Molto's begegnet. Der Geschäftsführer teilte mir mit, ein in diesem Auftrag angeheuerter »Gast« habe dem Besitzer berichtet, mein Service sei eher unterdurchschnittlich, ich eher unfreundlich und außerdem lächle ich zu wenig. Als ich durch geschicktes Fragen herausfand, wer dieser Gast war, fiel ich aus allen Wolken. Ich erinnerte mich sehr gut an ihn, da wir zur selben Zeit auf demselben College gewesen waren. Am fraglichen Abend hatten wir uns darüber unterhalten, wie man sich fühlt, wenn man die Schule hinter sich hat, und entdeckt, dass wir einige gemeinsame Bekannte hatten. Warum dieser Mensch eine Karriere als professioneller Spitzel gewählt hatte, war schon unverständlich genug, aber dass er ein wirklich nettes Gespräch meinem Boss derart negativ wiedergab, war mir völlig unbegreiflich. Seitdem bin ich auf diese Detektive nicht gut zu sprechen, auch wenn die Schuld nicht allein bei ihnen liegt. Diese Leute haben wirklich das Gefühl, sie hätten sich ihr kostenloses Essen nur dann verdient, wenn sie irgendwelche Mängel finden. So oder so, es ist eine vertrackte Situation.

Nehmen wir beispielsweise das Restaurant, in dem ich vor kurzem arbeitete. Die Verwaltung dieser Restaurantkette schickte an die einzelnen Niederlassungen zweimal im Monat Detektive mit detaillierten Fragebögen, auf denen sich noch genügend freier Raum für eigene Kommentare befand. Jede Frage wurde nach Punkten bewertet und Restaurants wie auch Bedienungen erhielten eine Strafe, wenn die Gesamtpunktzahl unter einem bestimmten Durchschnitt lag. Dies könnte durchaus der Garant für eine Qualitätskontrolle sein – vorausgesetzt, dieses Bewertungssystem hätte Hand und Fuß. Doch wie soll es möglich sein, so schwer fassbare Dinge wie die Persönlichkeit der Bedienung (an der die Detektive ohnehin am meisten herumnörgeln) in Punktwerten auszudrücken?

Natürlich wurde ich selbst einmal Opfer eines solchen Berichts. Das betreffende Paar hatte mich an einem extrem hektischen Freitagabend bespitzelt. Sie saßen eigentlich außerhalb meines Bereichs an einem Extra-Tisch, wurden jedoch mir zugeteilt, da ihr Kellner hoffnungslos überlastet war. In ihren weitschweifigen Kommentaren schrieb die Frau, ich sei mit den in der Speisekarte aufgeführten Gerichten gut vertraut, habe die Speisen in angemessener Zeit serviert, verschiedene Empfehlungen gegeben und Rücksprache mit ihnen beiden gehalten, um zu sehen, ob sie mit dem Essen zufrieden seien. Dennoch sei ihr Eindruck insgesamt negativ gewesen, da ich weder an ihr noch an ihrem Ehemann »Interesse« gezeigt und nicht versucht habe, sie in ein Gespräch zu ziehen.

Manche Späher beschweren sich sogar über Kellner, von denen sie gar nicht bedient wurden. Eine Frau nörgelte einmal, dass alle Bedienungen des Restaurants so gestresst und freudlos aussähen. Offenbar machte sie sich Sorgen um unsere psychische Gesundheit.

Spitzelberichte wurden in diesem Restaurant als eine Art schlechter Witz angesehen, da sie letztlich nichts dazu beitrugen, die Qualität des Service zu verbessern. In der Tat bewirkten sie eher das Gegenteil, denn die Bedienungen entwickelten ihretwegen eine gewisse Paranoia und verhielten sich entsprechend. Gute Bedienungen waren weiterhin gut und schlechte weiterhin schlecht, doch im Umgang mit den Gästen wurden wir alle zurückhaltender und unnatürlicher. Unsere monatlichen Personalversammlungen ähnelten allmählich Szenen aus Shirley Jacksons Geschichte *The Lottery*. Wir saßen herum und warteten, wessen Nummer diesmal gezogen und wer per Dekret von der öffentlichen Meinung gesteinigt werden würde. So viel zur Qualität des Service.

Die genannte Broschüre fährt in ihrer Beschreibung über die »Natur der Arbeit« fort: »In guten Restaurants, wo Gourmet-Menüs mit exzellentem Service einhergehen, bedienen die Kellner und Kellnerinnen mit mehr Muße und bieten den Gästen mehr persönlichen Service.«

Was genau ist mit persönlichem Service gemeint? Abgesehen davon, dass man Weine vorschlägt, einzelne Punkte auf der Speisekarte erläutert und Variationen bestimmter Gerichte anbietet, ist der persönliche Service ein sehr weites Feld. Ich werde das an einem Beispiel illustrieren: Vor kurzem hatte ich an einem besonders betriebsamen Samstagabend fünf Tische zu betreuen, davon vier mit einer größeren Runde. An jedem dieser Tische erwartete man einen ganz persönlichen Service und permanente Betreuung.

An einem Tisch saßen drei Paare, die ihre Drinks zwanghaft nacheinander bestellen mussten, immer einer nach dem anderen. Jedes Mal fragte ich: »Möchte noch jemand etwas trinken?« Doch der Nächste verkündete seine Bestellung immer erst dann, wenn ich mit dem einen Drink an den Tisch zurückkehrte.

Dann hieß es: »Könnten Sie mir bitte auch so einen Gintonic bringen?« Und nachdem ich sechsmal für sechs Drinks losgespurtet war, war die Person, die als Erste bestellt hatte, bereits reif für einen zweiten Drink und das Ganze begann wieder von vorn.

Am Tisch daneben wurde ein Geburtstag gefeiert und ich wurde von jedem einzelnen Teilnehmer der Feier beiseite genommen: »Vergessen Sie ja nicht unser Gratis-Geburtstagsdessert« und »wir wollen auch Kerzen haben und singen«.

Nachdem ich jedem persönlich versichert hatte, dass ich es nicht vergessen würde, zupfte die neunzig Jahre alte Matriarchin, deren Geburtstag gefeiert wurde, an meinem Ärmel, bis ich mich zu ihr hinunterbeugte. »Das ist mein Geburtstag«, schnauzte sie mich an, »und ich will kein dämliches Gesinge am Tisch! Ist das klar?«

Am dritten Tisch saß ein Paar mit drei kleinen Kindern, die kaum, dass sie saßen, auch schon wieder von ihren Stühlen glitten. »Wir sind etwas in Eile«, erklärte mir die Mutter. »Die Kinder können wirklich nicht lange warten. Glauben Sie, es wird lange dauern? Können Sie nicht veranlassen, dass unser Essen schneller fertig ist? Aber bringen Sie das Hauptgericht erst, wenn wir mit den Vorspeisen fertig sind.«

Trotz der Hektik konnte ich all diesen Forderungen nachkommen, ohne in jenen mörderischen Zustand zu geraten, der in der Branche als »hoffnungslos überlastet« bezeichnet wird. Bis der Mann am vierten Tisch – zwei ältere Paare und deren verheiratete Kinder – ein Glas zu viel erwischte. Ich räumte gerade ihre Teller ab und wollte die Dessertkarte holen, als mir die Gattin des betrunkenen Mannes einen Packen Servietten reichte, die mit Erbrochenem getränkt waren.

»Das ist für Sie«, meinte sie und legte die Servietten auf mein Tablett, da ich mich weigerte, sie anzufassen. »Er fühlt sich nicht wohl«, fuhr sie fort, auf ihren Mann deutend. »Können Sie uns noch ein paar Servietten bringen?«

Damit war für mich der Abend mehr oder weniger gelaufen. Ich konnte meinen Unmut über die Dreistigkeit der Servietten-Frau nicht verbergen und das nahm sie mir übel. Ich musste den Tisch abschreiben. Was den Tisch mit den multiplen Getränken betraf, so beklagte man sich dort über meinen langsamen Service. »Haben Sie heute einen schlechten Abend?«, fragte mich der Gastgeber. Es gab entsprechend wenig Trinkgeld.

Nachdem ich in der Küche sämtliche mir zustehenden Vergünstigungen eingefordert hatte, bekam ich das Essen für das Paar mit den Kindern in Rekordzeit. Ich erhielt dafür keinen Dank, weder verbal noch finanziell, doch ich war erleichtert, dass ich ihnen wenigstens keinen Grund zur Beschwerde geliefert hatte. Mit dem Geburtstagstisch verhielt sich die Sache etwas vertrackter. Nach einiger Überlegung brachte ich einen kleinen, mit Kerzen gespickten Kuchen an den Tisch, begleitet von ein paar Kellnern, die laut und falsch auf Italienisch »Happy Birthday« sangen. Die Jubilarin erdolchte mich förmlich mit ihren Blicken, doch ich zuckte ergeben die Achseln. Schließlich zahlte ja nicht sie die Rechnung.

Ein angenehmeres, aber nicht weniger extremes Beispiel für persönlichen Service ist der Fall eines jungen Paares aus Boston, das die Westküste besuchte. Als ich die beiden bediente, kamen wir ins Gespräch. Wie sie erzählten, erwarteten sie ihr erstes Kind und deshalb sei dies für lange Zeit ihre letzte Reise zu zweit. Sie suchten gerade nach Namen und fragten mich, ob ich ihnen nicht einige Vorschläge machen könnte. Ich nannte ihnen ein paar Namen nebst deren Bedeutung – da die Namen in meiner eigenen Familie so ungewöhnlich sind, habe ich mich im Selbststudium mit der Etymologie von Namen befasst – und teilte ihnen anschließend auch noch mit, welche Bedeutung ihre eigenen Namen hatten. Das Paar war völlig begeistert und betonte immer wieder, wie viel Glück sie gehabt hätten, bei mir gelandet zu sein. Als sie gingen, wünschte ich ihnen alles Gute und meinte das auch ganz aufrichtig.

Am nächsten Abend kamen sie wieder und fragten nach einem Tisch in meinem Bereich. »Wir haben eine Namensliste mitgebracht«, sagten sie. »Die würden wir Ihnen gern zeigen und Ihre Meinung dazu hören.«

Sie kamen auch an den folgenden drei Abenden (den letzten drei ihres Urlaubs) und aßen an einem meiner Tische. Ich mochte die beiden und fühlte mich ihnen auch ein wenig verpflichtet, weil sie so nett zu mir waren und mir so gutes Trinkgeld gaben. Doch als sie das zweite Mal kamen, erwarteten sie mehr oder weniger, dass ich während der gesamten Dauer ihrer Mahlzeit nur bei ihnen blieb und mit ihnen plauderte. Ich wollte wirklich nicht unhöflich sein, aber nach dem zweiten Abend war ich von dem vielen Gerede erschöpft und mir gingen allmählich die Themen aus. Es war ähnlich anstrengend wie ein Besuch von Verwandten, die bei einem wohnen.

Natürlich gibt es auch noch andere Formen von persönlichem Service. Ich habe beim Bedienen einige wenige Male eindeutige Anträge bekommen, manchmal direkt, manchmal unter dem Deckmantel eines aufrichtigen Interesses an meiner schillernden Persönlichkeit. An die meisten Situationen erinnere ich mich zum Glück nicht mehr. Doch eine habe ich noch deutlich vor Augen. Es war eine größere Feier und wieder war Alkohol mit im Spiel. Der Gastgeber war ein großer, bulliger, ausgesprochen unattraktiver Mann. Er erzählte ein paar schlechte Witze und betatschte mich jedes Mal, wenn ich am Tisch vorbeikam. Er bestellte einige Flaschen sehr teuren Weins und bot mir jedes Mal ein Glas an, was ich jedoch ablehnte. Als ich die Bestellung der Hauptgerichte aufnahm, belief sich die Rechnung bereits auf knapp dreihundert Dollar. Während des Essens winkte mich der Gastgeber zu sich und bedeutete mir, mich zu ihm hinunterzubeugen. In der Annahme, er wolle eine weitere Flasche Wein bestellen, folgte ich der Aufforderung und er wisperte mir ins Ohr: »Du bist nicht sehr groß, was?« Ich schüttelte den Kopf. »Ich werde dir was verraten«, fuhr er, gegen meinen Hals atmend, fort. »Du hast für mich genau die richtige Größe, um dich hier, an diesem Tisch zu ficken.«

Es gab absolut nichts, was ich gegen diese Bemerkung tun konnte, und er wusste das. Eine Beschwerde nutzte nichts, er würde es einfach abstreiten. Also tat ich so, als wäre nichts passiert. Doch ich achtete darauf, nicht mehr in seine Nähe zu geraten, sodass er gezwungen war, die Stimme zu erheben, wenn er mich ansprach. Ganz bewusst dachte ich nicht darüber nach, warum dieser Mann glaubte, er habe das Recht, so mit mir zu sprechen, und tröstete mich mit dem Gedanken, dass er ein hässliches Schwein war und nie die Frauen kriegen würde, die er sich wünschte.

Die meisten Kellnerinnen, mit denen ich gearbeitet habe, stimmen übrigens darin überein, dass es nie gut ist, sich mit einem Gast zu verabreden, auch wenn ich einige bemerkenswerte Ausnahmen erlebt habe. Mir fällt da vor allem eine Kellnerin ein, die den Speisesaal immer nach geeigneten Männern absuchte, die sie aus ihrem Elend erretten könnten. Nach einigen Fehlschlägen traf sie Prinz Wunderbar, einen echten Hallodri, der regelmäßig seine Kumpels mitbrachte, damit sie sie anstarren konnten. Prinz Wunderbar schickte Rosen ins Restaurant und einen riesigen Plüschteddy. Die Kellnerin war hingerissen. Es sei nur mehr eine Frage der Zeit, sagte sie, ehe sie aus diesem Jammertal von Restaurant erlöst werden und endlich ein Leben im großen Stil führen würde, für das sie auch geschaffen sei.

Die Zeitfrage stellte sich auch für Prinz Wunderbar – zehn oder zwanzig Jahre für räuberische Erpressung. Die arme Kellnerin erfuhr in den Nachrichten von seiner Festnahme, und als sie nach Hause ging, erwartete sie vor der Tür bereits der FBI.

Tja, wie gesagt, persönlicher Service ist ein weites Feld.

Arbeitsbedingungen

»Angestellte im Nahrungsmittel- und Gaststättengewerbe sind die meiste Zeit auf den Beinen und tragen oft schwere Tabletts mit Speisen, Geschirr und Glaswaren. Während der Hauptgeschäftszeiten stehen sie unter dem Druck, die Gäste rasch und zügig zu bedienen. Die Arbeit ist relativ sicher, man muss jedoch achtsam sein, um Ausrutschen, Stürze und Verbrennungen zu vermeiden.«

Man kann schwere Tabletts mit Gläsern freilich nur dann tragen, wenn man besagte Gläser auch findet. Oder die Löffel. Oder die Messer. Für die allgemeine Volksgesundheit hoffe ich aufrichtig, dass nicht viele Restaurants so arbeiten wie das, in dem ich vor kurzem beschäftigt war. Dort erhielten alle Geschäftsführer am Jahresende eine Prämie, die auf der Gewinnspanne ihrer Filiale basierte. Es gibt etliche Faktoren, die sich in jedem Restaurant auf den Gewinn auswirken: Arbeitskraft ist einer, die Kosten für die Nahrungsmittel ein anderer und dann wären da noch die Gebrauchsartikel. Die Kosten für Arbeitskräfte und Nahrungsmittel können nur in begrenztem Maß gekürzt werden, wenn das Restaurant betriebsfähig bleiben will. Bei den Gebrauchsartikeln verhält es sich anders.

Die Geschäftsleitung jenes Restaurants behauptete, das Tafelsilber werde vom Personal (oder Kobolden) geklaut, und weigerte sich deshalb, Löffel, Gabeln oder Steakmesser herauszugeben, wenn der Bestand dieser Waren gefährlich geschrumpft war. Und gefährlich bedeutete in dem Fall, dass dieses Restaurant, das nach wie vor sehr gut besucht und in etlichen amerikanischen Restaurantführern erwähnt ist, nach einer einjährigen Laufzeit den Kaffee nicht mehr mit Löffel servierte. Der Kaffee kommt nun mit einem Plastik-Rührlöffel, in den das Logo des Restaurants geprägt ist. Dahinter steht die Überlegung, dass Löffel zu wertvoll seien, um sie für Kaffee zu vergeuden. Aber wenn der Gast Eiscreme bestellt?

Wie auch immer, jedenfalls weigerte sich die Geschäftsleitung trotz allen Flehens und Tobens seitens der Kellner und Kellnerinnen, weiteres Besteck herauszurücken, das in Hülle und Fülle in einem abgesperrten Raum neben der Küche gebunkert wurde. Das führte zu einigen wirklich schändlichen Aktivitäten. Hilfskellner rauften sich regelmäßig um Gabeln und versteckten sie unter Tischdecken- und Speisekartenstapeln oder neben Müllkübeln, wo, wie sie annahmen, niemand hinsehen würde. Dummerweise vergaßen diese Hilfskellner jedoch, wo sie ihre Beute versteckt hatten, und plünderten das Tafelsilber von den Tischen anderer Kellner, was zu hitzigen Auseinandersetzungen führte. »Lass mich mal in deine Taschen sehen – ich weiß, dass du dort mindestens vier Löffel hast!«.

Am Ende war es freilich der Gast, der, ohne es zu wissen, am meisten darunter zu leiden hatte. Verzweifelte Kellner, deren Gäste wütend nach Gabeln verlangten – es ist schwierig, ohne Gabel zu essen –, stürzten in die Küche, schwenkten benutzte Gabeln kurz durch die Dreckbrühe, in der sie eingeweicht waren, und trockneten sie mit schmutzigen Servietten ab. Diese Gabeln wurden dann an den Tisch gebracht.

Obwohl ich diese Praxis in keinem anderen Restaurant erlebt habe, erschreckt mich die Vorstellung, so etwas könnte auch woanders passieren. Da dieses Restaurant so bekannt und beliebt ist, ist der Gedanke nicht abwegig, dass große Restaurants mit ähnlicher Struktur dieselben Strategien anwenden. Restaurantbesucher, sieh dich vor! Oder wie mein Vater oft gesagt hat: »Jedes Mal, wenn du in einem Restaurant isst, riskierst du dein Leben.«

Andererseits, was wäre das Leben ohne Risiko?

Das Risiko spielt auch bei den Arbeitsbedingungen von Kellnern und Kellnerinnen eine große Rolle. Und damit meine ich das Risiko für die psychische Gesundheit. Obwohl ich Bedienen noch nie auf der Liste der zehn anstrengendsten Berufe gesehen habe, zählt es eindeutig dazu. Auf jeder Bedienung – vor allem auf jenen in gut besuchten, eher gehobenen Restaurants – lastet ein enormer Druck, da man für jeden Tisch innerhalb einer kurzen, intensiven Zeit eine Fülle geistiger und körperlicher Aufgaben zu bewältigen hat. Das Timing ist alles, heißt es. Doch eine Bedienung wird auch ständig überwacht und beurteilt. Man darf am Tisch nie die Beherrschung verlieren, das wäre am falschen Ort zur falschen Zeit. Sicher, es geht nicht darum, Leben zu retten oder Brände zu löschen. Doch der Verdienst und damit die Lebensqualität einer Bedienung hängen entscheidend davon ab, wie gut sie unter Stress arbeiten kann.

Ein Beispiel: An einem typischen Wochenendabend bediene ich, sagen wir mal, an fünf Tischen gleichzeitig. An Tisch eins bestellen die Gäste Getränke, wollen jedoch noch in Ruhe die Speisekarte studieren, ehe sie etwas zu essen auswählen. Kein Problem. An Tisch zwei haben die Gäste gerade Platz genommen und sagen, sie seien etwas in Eile, weil sie anschließend ins Kino gehen wollen. Sie wünschen eine Beratung, da sie bestimmte Diätvorschriften einhalten müssen. Außerdem wollen sie einen ganz bestimmten Wein, von dem sie neulich gehört haben. In der Zwischenzeit ist auch Tisch drei besetzt. Es sind Stammgäste, die ausdrücklich nach einem Tisch in meinem Bereich verlangt haben und in Plauderlaune sind. Ich muss ihnen mit Handzeichen signalisieren, dass ich gleich bei ihnen sein werde, weiß jedoch, ich brauche gar nicht erst zu ihnen zu gehen, wenn ich nicht mindestens fünf Minuten Zeit für ein kleines Schwätzchen mitbringe.

Ich mache mich auf die Suche nach dem Wein für Tisch zwei, der jedoch gerade nicht vorrätig ist. Also muss ich zurück an den Tisch, um einen anderen Wein vorzuschlagen. Währenddessen haben die Gäste bereits aus der Speisekarte waghalsige Gerichte zusammengestellt, deren Zubereitung zwar möglich ist, aber mindestens eine Dreiviertelstunde in Anspruch nehmen wird. Nachdem ich die Bestellung aufgenommen habe (mein Bestellblock sieht jetzt wie der Rohentwurf zu einer Kurzgeschichte aus), gehe ich noch einmal zur Bar, um den Ersatzwein zu ordern, für den sich Tisch zwei entschieden hat. Mittlerweile sind auch Tisch vier und Tisch fünf besetzt. Ich halte nach meinem Hilfskellner Ausschau, in der Hoffnung, er habe den Weitblick gehabt, schon einmal Brot und Wasser an die Tische zu bringen, doch der Knabe ist nirgendwo zu sehen. Später erfahre ich, dass er in der Küche war und eine Kleinigkeit gegessen hat.

Ich besänftige meine Freunde an Tisch drei, indem ich ihnen erkläre, ich würde jetzt rasch ihre Bestellung aufnehmen und gleich noch einmal auf einen Plausch zu ihnen kommen, sobald ich die Gäste an Tisch vier und Tisch fünf begrüßt hätte. Doch ehe ich an die neuen Tische gehen kann, muss ich den Wein für Tisch zwei öffnen. Dummerweise haben sie eine Flasche Machiavelli Chianti bestellt, der oft einen trockenen, harten Korken hat. Das Öffnen der Flasche erfordert herkulische Kräfte, und während ich ächze und schnaufe, sehe ich, wie sie an Tisch vier und Tisch fünf die Hälse recken und nach mir Ausschau halten. Wie sich herausstellt, wollen sie sowohl an Tisch vier als auch an Tisch fünf Cocktails. An Tisch fünf teilt man mir außerdem mit, man sei nun bereit, »sofort« zu bestellen. »Wunderbar«, sage ich in dem Glauben, ich würde nicht allzu viel Zeit dort verplempern müssen – aber nein, die Frau an Tisch fünf ist keineswegs schon bereit zu bestellen. Sie studiert träge die Speisekarte.

»Was würden Sie mir denn empfehlen?«, fragt sie mich. »Die Linguini mit Meeresfrüchten oder die Hühnerbrust?« Ich beschreibe die beiden Gerichte kurz und frage sie, ob sie noch eine Weile überlegen möchte. »Nein, nein«, sagt sie. »Ich bin so weit.«

Als ich die Bestellung an Tisch fünf aufnehme, sehe ich aus den Augenwinkeln, dass die Stimmung an Tisch eins kurz vor dem Überkochen ist. Sie wollen bestellen, und zwar sofort. Da ich jetzt keine Zeit mehr habe, zurückzutreten und zu beobachten, wie schnell meine Gäste essen, damit ich ihre Salate und Hauptgerichte entsprechend bestellen kann, schalte ich auf Schongang und bestelle alles auf einmal – Drinks, Vorspeisen, Hauptgerichte. Während ich das tue, schicke ich ein kleines Stoßgebet gen Himmel, dass die Küche ihr übliches, eher gemächliches Tempo beibehält und nicht alles zur selben Zeit liefert. Doch für Tisch eins ist es bereits zu spät. Sie sind stocksauer, dass ich sie so lange hingehalten habe. Meine Freunde an Tisch drei sind gleichfalls unzufrieden und haben das Gefühl, ich würde sie ignorieren. Mein Hilfskellner ist wieder aufgetaucht – gut gelaunt und erholt, als käme er gerade aus dem Urlaub – und will wissen, was ich brauche. »Was weiß ich?«, fauche ich ihn an. »Sieh dich doch selbst um!«

Nachdem ich an Tisch vier und Tisch fünf die Getränke serviert habe, haste ich in die Küche, um zu sehen, in welchem Stadium der Zubereitung sich die Hauptgerichte befinden.

»Deine Bestellungen sind schon da«, sagt der Küchenchef zu mir. Er schwitzt, hat ein rotes Gesicht und wirkt absolut genervt. Hilflos sehe ich zu, wie die Gerichte für die Tische eins, zwei, drei und fünf in genau demselben Moment kommen – insgesamt zehn Teller für vier Tische. Genau genommen, hätten sie gar nicht zusammen kommen dürfen, denn manche Gerichte, wie Lasagne oder Steak, müssen langsamer zubereitet werden. Doch der Küche ist bei irgendeiner anderen Bestellung ein Fehler unterlaufen, den sie vertuscht, indem sie mir, unter dem Deckmantel, schnell sein zu wollen, diese Gerichte unterschiebt. Es ist ein altes Spiel, aus dem die Küche jedes Mal als Siegerin hervorgeht.

»Ich kann die Gerichte nicht alle zur gleichen Zeit hinausbringen«, zische ich dem Küchenchef zu.

»Dann solltest du sie auch nicht alle zur selben Zeit bestellen«, zischt er zurück. »Bring mir bloß nichts zurück und erzähl mir, es sei kalt.«

Es ist sinnlos, mit ihm zu diskutieren. Ganz offensichtlich sind meine Gebete nicht erhört worden. Als ich die Hauptgerichte serviere, teilt man mir an Tisch fünf mit, ich hätte vergessen, die Salate zu bringen. An Tisch eins beurteilt man das Essen lediglich als »okay«. Das Paar an Tisch vier ist zum Glück mit sich selbst beschäftigt. Wie es aussieht, werde ich dort in nächster Zeit nicht gebraucht. An Tisch drei ist man allerdings über diese öffentliche Zurschaustellung von Leidenschaft empört und verlangt, ich solle den Geschäftsführer holen, damit dieser das Paar zurechtweist. Ich ertappe mich dabei, wie ich mich bei allen entschuldige. Der Geschäftsführer will wissen, warum ich mit dem Zeitplan nicht zurechtkomme. »Schließlich haben Sie keine einzige größere Gesellschaft«, sagt er.

Ich habe nur zwei Möglichkeiten. Entweder lasse ich alles stehen und liegen, zerknülle meine Kassenbelege und spaziere aus dem Restaurant. Oder ich bringe das Ganze systematisch in Ordnung. Mit erzwungener Ruhe bitte ich meinen Hilfskellner, an jeden einzelnen meiner Tische zu gehen und den Gästen zu bringen, was immer sie verlangen. Ich entschuldige mich bei meinen Freunden an Tisch drei und füge hinzu, ich hoffe, das nächste Mal wieder mehr Zeit für sie zu haben. Nach Rücksprache mit dem Geschäftsführer biete ich den Gästen an Tisch eins Gratis-Desserts für die Unannehmlichkeiten an, was deren Laune merklich anhebt. Darauf bitte ich eine andere Kellnerin, an den Tischen vier und fünf nach dem Rechten zu sehen, bevor auch dort eine Mini-Revolte ausbricht. Schließlich bringe ich die Rechnung an Tisch zwei, wo die beiden Männer der Runde darum streiten, wer bezahlen darf. Beide flehen mich an, das Geld des anderen nicht anzunehmen, und ich sehe mich gezwungen, ihnen zu erklären: »Tut mir Leid, aber das müssen Sie unter sich ausmachen. Ich bin gleich wieder da.«

Als ich mich von dem Tisch entferne, hält mich die Platzanweiserin auf und flüstert aufgeregt: »Sind die am

Gehen? Ich habe Leute, die warten schon seit einer Stunde auf einen Tisch.« Ich beginne zu lachen – über mich, über sie, über die Situation. Ich habe den ganzen Abend unter einem enormen Stress gestanden, doch jetzt bin ich im Auge des Hurrikans angelangt und genieße diesen Moment der vollkommenen Ruhe.

Dieser entrückte Zustand ist nicht leicht zu erreichen und die meisten Kellner und Kellnerinnen, mit denen ich gearbeitet habe, haben Möglichkeiten gefunden, ihn auf andere Weise zu erlangen. Als ich im Molto's zu arbeiten begann, war ich erstaunt, wie viele meiner Kollegen tranken. Dieses Verhaltensmuster traf ich in jedem nachfolgenden Restaurant wieder an. Ich bin niemals einem Kellner oder einer Kellnerin begegnet, die am Ende einer so hektischen Schicht wie der oben beschriebenen nicht irgendeine Art von Entspannung gebraucht hätte, sei es nun durch Alkohol, Drogen, Sex oder, für die Glücklicheren unter uns, durch kreatives Schaffen.

Ausbildung, weitere Qualifikationen und Berufsaussichten

»Da das Image eines Restaurants entscheidend zu seinem Erfolg beiträgt, legen Arbeitgeber großen Wert auf persönliche Qualitäten. Die Angestellten eines Restaurants stehen in direktem Kontakt mit dem Publikum, deshalb sollten sie redegewandt sein und über ein ansprechendes, gepflegtes Äußeres verfügen. Sie sollten Freude am Umgang mit verschiedenen Menschen haben und von freundlicher Wesensart sein. Die staatliche Gesetzgebung verlangt von den Angestellten im Dienstleistungsbereich meist Gesundheitszeugnisse, um sicherzustellen, dass die Angestellten keine ansteckenden Krankheiten haben.«

Meiner Meinung nach ist diese Beschreibung geradezu lachhaft untertrieben. »Persönliche Qualitäten« ist ein Ausdruck, der, könnte er eindeutig definiert werden, perfekt wiedergeben würde, was sowohl die beste als auch die schlechteste Bedienung ausmacht. Ich selbst habe mich nie zur ersten Kategorie gezählt. Um eine wirklich exzellente Bedienung zu sein, ist ein nicht unerhebliches Maß an Selbstlosigkeit erforderlich, das ich bis jetzt nicht einmal annähernd erreicht habe. Ich habe im Molto's Beispiele für beide Kategorien erlebt und diese seither als Maßstab nicht nur für die Leistung meiner Kollegen, sondern auch für meine eigene angewandt.

Belinda war sicher die beste Bedienung, mit der ich je gearbeitet habe. In dem Moment, als ich sie im Speisesaal dabei beobachtete, wie sie eine Flasche Wein entkorkte, ohne sie auf dem Tisch abzustellen, war mir klar, dass sie für diesen Job eine gewisse Leichtigkeit mitbrachte, die ich vermutlich niemals erlangen würde. Belindas persönliche Qualitäten gingen weit über die mühelose Handhabung des Korkenziehers hinaus. Im Molto's durften wir keine Bestellblöcke benutzen und mussten uns Bestellungen für Gruppen von bis zu sechs Leuten einprägen. Belinda konnte sich die kompliziertesten Bestellungen für sechs oder sieben Tische merken, ohne auch nur einen Posten zu vergessen. Zudem wusste sie fast immer im Voraus, was ihre Gäste bestellen würden. Ihre intuitiven Vorhersagen waren eine Zeit lang so etwas wie ein Gesellschaftsspiel.

Außerdem verfügte Belinda über die Fähigkeit, ihre Persönlichkeit und ihr Äußeres durch ihre Verwandlungsfähigkeit an ihre jeweiligen Gäste anzupassen. Bediente sie beispielsweise eine Gruppe junger Frauen, wirkte sie zurückhaltend und ihr Gesichtsausdruck war frisch und klar. Im Gespräch mit ihnen war sie freundlich, aber unpersönlich und niemals einschüchternd. Paaren gegenüber wirkte sie gebildet, erfahren und attraktiv. Bei Männern wurde sie mädchenhaft kokett und verströmte einen subtilen Sexappeal. Wäre da nicht ihre unbedingte Lauterkeit gewesen, hätte man sie einfach als gute Schauspielerin bezeichnen können. Aber ich glaube nicht, dass Belinda sich ihrer Wandlungen bewusst war. Ihre Gäste liebten sie jedenfalls und sie machte mehr Umsatz und bekam mehr Lob für ihren Service als alle anderen.

Auch wenn Belinda dank dieser Eigenschaften eine phantastische Kellnerin und hervorragende Menschenkennerin war, so war sie als Mensch keineswegs einfach. Unsere Freundschaft währte zwar viele Jahre, doch ihre Beziehungen zu anderen Menschen, ob nun Geschäftsführer, Besitzer oder Kolleginnen, waren in der Regel kurz und flüchtig. Als geborene Organisatorin wusste Belinda, was ein Restaurant am Laufen hielt, und äußerte sich sehr vernehmbar, wenn sie Änderungen für notwendig hielt. Obwohl sie ein echtes Naturtalent war, hatten die meisten ihrer Arbeitgeber auf Dauer Schwierigkeiten mit Belindas Offenheit, die sie als Aufsässigkeit empfanden. Deshalb und aufgrund ihrer eigenen Rastlosigkeit wechselte Belinda ihre Jobs sehr häufig. Ich hatte erst ein paar Monate im Molto's gearbeitet, als Belinda schon wieder nach saftigeren Weidegründen Ausschau hielt.

Leider war ich dafür verantwortlich, dass im Molto's die schlechteste Kellnerin, mit der ich je gearbeitet habe, eingestellt wurde. Tiffany, eine Verwandte von mir, war neu in der Stadt – vielleicht auch auf dem Planeten, dachte ich mir später – und brauchte dringend einen Job. Sie versicherte mir, jede Menge Kellner-Erfahrung zu haben, und flehte mich an, ihr zu einer Stelle im Molto's zu verhelfen. Der Geschäftsführer mochte mich und er fand Tiffany beim Bewerbungsgespräch witzig, also stellte er sie ein. Die Katastrophe, die nun folgte, war in ihrer Gesamtheit beinahe schon grandios.

Zunächst einmal war Tiffany absolut unfähig, auch nur eine winzig kleine Sache im Gedächtnis zu behalten, ganz zu schweigen von einer Bestellung. Sie wurde im Molto's die einzige Bedienung mit Bestellblock und selbst auf diesen schrieb sie die falschen Dinge. Sie nahm Bestellungen für Gerichte auf, die nicht in der Speisekarte standen, und trieb die Köche schier in den Wahnsinn, weil sie von ihnen verlangte, diese Gerichte zu kochen. Da alle ihre Rechnungen fehlerhaft waren, war der jeweilige Barkeeper jedes Mal gezungen, Tiffanys Rechnungen nachzurechnen, um teure Irrtümer zu vermeiden. Doch auch diese Hilfestellungen nutzten nichts, denn Tiffany hatte absolut kein Gefühl für Timing – ein enormes Manko. Wenn sie zur Arbeit kam, nicht selten zu spät, verhielt sie sich, als würde sie in ihrer Wohnung ein gemütliches Essen für Freunde veranstalten: immer nur einen Tisch zur selben Zeit. Der Begriff Effizienz war in Tiffanys Vokabular nicht enthalten.

All das wäre vielleicht noch tolerierbar gewesen, wenn Tiffany über einige jener persönlichen Qualitäten verfügt hätte, die eine gute oder kompetente Bedienung ausmachen. Sie war im Grunde eine attraktive junge Frau, griff bei der vorgeschriebenen schwarz-weißen Arbeitskleidung jedoch zu Modellen, die nur als schrill bezeichnet werden konnten. Um eine imaginäre Körperfülle zu überspielen, kaufte Tiffany in einem Bekleidungsgeschäft namens Renoir's Lady ein und kam in einem bodenlangen Zelt von einem Rock zur Arbeit, der eher für ein Hexen-Festival geeignet gewesen wäre. Ihr Riesenrock verfing sich an den Tischkanten, wischte Pfützen aller Art vom Boden und brachte sie mehrfach zum Stolpern. Dazu trug sie weiße Hemdblusen, die ihr um den üppigen Busen herum spannten, sodass gelegentlich ein Knopf absprang. Was Frisur und Make-up anbelangte, war Tiffany absolut unbeholfen. Unnötig zu sagen, dass aus ihrem dunklen Lockenschopf regelmäßig Haare in den von ihr servierten Gerichten landeten.

Als ich ihr Ratschläge bezüglich ihres Äußeren geben wollte, raunzte sie mich an, ich sei nur eifersüchtig auf ihr Stilempfinden. Im Gegenzug machte ich sie darauf aufmerksam, dass der Geschäftsführer, Barry, ihre Kleidung als unangemessen gerügt hatte (in Wahrheit hatte er gesagt: »Wo, zum Teufel, glaubt sie, dass sie arbeitet? In einem Varieté oder was?«). Tiffany wurde ernsthaft wütend und erwiderte, sie sei sich sicher, dass Barry sich sehr zu ihr hingezogen fühle, »wenn du verstehst, was ich meine«.

Barry fühlte sich in der Tat zu Tiffany hingezogen, doch es war die Art von Faszination, die Menschen empfinden, wenn sie an der Schnellstraße einen schweren Unfall sehen und langsamer fahren. Denn abgesehen davon, dass Tiffanys Können und Kleidung echte Blindgänger waren, war sie außerstande, eine ganze Schicht durchzuhalten, ohne etwas hinunterzuschmeißen, zu zerbrechen oder zu verschütten. Ihre vorletzte Heldentat im Molto's ereignete sich während einer geschäftigen Mittagsschicht. Der Speisesaal war in einen Hauptteil und eine Empore unterteilt, die durch Treppen miteinander verbunden waren. Ich nahm im oberen Raucherbereich gerade eine Bestellung auf, als ich einen fürchterlichen Krach hörte. Die darauf einsetzende Stille verdichtete sich für mich zu einem einzigen Namen – Tiffany.

Tiffany hatte es tatsächlich geschafft, auf der mit Teppich ausgelegten Treppe zwei Teller mit Linguini und Shrimps in Sahnesoße fallen zu lassen, sodass an eine Belegung der oberen Tische zunächst nicht mehr zu denken war. Tiffany lachte. Erschrocken eilte ich zu Barry, der stumm, doch mit heftig mahlenden Kiefern auf seinem Beobachterposten stand.

»Barry, es tut mir so Leid«, sagte ich.

Barry, ein typischer New Yorker mit einem Witz, trockener als die Sahara, sah mich an und sagte: »Ich kann die Art nicht ausstehen, wie sie sich bewegt. Ich kann die Art nicht ausstehen, wie sie sich durch mein Restaurant bewegt.«

Händeringend erwiderte ich: »Bitte, schmeißen Sie sie raus. Das ist für mich völlig in Ordnung. Wirklich.«

Barry war kein Idiot. Er war der erste und letzte Geschäftsführer eines Restaurants, den ich jemals respektiert habe. »Oh, nein«, sagte er. »Ich werde sie nicht rausschmeißen. Das dürfen Sie tun.«

Keiner von uns feuerte Tiffany. Wundersamerweise fand sie einen anderen Job – sie servierte Cocktails, darunter machte sie es nicht –, nachdem sie sich darüber beschwert hatte, dass sie im Molto's lieblos behandelt wurde. Aber sie ging nicht, ohne vorher ein letztes Horrorspektakel von wahrlich epischen Ausmaßen zu inszenieren.

Als Vorbereitung auf ihren neuen Job hatte sie sich fünf Zentimeter lange Acrylnägel an den Fingern befestigen lassen. Mit diesen Waffen kam sie dann ins Molto's und riss etliche Löcher in die Schläuche mit den Hausweinen des Restaurants. Natürlich bemerkte Tiffany die Lecks nicht. Da die Weine in den Kühlbehältern im ersten Stock aufbewahrt wurden, floss bald der Chablis aus den Schläuchen heraus, rann die Treppen hinunter, an den Wänden entlang und tropfte als klebriger Wasserfall auf die unten stehenden Tische.

Was jene schwer fassbaren persönlichen Qualitäten betrifft, so repräsentieren Tiffany und Belinda auf der Service-Skala die beiden entgegengesetzten Pole, doch ich habe auch alle Abstufungen dazwischen kennen gelernt. Leider lassen sich Geschäftsführer bei der Einstellung ihres Personals oft von sehr persönlichen Qualitätsvorstellungen leiten. Busengröße beispielsweise. Ein Besitzer, für den ich gearbeitet habe, stellte eine atemberaubende Brasilianerin als Kellnerin ein, obwohl sie kein Wort Englisch sprach und noch nie im Leben einen Teller getragen hatte. Da es mit dem Bedienen beim besten Willen nicht funktionierte, bezahlte er sie dann dafür, dass sie im Minirock vor dem Restaurant stand und Speisekarten in der Hand hielt.

Zu dem für Bedienungen vorgeschriebenen Gesundheitszeugnis sei nur so viel gesagt, dass so ein Zeugnis von mir noch niemals verlangt wurde. Vielleicht deshalb, weil die meisten Geschäftsführer meinen, dass ansteckende Krankheiten an beiden Seiten des Tisches, beim Bedienenden und beim Bedienten, einander aufheben. Ein Kellner kann beispielsweise mit einer Erkältung arbeiten, käme aber nie auf die Idee, sich mit einer offenen Wunde einem Tisch zu nähern – welcher Gast würde da noch Trinkgeld geben? Doch ein Gast findet nichts dabei, seine Krankheiten mit seiner Bedienung zu teilen. Die Frau, die mir die Servietten mit Erbrochenem aufdrängen wollte, ist nur ein Beispiel von vielen. Ich musste auch schon benutzte Zahnseide, gebrauchte Spritzen und blutige Tischdecken abräumen. Andere Bedienungen, die ich kannte, hatten weniger Glück und wurden abgeleckt, geküsst und voll gekotzt.

Berufsaussichten

Dazu schreibt das Amt für Arbeitsstatistik: »Während das Beschäftigungswachstum viele neue Stellen schafft, werden die meisten freien Stellen in dieser Branche dadurch entstehen, dass jedes Jahr ein hoher Prozentsatz der in diesem Bereich Beschäftigten seine Arbeitsstelle wieder verlässt. Es besteht eine ausgeprägte Fluktuation in und aus diesem Beschäftigungsfeld, da die theoretischen und praktischen Ausbildungsanforderungen minimal sind.«

Neuen Studien zufolge geben die Amerikaner pro Tag fast eine Milliarde Dollar in Restaurants aus. Das ist ein klarer Hinweis auf das zunehmende Bedürfnis nach persönlicher und befriedigender Bedienung. Doch wie das Amt für Arbeitsstatistik bemerkt, sind die theoretischen und praktischen Anforderungen für die Anbieter dieses Service eben »minimal«. Es ist schon paradox, dass eine Gesellschaft so hohe Anforderungen an eine Personengruppe stellt, die so wenig allgemeine Wertschätzung erfährt.

Vielleicht sind diese Überlegungen zu tiefschürfend. Ich verlange nicht, dass Kellner und Kellnerinnen, um ihre Arbeit erfolgreich ausführen zu können, einen Abschluss in Psychologie oder Kommunikationswissenschaften haben müssen. Ich glaube auch nicht, dass das Kellnern in den Rang der Heil- oder Lehrberufe erhoben werden sollte oder in den irgendeines anderen Berufs, der für die Weiterentwicklung der Menschheit von elementarer Wichtigkeit ist. Doch ich bin durchaus der Meinung, dass der Kellnerberuf anspruchsvoller ist, als man gemeinhin annimmt. Selbst Kellner und Kellnerinnen sind sich oft der subtilen Vielschichtigkeit ihres Jobs nicht bewusst. Meiner Erfahrung nach muss eine Bedienung ständig beweisen, dass sie weit mehr vermag, als sich eine Bestellung zu merken und diese pünktlich zu servieren. Der Kellnerberuf ist nicht nur eine erstklassige Ausbildung in Organisationsvermögen, Geduld und Ausdauer, sondern stellt auch immer wieder aufs Neue die Beziehungsfähigkeit der Bedienung auf die Probe. Es gibt nur wenige Berufe, die einen derart direkten Kontakt zu einer solchen Vielfalt an Menschen bieten. Die Bedienungen, denen es gelingt, all diese Fähigkeiten zu vertiefen, werden meiner Meinung nach auf jedem Gebiet erfolgreich sein, ob sie nun in der Gastronomie bleiben oder nicht.

Restaurants stellen eines der letzten blühenden Dienstleistungsunternehmen dar. Heutzutage kann alles per Fax, Modem oder Telefon erledigt werden. Ich kann meine Kleidung aus einem Katalog bestellen, meine ganze Wohnung über Shopping-Fernsehkanäle einrichten, Musik im Computer anhören und meine Texte via E-Mail versenden. Aber ich kann nicht ohne die Hilfe eines menschlichen Wesens in einem Restaurant bedient werden. Es gibt nun mal keinen Ersatz für den Kontakt von Mensch zu Mensch, wie er bei einem schlichten Restaurantbesuch zwangsläufig entsteht. Vielleicht ist das einer der Gründe dafür, weshalb Interaktionen zwischen Gast und Bedienung oft so hoch bewertet sind und einen emotionalen Gehalt haben, der weit über die gegebene Situation hinausgeht. Ob es nun eine angenehme Erfahrung werden wird oder nicht, die Erwartungen sind jedenfalls hoch. An beiden Seiten des Tisches.

6

Molotow-Cocktail gefällig?

Als ich eine Zeit lang im Molto's gearbeitet hatte, entdeckte ich, dass ich trotz der vielen Menschen, mit denen ich täglich zu tun hatte, so einsam war wie selten zuvor. Am Tag meines vierundzwanzigsten Geburtstags begehrte ich in meinem Tagebuch gegen mein Schicksal auf. Was für ein lächerliches Alter! Ich hatte nichts erreicht im Leben und befand mich auf einem Weg, der nirgendwohin führte. Obwohl ich weiterhin zwischen den Schichten, an freien Tagen und spätnachts, wenn ich nicht schlafen konnte, meinen schriftstellerischen Ambitionen nachging, war ich himmelweit von der erfolgreichen Schriftstellerin entfernt, die ich werden wollte, als ich vor Jahren im Speisesaal zu arbeiten begonnen hatte.

Wahllos listete ich nun alles auf, was ich nicht erreicht hatte: kein Buch, kein Ehemann, keine Kinder. Ich brachte nicht einmal eine anständige Beziehung zustande (und damit meinte ich jede Art von Beziehung, selbst die aschenbecherwerfende Leidenschaft, die wie ein Strohfeuer auflodert und kurz darauf wieder erlischt). Die wenigen Freunde, die mir aus der College-Zeit geblieben waren, hatten sich auf feste Beziehungen eingelassen, die später allesamt in Ehen münden sollten. Sie wollten kaum noch etwas mit mir zu tun haben, da ich sie zu sehr an ihr Vorleben erinnerte.

Ich arbeitete im Molto's, sooft es mir möglich war, ohne mich nervlich zu ruinieren. Immerhin kamen sich in der winzigen Küche ständig dieselben fünf Leute in die Quere, was natürlich zu Spannungen führte. Außerdem veränderte sich im Molto's langsam, aber sicher die innere Struktur.

Ihrer üblichen Strategie folgend, hatte Belinda gekündigt und war in ein anderes Restaurant gegangen. Sie war durch Sue ersetzt worden, deren phantastisches Aussehen und sonniges Gemüt zu perfekt wirkten, um wahr zu sein. Wir fragten uns alle, wann ihre Fassade einen Sprung bekäme und irgendein hässlicher Makel dahinter sichtbar werden würde. Danach leitete der sonst so unerschütterliche Barry sein Verderben selbst ein, indem er Pamela einstellte – eine verheiratete Mutter mit einem notorisch eifersüchtigen Ehemann –, zu der er sich sehr hingezogen fühlte. Die sich entwickelnde Spannung zwischen Barry und Pamela wirkte sich auf die Stimmung des gesamten Personals aus.

Charlotte reagierte darauf, indem sie einen zweiten Job in einem anderen Restaurant annahm und weniger Schichten bei Molto's arbeitete. Wes gelang es, das Herz der schönen Sue zu erobern, und die beiden begannen das öffentlichste Verhältnis, das ich je erlebt habe. Sie knutschten in der Küche. Sie umarmten sich am Geschirrspüler. Sie warfen sich an der Ausgabe heiße Blicke zu. Sie kamen – wie sie uns erzählten – nach Geschäftsschluss ins Restaurant und liebten sich auf dem Fußboden. Die Tatsache, dass beide gut aussahen, machte die Sache nur schlimmer. Sie zu beobachten war ungefähr so, als würde man sich das Vorspiel eines Pornovideos ansehen.

Eine Zeit lang schaffte auch ich es, mir das Leben ein wenig komplizierter zu machen, indem ich etwas mit Sonny anfing. Schließlich war Frühling und ich war nicht immun gegen die unterschwellige Erotik in der Küche. Leider vergaß Sonny, mir mitzuteilen, dass er sich außerdem mit Barbara traf, die im Molto's als Hilfskellnerin arbeitete. Barbara, die einen prügelnden, speedsüchtigen Ex-Ehemann hatte, der ihr nachstellte, war ein vom Unglück verfolgter Mensch. Gleichzeitig war sie knallhart und sehr kräftig und machte mir Angst. Es war mir extrem unangenehm, dass ich in dieses ganze Drama hineingezogen wurde, wo ich doch lediglich eine kleine Ablenkung gesucht hatte. Nachdem alles aufgeflogen war, musste ich natürlich weiterhin mit beiden arbeiten, was recht interessant war, da der eine immer meine Gerichte zubereitete und die andere meine Tische als Hilfskellnerin betreute. Speisen wurden durch die Gegend geworfen, Schimpfworte ausgestoßen, Gefühle verletzt.

Schließlich fing mich Barbara eines Abends zwischen Tisch zwanzig und Tisch einundzwanzig ab und sagte: »Du kannst ihn haben. Ich bin sowieso nicht gut genug für ihn und würde ihm nur Schwierigkeiten bereiten.« Sie weinte.

»Sag doch so was nicht«, erwiderte ich. »Ich erhebe keinerlei Ansprüche auf Sonny. Er gehört ganz dir. Ich bin überzeugt, er liebt dich sehr.«

Ich stürmte in die Küche und warf Sonny eine Hand voll Kassenbelege zu.

»Wie lautet die Bestellung?«, fragte er verdutzt.

»Du bist so ein Arschloch!«

»Aha, medium oder ganz durch?«, fragte er.

Allmählich wurde es in der Küche in mehr als einer Hinsicht zu heiß.

Ich gelangte zu dem Entschluss, dass ein Nebenjob der einzig sinnvolle Ausweg aus dem Schlamassel wäre. Wieder spielte Belinda den Katalysator. Sie arbeitete als Bardame im Le Jardin, einem Nobelbistro, nur wenige Blocks von meinem Apartment in der Innenstadt Portlands entfernt, und organisierte für mich ein Bewerbungsgespräch. Ich wurde sofort eingestellt und für die Schicht an meinen beiden dienstfreien Abenden eingeteilt.

Rasch wurde klar, dass mir das Le Jardin nicht die Ablenkung bieten würde, nach der ich suchte. Und obendrein war die Arbeit alles andere als lukrativ. An den beiden Abenden verdiente ich nicht einmal genügend Geld, um den Nebenjob zu rechtfertigen. Also antwortete ich auf eine Anzeige in der Lokalzeitung, in der ein Job als Autor angeboten wurde. In der Anzeige wurde nicht näher erklärt, was oder für wen man schreiben sollte oder wie hoch das Gehalt war, doch das störte mich nicht. Ich war einfach nur der Auffassung, ich sollte versuchen, mir den Job zu schnappen.

Das Bewerbungsgespräch fand in einem kleinen Büro statt, das mit Papierstapeln, Aschenbechern und halb leeren Kaffeetassen voll gepfropft war. Wie sich herausstellte, entsprachen die Anforderungen nicht ganz der Beschreibung in der Anzeige. Die beiden Männer, die das Bewerbungsgespräch mit mir führten, wollten ein Joint Venture gründen und eine Rabattkarte entwickeln, die in Restaurants, Kinos und Vergnügungsparks benutzt werden konnte. Hank, der ältere der beiden, hatte die meiste Zeit seines Lebens Versicherungen verkauft. Und Tim brachte eine kleine Zeitung heraus, die vor allem aus Werbeanzeigen von Unternehmen bestand. Kurzum: In Wahrheit suchten die beiden Männer eine Hilfskraft, die ihre Rabattkarten über das Telefon verkaufte.

Ich war enttäuscht und erzählte den beiden, ich sei als Verkäuferin eine absolute Null und habe mich einzig aus dem Grund beworben, weil ich schreiben wollte. Tim beeilte sich, mir zu erklären, dass ich auch eine Menge für seine Zeitung zu schreiben hätte und dass ich nur wenig Zeit mit Verkaufen verbringen müsste. Sie meinten, sie würden mich vom Fleck weg engagieren. Ich fühlte mich aus irgendeinem Grund gezwungen, den Job anzunehmen, obwohl die Bezahlung gering war und zu meinem voll gepackten Zeitplan nun auch noch täglich eine lange Anfahrt hinzukam.

Der Job hatte durchaus seine spaßigen Seiten. Jeden

Morgen kam ich ins Büro, setzte mich in das durch Glaswände abgeteilte Dreieck, das man mir zur Verfügung gestellt hatte, und sah nach, welche Aufgaben mir für den jeweiligen Tag zugewiesen waren. Die Schreibaufgaben grenzten ans Absurde. Tim legte mir meist Zettel auf den Schreibtisch, auf denen dann beispielsweise stand: »Schreiben Sie eine Geschichte über San Francisco. Nicht länger als zwei Seiten.« Manchmal verlangte er auch Restaurantkritiken. Natürlich konnten das keine wirklichen Kritiken sein, da die Restaurants dafür bezahlten, erwähnt zu werden. Vielmehr wurde mir eine Speisekarte zugefaxt, aus der ich dann mit viel Phantasie eine Geschichte über die Zusammensetzung von Gerichten konstruierte, die ich noch nie gesehen, geschweige denn gekostet hatte.

Den Höhepunkt meines künstlerischen Schaffens erreichte ich, als ich beauftragt wurde, über ein Motel in Capistrano, Kalifornien, zu schreiben. »Wie die Schwalben«, schrieb ich, »werden Besucher immer wieder in das Motel X in Capistrano zurückkehren wollen ...« Hank und Tim liebten meine Texte so sehr, dass mein kreatives Potenzial bald ganz in die Zeitung fließen sollte. Ich wurde sogar im Impressum erwähnt. Die Rabattkarte war dagegen eine Totgeburt. Trotz der Tatsache, dass die Texte, die ich verfasste, an Idiotie kaum zu übertreffen waren, wurde ich doch zum ersten Mal für mein Schreiben bezahlt. Allein das bedeutete für mich eine ganze Menge. Ich fand, der Job war es wert, dass ich ihn behielt.

Doch bis zum Herbst 1986 hatte ich von allem restlos genug. Mein Plan, in so viele Jobs wie möglich einzutauchen, hatte nur zu einer noch größeren persönlichen Unzufriedenheit geführt. In meiner Freizeit hatte ich wie wild Kurzgeschichten geschrieben und einige davon an kleine Literaturzeitschriften geschickt. Ich hatte ein klein wenig Anerkennung erhalten, gerade genug, um zu der

Überzeugung zu gelangen, ich müsse fortan nicht mehr nur einen Teil meiner Zeit, sondern meine gesamte Zeit dem Schreiben widmen. Ich wollte niemals wieder irgendwo bedienen, und im Moment vergeudete ich nur kostbare Zeit. Zwar handelten alle Geschichten, die ich schrieb, von Menschen und Erlebnissen, die ich durch die Restaurants, in denen ich arbeitete, kennen gelernt hatte, doch ich war damals nicht weitblickend genug, um mir das bewusst zu machen. Portlands feuchtes Klima war mir aufs Gemüt geschlagen. Ich war es leid, Woche um Woche zuzusehen, wie es regnete. Ich hatte das Gefühl, mein gesamtes Wesen würde allmählich ausgewaschen werden und verblassen.

Mein Autorenjob bei der Zeitung hatte mich darin bestärkt, dass ich mir auch an anderen Orten meinen Lebensunterhalt durch Schreiben verdienen könnte. Ich fand, es sei an der Zeit für einen entscheidenden Schritt. San Francisco schien mir ein guter Ort für einen Neuanfang zu sein. Einige meiner College-Freunde lebten dort und waren in den von ihnen gewählten Sparten recht erfolgreich. Andererseits war mir klar, dass ich nie weggehen würde, solange ich den Job im Molto's hatte. Obwohl die Stimmung etwas bedrückend geworden war, verdiente ich nach wie vor gutes Geld und arbeitete schon länger dort, als ich bis dahin jemals irgendwo gearbeitet hatte. Mit anderen Worten: Das Molto's war mir vertraut. Dennoch fasste ich mir ein Herz und reichte die Kündigung ein. Ich teilte Barry und meinen Kolleginnen und Kollegen mit, dass ich beabsichtigte, in den Süden zu ziehen und mich als Schriftstellerin zu versuchen.

Ich hatte eine Kündigungsfrist von einem Monat und jene letzten Wochen gerieten zu einer endlos in die Länge gezogenen Abschiedsparty. An jedem Wochenende ging ich nach der Arbeit noch mit Wes, Charlotte, Anne und allen, die sonst noch mitkommen wollten, auf ein paar Drinks oder zum Billardspielen. Wes befand sich in einer ziemlich üblen Verfassung, da Sue vor kurzem auf der Suche nach einem besseren Leben nach Kalifornien gezogen war. Unmerklich schloss ich mich auf unseren wöchentlichen Streifzügen immer mehr Wes an. Seinen beißenden Humor hatte ich bereits bei der Arbeit kennen gelernt, doch nun entdeckte ich, dass er neben einem rasiermesserscharfen Verstand auch über eine verblüffende Menschenkenntnis verfügte und seine Kollegen sehr genau einschätzen konnte.

Er erzählte mir, der verhängnisvolle Flirt zwischen Barry und Pamela ginge ihm schrecklich auf die Nerven, und er sei sicher, das Ganze würde noch einmal schlimm enden. Barry sei durch die Geschichte ziemlich in die Bredouille geraten, fuhr er fort, und das wirke sich negativ auf seine Fähigkeiten als Geschäftsführer aus. Er habe vor, sein eigenes Restaurant aufzumachen, sagte er. Aber das sei natürlich noch absolut geheim. »Zu schade, dass du gehst«, meinte er. »Du könntest für mich arbeiten.«

Mein letzter Abend im Molto's fiel auf einen Sonntag. Pamela, die vor kurzem in die Abendschicht befördert worden war, beherrschte die untere Etage und schnappte sich raffgierig alle Tische, die Barry ihr gab. Barry sah aus, als hätte er wochenlang nicht geschlafen, und war gereizter, als ich ihn je erlebt hatte. Die ganze Schicht verlief ziemlich frustrierend. Charlotte hatte ihren freien Tag und alle anderen gingen früh nach Hause. Ich räumte noch die letzten Tische ab, während Wes die Küche dichtmachte.

»Ich kann kaum glauben, dass es jetzt vorbei ist«, sagte ich. »Irgendwie hatte ich mir meinen letzten Abend aufregender vorgestellt.«

»Warte auf mich«, sagte Wes. »Ich lad dich noch ein.«

Wir landeten in einer Bar neben dem Molto's. Wes spendierte mir einen Drink nach dem anderen und lauschte meinen großartigen Zukunftsplänen. Da ich gerade dabei war, erzählte ich ihm auch gleich ein wenig von meiner Vergangenheit. Wes wiederum erzählte mir von Sue und wie enttäuscht er sei, dass sie ihn verlassen hatte. Unser Gespräch driftete allmählich in jene betrunkene Vertraulichkeit ab, die für fortgeschrittene Stunden typisch ist. Als die Bar schloss, fuhr mich Wes nach Hause und begleitete mich nach oben zu meinem Apartment.

»Kann ich noch eine Minute reinkommen?«, fragte er.

»Klar«, erwiderte ich.

Mein Apartment war sehr klein, aber Wes schaffte es, darin herumzulaufen, als gäbe es eine Menge zu sehen.

»Ich kann dir gar nichts anbieten«, rief ich ihm aus der Küche zu. »Es ist absolut nichts zu trinken da. Aber ich habe ein paar Orangen.«

»Orangen sind prima«, sagte Wes. »Ich nehme eine Orange.«

Wir saßen einander gegenüber und ich quälte mich damit ab, eine Orange zu schälen, was in Anbetracht der zahlreichen Wodka-Tonic, die ich intus hatte, kein leichtes Unterfangen war.

»Komm, lass mich dir helfen«, sagte Wes und nahm mir die Orange aus der Hand. Er schälte sie voller Eleganz und Anmut, ohne die Schale zu zerkrümeln. In seinem Gesicht lag das zufriedene Lächeln einer Katze, die gerade einen Vogel verspeist hat. Oder verspeisen würde. Er zerpflückte die Orange, reichte mir zwei Stücke und schob sich selbst zwei in den Mund.

»Mmm, sehr gut, die Orange«, sagte er. »Danke.«

Die nun einsetzende Stille wurde in ihrer Bedeutsamkeit geradezu erdrückend.

»Und was machen wir jetzt?«, fragte ich.

»Tja«, sagte er langsam, »das mit der Orange haben wir sehr gut hinbekommen. Das Weitere dürfte da eigentlich kein Problem sein.«

Noch heute erinnere ich mich an merkwürdige Details jener Nacht. Ich kann zum Beispiel den süßen, zitrusartigen Geschmack der Frucht heraufbeschwören und weiß noch, dass es die letzte wohlschmeckende Orange der Saison war. Ich erinnere mich, dass in jener Nacht das Wetter umschlug und der Herbst schlagartig in einen bitteren Winter überging. Und ich erinnere mich, dass ich die ganze Nacht hindurch das traurige Gefühl hatte, etwas sei unwiderbringlich zu Ende, ohne dass am Horizont etwas Neues zu erkennen gewesen wäre, das über diesen Verlust hinwegtröstete.

Kaum hatte ich das Molto's verlassen, sehnte ich mich dorthin zurück. Die wenigen Tage, die ich mir zum Entspannen und Pläneschmieden gewährt hatte, dehnten sich zu Wochen. Ich ging tagsüber weiterhin meinem Bürojob nach, doch die Abende waren öde und leer. Plötzlich war an der Stelle, wo sich mein soziales Leben abgespielt hatte, ein riesiges Loch. Ich hatte mir geschworen weiterzuziehen, aber das Molto's war mir ein Stück Heimat geworden.

Mit diesem Gefühl schaute ich kurz nach meiner Kündigung im Molto's vorbei, um hallo zu sagen. Niemand schien so recht zu verstehen, was ich dort wollte, da ich vor kurzem noch getönt hatte, ich werde ganz bestimmt nicht so bald wiederkommen. Wohl um mich irgendwie aufzumuntern, lud mich Barry auf eine Party ein, die er am Wochenende geben wollte.

»Es ist eine Party für all diejenigen, die den Sommer 86 im Molto's überlebt haben«, sagte er. »Du fällst eindeutig in diese Kategorie, deshalb solltest du auch dabei sein.« Ich antwortete, ich käme gern, und schrieb mir den Weg zu seinem Haus auf. »Sag Tiffany Bescheid«, grinste er. »Sie kann auch kommen.«

Tiffany war noch in der Stadt, doch ich bekam sie kaum

zu Gesicht. Nachdem wir einige ihrer spektakulärsten Auftritte im Molto's noch einmal durchgekaut hatten, versprach ich Barry, die Einladung an Tiffany weiterzugeben.

»Ich werde einfach darauf achten, dass sie nur aus Pappbechern trinkt«, sagte er.

Ich habe mich oft über die merkwürdige Kette von Ereignissen gewundert, die jenem Besuch im Molto's folgte. Denn einerseits könnte man das alles als beliebige Geschehnisse abtun, die jeder hätten zustoßen können, andererseits wirkte ihr Verlauf seltsam vorherbestimmt. Ich konnte mich nie entscheiden, ob ich diese Vorgänge nun dem Zufall oder dem Schicksal anlasten sollte.

Ich wollte nicht auf Barrys Party gehen. Tatsächlich schien es mir, kaum war ich wieder zu Hause, eine äußerst schlechte Idee zu sein. Ich hatte mich von Sonny nicht gerade im besten Einvernehmen getrennt und war mir sicher, dass er und Barbara zusammen aufkreuzen würden. Die Stimmung wäre bestimmt feindselig, und ich hatte keine Lust, in irgendeine dämliche Auseinandersetzung gezogen zu werden. Nach jenem letzten Abend im Molto's hatte ich auch keine besondere Lust, Wes zu begegnen. Von Barry hatte ich erfahren, dass Sue aus Kalifornien angereist war, um Wes zu besuchen. Wes war sicher nicht gerade scharf drauf, mich auf der Party zu sehen. Dann war da noch die Sache mit Barry und Pamela. Vermutlich veranstaltete Barry die Party nur deshalb, um Pamela gefahrlos zu sich einladen zu können. Er sehnte sich so verzweifelt nach ihr, dass er sogar riskieren würde, den Ehemann bei diesem gesellschaftlichen Anlass zu treffen. Es konnte ziemlich übel werden. Außerdem hatte ich beschlossen, dies alles hinter mir zu lassen. Warum sollte ich mich absichtlich einer Situation aussetzen, die eigentlich nur unangenehm für mich werden konnte?

Dann kam unerwartet Tiffany vorbei. Ich habe keine Ahnung, woher sie von Barrys Party erfahren hatte, doch durch irgendeinen merkwürdigen Wink des Schicksals war sie darüber informiert und fest entschlossen hinzugehen. Und sie war auch fest entschlossen, mich mitzunehmen. Ich versuchte, ihr das auszureden, doch da ich sie nicht in allzu viele persönliche Details einweihen wollte, fiel mir kein vernünftiger Grund ein, der dagegen sprach.

Also gingen wir hin.

Barrys Party war genau so, wie ich es erwartet hatte. Barry verhielt sich, falls das überhaupt möglich war, noch nervöser als bei der Arbeit. Den Grund erkannte ich rasch: Pamela war ohne Kind und Ehemann da und wuselte hektisch in der Küche herum. Die umständlichen Nebenhandlungen, die die beiden ständig zelebrierten, verliehen dieser ganzen Affäre noch ein weiteres manisches Element. Barry war verrückt nach Pamela und sie trieb ein ziemlich raffiniertes Spiel mit ihm. Die ganze Zeit versuchte er, sich möglichst cool zu geben, was ihm allerdings nicht besonders gut gelang. Aus den Augenwinkeln beobachtete ich, wie er den Alkohol ziemlich schnell in sich hineinkippte und immer wieder mit diversen Freunden und diversen Briefchen mit weißem Pulver in seinem Schlafzimmer verschwand.

Ich schenkte dem jedoch keine große Beachtung, da ich ganz mit den Handlungssträngen meiner eigenen Seifenoper beschäftigt war. Wie ich es vorhergesehen hatte, waren sowohl Sonny und Wes als auch Barbara und Sue anwesend. Sonny wusste offenbar nicht so recht, auf welche Weise er sich mir nähern sollte, und unternahm mehrere Anläufe innerhalb weniger Minuten, wobei er wie ein Volltrottel wirkte. Barbara hatte sich offenbar vorgenommen, richtig nett zu mir zu sein, was irgendwie noch beängstigender war, als wenn sie sich auf mich gestürzt und mir die Haare ausgerissen hätte – und das hätte sie wahrscheinlich auch am liebsten getan.

Sues Aussehen hatte durch die kalifornische Sonne keinen Schaden genommen, im Gegenteil. Man konnte sie sich leicht auf dem Titelblatt der *Vogue* oder irgendeines anderen Lifestyle-Magazins vorstellen. Wes achtete darauf, dass er die ganze Zeit über wenigstens eine Hand auf irgendeiner Stelle ihres Körpers ruhen hatte. Für mich hatte er nur einen finsteren Blick und die Frage übrig: »Wolltest du nicht die Stadt verlassen?«

»Ich freue mich auch, dich zu sehen, Wes«, erwiderte ich und floh in die Küche, wo ich von Charlotte gerettet wurde, die alles über unangenehme Restaurantaffären wusste, da sie in ihren wilden Zeiten etliche davon am eigenen Leib erlebt hatte.

»Ich möchte dich gern mit jemandem bekannt machen«, sagte sie und führte mich zu einem großen, dunklen Fremden, der argwöhnisch an einem Schrank lehnte und aussah, als sei er auf der falschen Party gelandet. »Das ist John«, stellte ihn Charlotte lächelnd vor. »Wir haben vor Jahren zusammen im Molto's gearbeitet. John ist auch Schriftsteller.«

Mit den Augen signalisierte ich Charlotte mein Entsetzen, doch sie zuckte nur die Achseln und lächelte wissend, als wollte sie mir zu verstehen geben, dass ich diesen John schon mögen würde. Dann mischte sie sich wieder ins Partygetümmel.

Die nächste halbe Stunde blieben John und ich an exakt derselben Stelle stehen, unterhielten uns angeregt und entdeckten eine Fülle an Gemeinsamkeiten. Auch er war vor wenigen Tagen aus einem Gefühl der Nostalgie heraus ins Molto's gegangen und hatte eine Einladung von Barry erhalten. Auch er arbeitete gerade an seinem ersten Roman. Auch er hatte vor, in naher Zukunft nach San Francisco zu ziehen, da er es extrem schwierig fand, in

Portland Arbeit zu finden. Wir redeten über das Molto's, wie es früher war und derzeit war. Ich erfuhr, dass sich im Verlauf der letzten fünf Jahre nicht allzu viel verändert hatte. Wir unterhielten uns über das Schreiben und über den Handlungsaufbau unserer Romane. Es überraschte mich nicht, als er meinte, er würde meine Texte gern einmal lesen. John war eindeutig sehr bemüht. In der Tat wirkte er auf mich wie jemand, der nur zu dieser Party gekommen war, um eine Frau abzuschleppen. Ich hatte nicht vor, diese Frau zu sein. Doch ich fand ihn interessant und teilte ihm mit, ich wolle nächste Woche zu dem Vortrag einer ansässigen Literaturagentin gehen.

»Gib mir doch deine Telefonnummer«, sagte er. »Vielleicht können wir zusammen dorthin gehen.«

»Klar«, sagte ich. »Wäre vielleicht ganz nett.«

»Ich bin richtig froh, dass ich doch noch auf diese Party gegangen bin«, sagte er impulsiv. »Bis zur letzten Minute war ich mir nämlich überhaupt nicht sicher. Ich hätte nicht gedacht, dass ich hier jemanden zum Reden finden würde.«

Ich hatte John beinahe schon wieder vergessen, als er mich wenige Tage später anrief, doch ich freute mich, von ihm zu hören. Der Vortrag wurde unsere erste Verabredung, der kurz darauf die zweite folgte. Schon nach wenigen Wochen waren wir unzertrennlich. Die Beziehung zu John hatte einen Grad der Intensität, den ich noch nie zuvor erlebt hatte. Alles entwickelte sich in einer rasenden Geschwindigkeit. Es schien beinahe so, als könnte das, was zwischen uns entstanden war, schlagartig wieder verschwinden, wenn wir die Geschwindigkeit drosseln und weniger Zeit miteinander verbringen würden. Es war, offen gestanden, etwas beängstigend, in derart kurzer Zeit einem Menschen so nah zu kommen, vor allem, da es irgendwie so schien, als würde sich etwas Ernstes zwischen uns anbahnen.

Auf dem Höhepunkt unserer romantischen Glückseligkeit begaben wir uns zum Diner ins Molto's. Unserer Meinung nach war es nur fair, wenn wir dorthin gingen und uns bei Charlotte und Barry bedankten, da wir uns über die beiden kennen gelernt hatten.

Barry wirkte verblüfft, aber recht amüsiert über die schwärmerische Beteuerung unserer gegenseitigen Liebe. Charlotte lachte nur. »Ich wusste, ihr beiden würdet euch verknallen«, sagte sie.

John und ich verbrachten weiterhin so viel Zeit wie möglich zusammen, doch bald war klar, dass wir allmählich anfangen sollten, an eine Zukunft zu denken, die über den nächsten Tag hinausreichte. Keiner von uns wollte den anderen verlassen, doch wir kannten einander noch nicht lange genug, um zusammen in eine andere Stadt zu ziehen, und so legten wir beide unsere Pläne vorübergehend auf Eis. John hatte vor kurzem seinen Job in einem Rehabilitationszentrum für straffällig gewordene Jugendliche gekündigt, da der Stress zu hoch und die Bezahlung zu schlecht gewesen war. Während er nach einer Lehrerstelle Ausschau hielt, nahm er zum Lebensunterhalt einen Abendjob als Küchenhilfe in einem kleinen mexikanischen Restaurant an.

Mein Teilzeitjob als Zeitungsredakteurin genügte bei weitem nicht, um mich finanziell über Wasser zu halten. Da ich kein weiteres Einkommen mehr hatte, würde ich über kurz oder lang auf die kärglichen Ersparnisse zurückgreifen müssen, die ich in den vergangenen Monaten so mühsam angehäuft hatte. Trotz meiner festen Beziehung nagte zunehmend ein Gefühl der Unsicherheit an mir. Neben allem anderen hatte mir das Bedienen auch Selbstvertrauen gegeben. Die Arbeit in einem Restaurant vermittelte mir eine gewisse Sicherheit, die ich nun vermisste. Da ich mir nicht eingestehen wollte, dass meine Pläne, mich als Schriftstellerin zu versuchen, auf ein Nebengleis geraten waren, redete ich mir ein, ich würde nirgendwohin gehen können, wenn ich meine sämtlichen Ersparnisse aufbrauchte. Bedienen schien, wieder einmal, die einzige Wahl zu sein. Und wieder einmal sollte es lediglich eine vorübergehende Tätigkeit sein, um finanziell wieder Fuß zu fassen. Die Frage war nur noch, in welchem Restaurant ich arbeiten sollte.

Da ich meine Arbeitszeit der von John angleichen wollte, suchte ich nach Restaurants, die bis spät in die Nacht geöffnet waren, Restaurants also, die gleichzeitig Barbetrieb hatten. Nachdem ich mir ein paar dieser Etablissements angesehen hatte, erfuhr ich, dass man in einer sehr frequentierten, lauten Bar namens The Columbia in der Nähe meines Apartments Kellnerinnen suchte.

Mir gefiel die Vorstellung, Drinks zu servieren, und trotz der finanziell eher entmutigenden Erfahrung im Le Jardin, glaubte ich nach wie vor, dass dieser Job etwas Glamouröses an sich hatte. Mein Bild dieser Tätigkeit beruhte zum Großteil auf eindeutig nicht feministischen Vorstellungen. Ich war mit Barbara Eden in der Rolle der *Bezaubernden Jeannie* aufgewachsen und Jeannie war mein Idol gewesen. Und auch wenn ich es nie jemandem erzählte, so fand ich doch die Häschenkostüme, die die Bedienungen in Playboy-Klubs trugen, ausgesprochen niedlich.

Die Bardame, erfuhr ich, ist eine eigene Spezies. Ihr finanzieller Erfolg hängt oft von ihren körperlichen Eigenschaften ab sowie von ihrem Vermögen, jede noch so unverschämte, sexistische oder ausfallende Bemerkung mit einem Lächeln und einer schlagfertigen Antwort zu quittieren. Ihr Job besteht zwar darin, Alkohol zu servieren, aber sie ist gleichzeitig auch für jene Gäste verantwortlich, die zu viel getrunken haben. Sie muss sich die verschiedensten Drinks merken und das Wechselgeld mit einer Hand herausgeben, während sie in der anderen ein Tablett mit Gläsern, Münzen und Rechnungen balanciert. Die meisten Bardamen, die ich kennen gelernt habe, gehen spätabends nach Hause, und wenn sie sich schlafen legen, träumen sie von der Arbeit.

Belinda, erfahren in zahlreichen Kellnerjobs, sagte einmal zu mir: »Die Bar-Träume sind die schlimmsten. Du träumst nicht etwa, dass du mit deinen Tischen nicht klarkommst. Nein, wenn du vom Bedienen in einer Bar träumst, ist es so, als würdest du wahnsinnig werden. Leute brüllen dir Bestellungen zu, du lässt dein gesamtes Wechselgeld fallen und verschüttest immer wieder alles, was sich auf deinem Tablett befindet.« Sie hatte damit absolut Recht.

Als ich beschloss, mich im Columbia zu bewerben, hoffte ich, ich würde nicht dieselbe Erfahrung wie im Le Jardin machen müssen – es war interessant und herausfordernd, aber ungemein stressig gewesen. Der Stress war nicht so sehr auf die körperlichen Anforderungen zurückzuführen. Nein, die tiefe Erschöpfung, die mich nach beinahe jeder Schicht übermannte, hatte eher etwas mit der Wechselwirkung zwischen Mensch und Alkohol zu tun, die ich dort hautnah miterlebte. Ganz normale Menschen verwandelten sich nach dem Genuss von einigen Drinks in unbeherrschte und gleichzeitig verzweifelte Wesen – in etwas, das ich lieber sofort wieder vergaß. Man sagt oft, dass das, was man an anderen nicht mag, genau das ist, was einem an sich selbst missfällt. Vielleicht hatte mein negativer Eindruck etwas mit meinem eigenen Gefühlszustand zu dieser Zeit zu tun: ein wenig unbeherrscht und ein wenig verzweifelt.

Das Le Jardin mit seinem hellen Holz, den Zimmerpflanzen und den Scotch und Bourbon trinkenden Männern in Anzügen, die allabendlich zur Happy Hour hereinkamen, war der deprimierendste Ort, an dem ich je ein Tablett gestemmt habe.

Meine Bar-Erfahrung war bis dahin auf die wenigen Schichten beschränkt gewesen, in denen ich Achtzigjährigen im Kartenzimmer Highballs servierte. Das Le Jardin unterschied sich lediglich dadurch, dass das Durchschnittsalter der Gäste etwa dreißig Jahre darunter lag. Während der Schichten, die ich arbeitete, war das Publikum nahezu ausschließlich männlich. Sie kamen um fünf oder halb sechs aus ihren Büros, stocherten lustlos in den Cocktailwürstchen herum, die am Happy-Hour-Buffet langsam vor sich hin schrumpelten, zogen sich dann in eine Nische zurück und warteten darauf, dass Belinda, ich oder irgendeine andere Kellnerin in hohen Hacken und kurzem schwarzen Rock zu ihnen käme und sie nach ihren Wünschen fragte. Und was sie wünschten war in der Regel ein Martini oder ein Scotch und ein Gespräch. Es gab ein paar Fragen, die ich ständig hörte:

»Wie lange arbeiten Sie schon hier?«

»Sind Sie Studentin?«

»Haben Sie einen Freund?«

Das Servieren an diesen Tischen verlief nach gewissen Spielregeln. Ich nahm die Bestellung auf, kehrte mit dem Getränk zurück und stellte es auf den Tisch. Meistens hatte sich der Gast so hingesetzt, dass ich mich über ihn beugen musste, um den Drink in Reichweite zu platzieren. Dann fragte ich den Gast, ob er sofort oder erst beim Gehen zahlen wolle, und er erwiderte darauf meist: »Wie viel schulde ich Ihnen?«

Ich nannte den Betrag, worauf er einen größeren Geldschein hervorzog, den ich wechseln musste. Danach breitete er das Wechselgeld fächerförmig vor sich auf dem Tisch aus, ließ erkennen, dass einer der Scheine für mich bestimmt war, doch ehe er mir das Trinkgeld überreichte, stellte er eine der oben erwähnten Fragen. Ich musste antworten und eine Unterhaltung kam in Gang. Die Dauer der Unterhaltung hing davon ab, wie gesprächig ich gerade war, wie viel der Gast getrunken hatte und wie persönlich die Fragen wurden. Normalerweise ging das Gespräch eine Weile hin und her, bis der Gast zufrieden war. An dieser Stelle wählte er einen Geldschein aus und legte ihn auf mein Tablett. Die talentiertesten Gäste tranken während der Unterhaltung ihr Glas leer; sobald das Gespräch abzubrechen drohte, bestellten sie rasch einen neuen Drink und das Spiel konnte von vorn beginnen.

In den wenigen Monaten, die ich im Le Jardin arbeitete, wurde ich bei meinen Antworten immer erfindungsreicher. Ich studierte Psychologie, Biologie, ja sogar Archäologie. Ich wollte Zahnärztin, Designerin, Köchin werden. Und ich war vor allem nie ungebunden. Mal war ich mit einer alten Jugendliebe zusammen. Mal mit einem verheirateten Mann, der Polizist war. Gelegentlich hatte ich Kinder. Zwillinge. Die Einzelheiten dieser Phantasiegeschichten waren unbedeutend. Der Gast vernahm nur »nicht verfügbar« und hörte nicht länger zu.

Oft vertrauten mir die Gäste ihre Lebensgeschichten an. Und diese Geschichten wiesen verblüffende Ähnlichkeiten untereinander auf. Ehefrauen, die das Interesse verloren hatten. Undankbare Kinder. Scheidung. Das Le Jardin war nicht die Art von Lokalität, in die man zum Feiern ging. Es war eher eine Stätte stiller Verzweiflung. Alkohol war das gemeinsame Bindeglied, der große Gleichmacher. Wenn ich mit Belinda arbeitete, konnte ich manchmal über das sentimentale Geschwafel unserer Gäste lachen. Aber die meiste Zeit über war ich wie erschlagen von dieser überwältigenden Einsamkeit um mich herum.

Auch wenn meine Erfahrung im Le Jardin noch frisch genug war, um lebhafte Erinnerungen wachzurufen, war ich mir sicher, dass das Columbia ein gänzlich anderes Etablissement war. Dort verkehrten jüngere Leute, dachte ich mir. Leute, die bestimmt weniger einsam und weniger verzweifelt waren.

Das Bewerbungsgespräch im Columbia erinnerte stark an ein Vorsprechen im Theater. Ich kam zum verabredeten Termin und entdeckte, dass alle vorderen Tische mit hoffnungsvollen Servier-Talenten besetzt waren, die eifrig ihre Bewerbungsbögen ausfüllten. Ich zählte mindestens zwanzig junge Frauen, die, den Stift in der Hand, auf ihr Bewerbungsgespräch warteten. Es war nicht schwer zu verstehen, weshalb diese Stelle so begehrt war. The Columbia war eine der beliebtesten, meistbesuchten Bars in der Stadt, eine Art Traditionseinrichtung, die bereits etliche Identitätswechsel hinter sich hatte, von Avantgarde zu Yuppie, von intellektuell zu salopp und das Ganze wieder von vorn. Einen Teil seiner Anziehungskraft verdankte das Columbia seinen zweimal die Woche stattfindenden Ein-Dollar-Abenden. Dienstags und samstags standen die Stammgäste um den ganzen Block herum Schlange, um für wenig Geld extrem betrunken zu werden.

Auch die Barkeeper veranstalteten allabendlich ihre Showeinlagen für das Publikum. Sie waren allesamt große, muskulöse Männer, die sich Flaschen zuwarfen, Gläser durch die Luft wirbelten und Drinks in Sekundenschnelle einschenkten, ohne auch nur einen Tropfen zu verschütten. Sie konnten mehrere Bestellungen gleichzeitig zubereiten, einschließlich derjenigen, die ihnen von den Kellnerinnen zugerufen wurden, und jenen, die sie den Gästen durch den Qualm hindurch von den Lippen ablasen.

Auch ich hatte viele Stunden im Columbia verbracht, die nun, als ich eintrat und den Bewerbungsbogen ausfüllte, alle in rascher Folge und Technicolor vor meinem inneren Auge abliefen. Die Bar war zu meiner College-Zeit einer der In-Treffpunkte gewesen und später bin ich nach der Arbeit im Speisesaal oft mit Belinda oder Deane dort eingekehrt.

Während ich darauf wartete, dass ich an die Reihe kommen würde, tippte mir plötzlich jemand von hinten auf die Schulter. Ich drehte mich um und blickte in ein vertrautes Gesicht.

»He, was machst du denn hier?«, fragte Belinda.

»Dasselbe wie du«, erwiderte ich und deutete auf ihren Bewerbungsbogen. Seit ich vor einigen Monaten das Le Jardin verlassen hatte, war ich Belinda nicht mehr begegnet. Wir waren offensichtlich beide mit Nichtstun beschäftigt gewesen. Als wir uns setzten und warteten, tauschten wir kurz unsere Neuigkeiten aus. Ich erzählte ihr von John, und sie berichtete, sie habe ebenfalls vor kurzem einen Mann kennen gelernt, mit dem es wohl etwas Ernstes sei. Ich setzte sie über die jüngsten Ereignisse im Molto's ins Bild, und sie erinnerte mich daran, wie wir etliche Male aus ebendieser Kneipe, in der wir uns gerade um eine Stelle bewarben, auf allen vieren herausgekrochen waren.

»Wäre es nicht toll, wenn wir auch hier wieder zusammen arbeiten würden?«, fragte sie. Ich stimmte zu, zweifelte jedoch daran, dass ich den Job bekommen würde. Ich hatte wenig Bar-Erfahrung vorzuweisen. Jemand wie Belinda hatte da weit bessere Chancen.

Ich wurde von einer gehetzten Frau undefinierbaren Alters, die teuer gekleidet und zu stark geschminkt war, ins Verhör genommen. »Sind Sie bereit, auch zu sehr später Stunde zu arbeiten?«, fragte sie. »Manchmal kommen wir nicht vor zwei oder drei Uhr früh hier heraus.«

»Das macht mir nichts«, sagte ich. »Ich arbeite gern nachts.«

»Glauben Sie, Sie können sechs volle Biergläser auf einmal tragen?«

»Das dürfte keine Schwierigkeit sein.«

»Sie haben doch nicht irgendwelche Rückenprobleme, oder? Bei uns muss man viel heben.« Sie musterte mich eingehend. »Sie sind ein bisschen klein«, fügte sie hinzu.

»Das ist kein Problem, es sei denn, ich muss etwas aus der obersten Regalreihe holen«, sagte ich und deutete auf die hoch aufragende Bar.

»Warum haben Sie das Molto's verlassen?«

»Ich brauchte eine Veränderung.«

»Was ist mit dem Le Jardin?«

»Da war zu wenig los. Ich hab dort einfach nicht genug verdient.«

»Was ist der Unterschied zwischen einem Martini und einem Gibson?«

»Martini hat eine Olive, Gibson eine Zwiebel.«

»Was enthält mehr Alkohol, ein Glas Rotwein, eine Flasche Bier oder ein einfacher Scotch?«

»Sie haben alle denselben Alkoholgehalt.«

»Okay«, sagte sie. »Danke für Ihr Interesse. Wie Sie sehen, haben wir eine ganze Reihe von Bewerberinnen, es wird also eine Weile dauern, bis wir alle Gespräche geführt haben. Aber wir werden Ihnen in jedem Fall Bescheid geben.«

Belinda und ich warteten aufeinander und gingen dann einen Kaffee trinken. Belinda war überzeugt, das Bewerbungsgespräch erfolgreich gemeistert zu haben. Ich war eher der Meinung, ich hätte es versiebt. Wenige Tage später rief mich die Frau an und sagte mir den Job zu. Seltsamerweise erhielt Belinda keinen Anruf.

Mir schwante sehr bald, dass ich mich mit dem Columbia etwas übernommen hatte, doch ich wollte mir meinen Fehler nicht eingestehen. Nun verstand ich, weshalb Donna, die Geschäftsführerin, wissen wollte, ob ich Rückenprobleme hatte. Anders als im Le Jardin, wo ich kaum mehr als zwei Drinks gleichzeitig zu tragen hatte, musste ich im Columbia aufgrund des hohen Besucherandrangs mehrere Bestellungen auf einmal servieren. Das Gewicht selbst war gar nicht so schlimm, aber sich mit einem vollen Tablett durch eine Menschenmenge zu schlängeln, ohne etwas zu verschütten, erforderte eine besondere Mischung aus Geschicklichkeit und Anmut.

Donnas Bemerkung über meine Größe erhielt gleichfalls eine neue Bedeutung. Zu vorgerückter Stunde wurden die Gäste immer betrunkener und waren immer weniger bereit, den eiligen Kellnerinnen aus dem Weg zu gehen. Manchmal umlagerten die Gäste die Bar in Dreierreihen, und ich musste mich durch sie hindurchschieben, um an meine Getränke zu kommen. Und sobald ich mein Tablett beladen hatte, musste ich mir wieder den Rückweg freikämpfen. Die Kellnerinnen im Columbia trugen ihre Tabletts hoch über dem Kopf. Als ich das anfangs sah, war ich mir sicher, ich würde das nie schaffen, aber als ich das erste Mal angerempelt wurde, sodass meine Drinks überschwappten, hob ich das Tablett automatisch hoch, um es aus der Gefahrenzone zu bringen.

Wenn andere Bedienungen ihre Tabletts hochhoben, schwebte es weit über den Köpfen der Gäste. Da ich erheblich kleiner war als die meisten Kellnerinnen, befand sich mein Tablett dann mehr oder weniger in Augenhöhe mit den Gästen. Anfangs hielt ich das für einen Nachteil, doch wie sich herausstellte, kam es mir eher zugute. Ich entdeckte, dass die meisten Menschen dazu neigen, sich entweder zu ducken oder auszuweichen, wenn sich ihnen in Augen- oder Stirnhöhe ein mit Getränken beladenes Tablett nähert. Dennoch war es schier unglaublich, wie viel Energie und Kraft es erforderte, um zu den Tischen durchzudringen. Auf den Rat einiger erfahrener Kellnerinnen hin trat ich besonders standfesten Gästen gegen das Schienbein, damit sie sich wegbewegten. Manchmal war das die einzige Möglichkeit, um keine kostbare Zeit im menschlichen Stau zu verlieren. Das Columbia war sicher nichts für Menschen, die an Klaustrophobie litten. Zudem wurde ich oft für den oberen Bereich eingeteilt, da ich neu war und die oberen Tische die unattraktivsten waren. Es war äußerst anstrengend, jeden Abend mit Getränken und Speisen die Treppen hinauf- und hinunterzuhasten.

Wenn ich nachts nach Hause kam, fühlte ich mich, als hätte ich einen Marathonlauf hinter mir, doch das war an sich kein unangenehmes Gefühl. Was mich wirklich störte, war das Fehlen jeglicher Intimsphäre. An jedem beliebigen Abend wurde ich angerempelt, gestoßen, getreten. Ich hatte aufgehört zu zählen, wie oft anonyme Hände über meinen Hintern strichen, wenn ich mich durch das Gewühl quetschte. Die meisten Kellnerinnen im Columbia, mich eingeschlossen, vermieden es, während der Arbeit einen Rock zu tragen. Es war sonst für Männer – und gelegentlich auch für Frauen – zu einfach, »zufällig« an unseren Beinen entlangzustreichen, vor allem beim Treppensteigen. Natürlich war das Bestandteil des Jobs und das wusste ich. Wenn man sich als Kellnerin darüber beschweren wollte, dass man bei der Arbeit im Columbia betatscht wurde, war das etwa so sinnlos, als würde sich ein Feuerwehrmann über den Rauch an seinem Arbeitsplatz beklagen.

Und was den Rauch betraf, so gab es auch hier eine ganze Menge davon. Die Gäste rauchten genauso viel wie sie tranken, und die Angestellten standen ihnen in nichts nach. Die Kellnerinnen rauchten an den Ausgabestellen oder ließen brennende Zigaretten an der Bar zurück. Die Barkeeper hatten sich Zigaretten hinter die Ohren gesteckt. Es gab keinen Bereich, nicht einmal die Küche, der rauchfrei gewesen wäre.

Die Küche wiederum war mit einer Auswahl der unheimlichsten Gestalten besetzt, mit denen ich je gearbeitet habe. Ich denke da vor allem an einen Koch, der Spaß daran hatte, Kellnerinnen mit dem Stumpf seines tätowierten Arms zu bedrohen, während er mit der anderen Hand Kette rauchte. Ich hatte gehört, dass das Columbia in der Vergangenheit einige Male vom Gesundheitsamt geschlossen worden war, und als ich das erste Mal die Küche betrat, war unschwer zu erkennen, weshalb. Alles, einschließlich der Köche, war mit einer Fettschicht überzogen, die roch, als sei sie schon Jahre alt. In den Ecken und Winkeln saßen riesige Kakerlaken. Zum Glück waren die meisten so groß, dass man sie in den Speisen rechtzeitig bemerkte, ehe die Teller nach draußen gingen. Das Essen war im Columbia ohnehin eine zweitrangige Sache. Fast alle Gerichte auf der Speisekarte waren entweder gegrillt, gebraten oder frittiert. Und die wenigen Salate sahen ziemlich abschreckend aus und wurden auch nicht oft bestellt. Mir kamen die Speisen im Columbia wie ein echtes Gesundheitsrisiko vor. Doch viele Leute aßen sie und meines Wissens ist noch nie jemand daran gestorben. Vielleicht tötete ja der Alkohol sämtliche Bakterien ab.

Das Essen war ohnehin kein Thema an den Ein-Dollar-Abenden, für die ich kurz nach meiner Einstellung eingeteilt wurde. Keine Ausbildung der Welt hätte mich auf den Wahnsinn dieser Nächte vorbereiten können. Jeder Drink kostete einen Dollar. Getränke mit höherem Alkoholgehalt, wie beispielsweise Long Island Iced Tea, und die Markengetränke wie bestimmte Wodka- oder Ginsorten kosteten zwei Dollar.

Besonders hartgesottene – oder durchgeknallte – Gäste schafften es sogar, sich den einen Dollar pro Getränk einzusparen, indem sie sich ein Getränk bestellten, das unter dem Namen »Bar-Matte« lief. Eine Bar-Matte entsteht dadurch, dass ein Barkeeper die Gummimatte, auf der er sämtliche Drinks gemischt und verschüttet hat, anhebt und die Brühe in ein Glas kippt. Der Alkoholgehalt ist hoch. Der Geschmack ... nun, über den lässt sich bekanntermaßen nicht streiten. Die Barkeeper gaben diese »Drinks« gratis heraus.

Jeder Barkeeper nahm vor und während einer Ein-Dollar-Nacht irgendein Aufputschmittel zu sich. Bevor ich im Columbia arbeitete, hatte ich mich manchmal gefragt, wie es möglich sein sollte, an solchen Abenden irgendeinen Profit zu machen. Ich musste mir die Servierschürze umbinden, um es herauszufinden. Gleich vorweg sei gesagt, dass die Barkeeper alle Mixgetränke sehr knapp einschenkten. Und stand der Gast nicht gerade direkt vor dem Barkeeper und sah ihm beim Einschenken zu, wurde so manches Markengetränk auf die eine oder andere Weise verdünnt. Sollten die Gäste gewusst haben, was sich da abspielte, so schien es ihnen gleichgültig zu sein. Ein Drink für einen Dollar ist schwer zu übertreffen, selbst wenn er etwas verwässert ist. Für jedes dieser Getränke erhielt ich durchschnittlich ein Trinkgeld von hundert Prozent. Obwohl jede Kellnerin ihren eigenen Bereich hatte, war der Andrang so groß, dass wir unser Trinkgeld durch jene Leute, die auf der Suche nach einem Platz waren, noch zusätzlich verdoppeln konnten. Aber abgesehen vom Geld, war der Ein-Dollar-Abend der absolute Wahnsinn. Ein typischer Wortwechsel verlief in etwa so:

Gast zieht an meinem Ärmel, tippt mir auf die Schulter oder wedelt wie wild mit den Armen.

Ich sage: »Was hätten Sie gern?«

Gast kann mich nicht hören, da die Musik und das Stimmengewirr alles übertönen. Er schreit: »Hey, bringen Sie mir einen Drink?«

Ich schrei zurück: »Und was hätten Sie gern?«

Gast hört mich endlich, glaubt aber weiterhin, er könne sich mir nur verständlich machen, indem er mir direkt ins Ohr brüllt: »Hey, was kostet ein Screwdriver?«

Ich verdrehe die Augen: »Alles kostet einen Dollar!«
»Und was kostet ein Bier?«
»Einen Dollar!«
»Ich nehme ein Bier und einen Screwdriver. Das macht zwei Dollar, stimmt's?«
»Ich kann Ihnen nur einen Drink bringen.«
»Was?«
»Ich kann Ihnen nur einen Drink bringen.«
»Einen was?«
»Okay!«, kreische ich. »Bin gleich zurück.«
Doch der Gast ist noch nicht fertig. Als ich mich zur Bar umdrehe, grapscht er wieder nach mir und brüllt aus voller Kehle, sodass mir sein Speichel ins Gesicht spritzt: »Hey, lächeln!«

Im Gegensatz zum Le Jardin, das ein Hafen für einsame Männer war, die ihren Kummer ersäufen wollten, war das Columbia ein aktiver Treffpunkt für Singles. Auf bestimmte Weise war das nicht weniger deprimierend. Auch hier kam es mir vor, als sei ich von einer schrecklichen Einsamkeit umgeben. Zum Glück war ich meist zu beschäftigt, um mich auf die Balzrituale zu konzentrieren, die um mich herum abgehalten wurden. Dennoch prägte sich mir dieses Gefühl von verzweifelter, erzwungener Fröhlichkeit, das in dieser Bar vorherrschte, unauslöschlich ein, und ich werde bis heute jedes Mal daran erinnert, wenn ich an einem alkoholischen Getränk auch nur rieche.

Die Arbeit im Columbia hatte auch Vorteile. Anders als in anderen Bars, war das Columbia für die Gäste in der Regel zu laut und zu voll, um den Kellnerinnen gegenüber anzüglich zu werden. Die Gäste konnten uns zwar angrapschen, aber der Geräuschpegel erschwerte zotige Bemerkungen und so beschränkten sie sich meist darauf, ihre Drinks zu ordern.

Die ordinärsten Gäste, die ich je bediente, sind mir viele Jahre später verblüffenderweise in der Bar eines Nobelrestaurants begegnet. Hier hatten die Gäste viel mehr Geld, viel mehr Freizeit und viel weniger Anstand. Als ich in der Bar dieses Restaurants arbeitete, entdeckte ich, dass ein Gast nach dem ersten Trinkgeld, das in der Regel recht spärlich ausfiel, sehr oft das Gefühl hatte, er habe mich für den Rest des Abends gekauft, und dann einen Service erwartete, der an Sklaverei grenzte. Dazu erhielt ich demütigende Kommentare von der Art, wie ich sie eines Abends von drei Golfern hörte. Nach einigen Bieren begannen die drei Männer, mir alle möglichen persönlichen Fragen zu stellen, welchen Männertyp ich bevorzuge, wie alt ich sei und ob ich gern nackt bade. Einer der Männer blickte dann, während ich ihm ein Glas Bier servierte, starr auf meine Brüste und sagte: »Sind die echt?« Ich beendete das Gespräch abrupt und gab die drei an den Barkeeper weiter.

Ein weiterer Vorteil im Columbia war der gute Verdienst. An den meisten Abenden sammelten sich so viele Rechnungen an, dass ich, wenn ich Kasse machte, zusätzlich eine halbe Stunde zum Abrechnen benötigte. An den Ein-Dollar-Abenden ging ich in der Regel mit über hundert Dollar an Trinkgeldern nach Hause, was damals kein schlechtes Geld war. Wenn ich um zwei, drei Uhr morgens mit schmerzenden Beinen in meiner Wohnung ankam, war ich meist zu aufgedreht, um zu schlafen, und gleichzeitig zu erschöpft, um mich auszuziehen oder überhaupt zu bewegen. An diesen Abenden schmiss ich all meine Ein-, Fünf- und Zehndollarscheine auf mein Bett und legte mich dann mitten hinein. Die grünen Scheine, die schwach nach Gin und Bier rochen, erinnerten mich wenigstens daran, weshalb ich wieder einmal den Abend damit verbracht hatte, mich fertig machen zu lassen. Leider fühlte ich mich mit meinen vierundzwanzig Jahren schon zu alt, um weiter dieses Tempo einhalten zu können, das nötig war, um ordentlich zu verdienen. Als ich ausrechnete, dass ich etwa einen Dollar pro Getränk bekam, und mir vor Augen führte, wie viele Getränke und wie viel Gerenne nötig waren, um die Hundert-Dollar-Marke zu erreichen, erschien mir das Verhältnis zwischen Arbeit und Verdienst nicht mehr attraktiv.

Ich hatte noch nicht allzu lange im Columbia gearbeitet, als meine Probleme im Job von privaten Problemen überschattet wurden. So rasch meine Beziehung zu John entstanden war, so schnell begann sie, sich aufzulösen. Ich habe nie herausgefunden, warum es so schnell zu Ende ging. Zum Teil lag es sicher daran, dass wir uns nicht die Möglichkeit gegeben hatten, eine Weile auf Abstand zu gehen, um zu überprüfen, ob wir wirklich zusammenpassten oder nicht. Beide hatten wir uns Hals über Kopf in die Beziehung hineingestürzt, uns rückhaltlos unseren Gefühlen ausgeliefert. Wir waren so hingerissen voneinander, dass wir überrascht und enttäuscht waren, als sich nach einer Weile plötzlich einige grundlegende Unterschiede zwischen uns zeigten. Ich glaube, wir waren eine Zeit lang aufrichtig ineinander verliebt. Doch bald wurde klar, dass Liebe – wie immer man dieses Wort definieren möchte – allein nicht genügte, um uns davon abzuhalten, den anderen ständig verändern zu wollen, um ihn unserem jeweiligen Ideal eines Partners anzugleichen.

Als John und ich eines Tages zu Mittag aßen, sprach er dieses Problem an. Beim Dessert meinte er dann, er denke, wir sollten getrennte Wege gehen und sehen, wie wir uns dabei fühlten. Ich interpretierte dies als einen Versuch, mich auf freundliche Weise abzuservieren, und verließ weinend das Lokal.

Die folgenden Wochen im Columbia waren nahezu unerträglich. Ich lief mit gebrochenem Herzen daher, während andere um mich herum betrunken Affären begannen. An meinem letzten Geburtstag hatte ich eine Bestandsaufnahme all dessen gemacht, was in meinem Leben fehlte, und mir geschworen, mich weiterzuentwickeln. Und noch kein Jahr später war ich an einem Punkt angelangt, wo mir sogar noch mehr fehlte. Ich hatte mich auf eine ernsthafte Beziehung eingelassen, nur um zu sehen, wie sie zu Asche verbrannte. Dieser Verlust, der tiefer ging als die physische Abwesenheit von John, machte mich einsamer, als ich es je war.

Im Molto's war ich zumindest mit einigen Kollegen befreundet gewesen. Ich hatte den Job gegen die Arbeit im Columbia eingetauscht und dadurch auch dieses soziale Umfeld verloren. Meine Kollegen im Columbia waren ein wirklich abgebrühter Haufen. Es gab niemanden darunter, zu dem ich einen echten Kontakt herstellen konnte. Die Wahrheit ließ sich nicht länger verleugnen: Ich hasste meine Arbeit. Im Gesicht eines jeden Gastes, den ich bediente, sah ich einen Ausdruck grenzenlosen Elends. Die Arbeit in einer Bar und jenes altbekannte Gefühl tiefer Verzweiflung waren austauschbar geworden.

Es wurde äußerst schwer für mich, in diesem Zustand Getränke zu servieren. Ich geriet ständig über irgendwelche Dinge, die mich früher nie berührt hatten, aus der Fassung. So war es etwa bei einem betrunkenen Gast ganz normal, dass er behauptete, ich habe ihm den falschen Drink gebracht. Meistens hatte der Gast schlichtweg vergessen, was er bestellt hatte. In der Regel ignorierte ich so eine Beschwerde einfach und machte mit meiner Arbeit weiter, doch jetzt nahm ich es sehr persönlich und war jedes Mal den Tränen nahe.

Zudem hatte ich bisher nach jeder Schicht ein bestimmtes Hochgefühl empfunden, jene endorphingesteuerte Euphorie, die ich seit meiner Zeit in der Luncheonette kannte. Nach einem Abend harter Arbeit war das ein Gefühl, als hätte ich eine ganz besonders schwierige Aufgabe erfolgreich vollendet. Oder als hätte ich das Schicksal besiegt. Doch einige Wochen nach der Trennung von John stand am Ende jeder Schicht lediglich ein Gefühl der Niedergeschlagenheit. Offenbar hatte nun das Schicksal mich besiegt.

Neben der psychischen Labilität erlebte ich auch einige völlig neue physische Beschwerden. Die langen Nächte, der Zigarettenqualm und das Gedränge schienen nun an mir zu zehren. Ich war ständig erschöpft und fühlte mich elend. Allein der Anblick des einarmigen Kochs, der über seinen Zwiebelringen Marlboro rauchte, brachte mich fast zum Erbrechen.

Es war Belinda – an deren Schulter ich mich regelmäßig ausweinte –, die das Offensichtliche aussprach. »Du bist doch nicht etwa schwanger?«, fragte sie.

»Tja«, erwiderte ich, »das wäre ja nun wirklich mal was Neues.«

Belinda und ich kauften um Mitternacht in einem Supermarkt einen Schwangerschaftstest. Sie war ins Columbia gekommen und hatte, bis ich mit der Arbeit fertig war, Scotch und Milch getrunken. Das ganze Abenteuer hatte etwas Surreales an sich. Wir standen mit irgendwelchen Durchreisenden, die Dessertwein kauften, an der Kasse an, und sie brabbelte die ganze Zeit, wie aufregend das sei und was ich John sagen würde und ob ich einen Jungen oder ein Mädchen wollte …

»Das ist ohnehin nur hypothetisch, weil ich nicht glaube, dass ich schwanger bin«, sagte ich. Als die Worte über meine Lippen kamen, wusste ich plötzlich genau, dass ich schwanger war.

»Soll ich morgen früh bei dir vorbeikommen?«, fragte sie. »Dann könnte ich dabei sein, wenn du den Test machst.«

»Ach, das ist schon okay«, erwiderte ich. »Ich ruf dich an, sobald ich das Ergebnis habe.«

Am nächsten Morgen saß ich lange Zeit reglos da und sah in den Himmel, der sich von hell zu sandfarben bis hin zum dunklen metallischen Grau eines Regentages veränderte. Es war erst Dezember und bereits einer der feuchtesten Winter, an die ich mich erinnern konnte. Eine Decke um meine kalten Füße gewickelt, starrte ich dann geschlagene dreißig Minuten auf das Ergebnis des Schwangerschaftstests. Zu viele Gedanken waren auf mich eingestürmt und hatten mich lahm gelegt. Mein Kopf fühlte sich leer an wie ein flimmernder Bildschirm.

Schließlich ergriff ich das Telefon und wählte Belindas Nummer. Es war ziemlich früh für Bar-Eulen wie uns und sie meldete sich mit verschlafener Stimme.

»Es sieht ganz danach aus, als würde ich Mutter.«

7

Familiensegen

War die Arbeit im Columbia vorher schon schwierig gewesen, so wurde sie nun, nachdem ich erfahren hatte, dass ich ein Kind bekam, geradezu unerträglich. Schließlich vertraute ich mich Sherry, einer Kollegin, an und erzählte ihr, ich wisse nicht so recht, was ich tun solle. Sherry war eine rappeldürre Frau mit einem hexenhaften roten Lockenschopf. Von all meinen Mitarbeitern schien sie mir die Kompetenteste, Vitalste und Klarste zu sein. Sherry hatte mir damals auch bei meiner ersten Ein-Dollar-Nacht geholfen, indem sie mit mir vor Schichtbeginn zu den Barkeepern ging und ihnen sagte, sie sollten mit mir besonders viel Geduld haben, da ich noch nie »auf dem Fleischmarkt« gearbeitet hätte.

»Wie aufregend!«, rief sie begeistert. Sie war in meinem Alter und hatte zwei kleine Kinder, die sie ohne die Unterstützung eines Ehemanns aufzog.

»Ja, aufregend«, erwiderte ich, »allerdings bezweifle ich, dass das hier für ein heranwachsendes neues Leben die richtige Umgebung ist.«

»Ach, mach dir darüber keine Gedanken«, sagte sie und zog tief an ihrer Zigarette. »Das wirst du wunderbar hinbekommen.« Sie lächelte mich ermutigend an. »Ich möchte dir nur einen Rat geben«, fügte sie hinzu. »Lass dir bei der Geburt unbedingt eine Episiotomie machen. Die können dich dann enger zunähen, als du vorher warst. Verstehst du, was ich meine?« Sie zwinkerte mir zu, gab mir einen Knuff in die Seite und drückte ihre Zigarette aus. »Also dann, zurück an die Arbeit!«

Ich fand Sherrys Rat kein bisschen tröstlich und mit jedem Tag wurde der Geruch im Columbia – eine Mischung aus Alkohol, Fett, Zigarettenqualm und gegorenen Früchten – stärker und belastender. An manchen Abenden gab ich nur deshalb dem Drang, mich zu übergeben, nicht nach, weil der Gestank auf den Toiletten noch schlimmer war.

Seit ich wusste, dass ich schwanger war, hatte ich mir eine Kommt-Zeit-kommt-Rat-Haltung angewöhnt. Obwohl ich mit John noch nicht gesprochen hatte, schien es mir mehr als wahrscheinlich, dass ich die Elternschaft allein antreten würde. Wir hatten unsere Beziehung im Unfrieden beendet und er war an einer Aussöhnung absolut nicht interessiert. Ich war mir eigentlich sicher, dass ich in seinen Zukunftsplänen keinen Platz hatte, ganz zu schweigen von einem Kind. Angesichts all dieser Zweifel beschloss ich, ich könnte es auch ohne Johns aktive Mitwirkung schaffen. Andererseits wusste ich nicht, wie meine Familie auf die Neuigkeit reagieren würde. Und ohne ihre Unterstützung wäre ich verloren. Bei einem Familienessen brachte ich schließlich das Thema so diplomatisch wie möglich zur Sprache.

»Wisst ihr, ich glaube, es ist gut möglich, äh … Also, ich glaube, es besteht die Möglichkeit, ich könnte vielleicht schwanger sein.« Ein tiefes Schweigen senkte sich über die Runde und ich fügte hinzu: »Ich muss wissen, wie ihr darüber denkt, weil ich dann eure Hilfe benötigen werde.«

Die Reaktion meiner Familie kam spontan und unzensiert und war überwältigend positiv. Sie waren nicht nur bereit zu helfen, sie waren darüber hinaus auch begeistert über die Aussicht auf ein neues Mitglied der Familie. Niemand äußerte irgendeinen Zweifel oder Bedenken. Wie ich überhaupt dazu käme, so etwas zu fragen, wollten sie wissen. Natürlich würden sie mich zu hundert

Prozent unterstützen und wann ich es denn sicher wissen würde.

»Ich weiß es bereits«, sagte ich.

»Das dachte ich mir«, bemerkte meine Mutter.

Nach diesem Gespräch schien es mir vorerst das Beste zu sein, im Columbia so lange weiterzuarbeiten, bis man mir die Schwangerschaft ansehen würde. Wenige Schichten später wurde dieses Vorhaben jedoch vereitelt. Ich vereinbarte mit Donna ein Treffen und teilte ihr, ohne lange um den heißen Brei herumzureden, mit, ich würde ein Kind erwarten und könnte nicht mehr lange arbeiten. Zu meiner Überraschung flehte mich Donna förmlich an zu bleiben. Das sei für sie überhaupt kein Problem, argumentierte sie; ich könnte Urlaub nehmen, wenn das Baby käme, und danach könnte ich wieder an meinen Arbeitsplatz zurück. Es wäre für meine Kollegen doch sicher witzig, fuhr sie fort, wenn sie die Schwangerschaft mitverfolgen könnten. Sie sei sich sicher, dass alle mich unterstützen würden. Sie bot mir sogar an, mich von den Ein-Dollar-Nächten zu befreien und für weniger anstrengende Schichten einzutragen. Ich muss zugeben, ich geriet ernsthaft in Versuchung, bis sie plötzlich etwas sagte, das mich umdenken ließ.

»Es wird großartig werden!«, schwärmte Donna. »Du wirst wahrscheinlich doppelt so viel Umsatz machen wie vorher. Die Leute werden dir und dem Baby Trinkgeld geben.«

Schlagartig sah ich vor mir, wie ich mit meinem dicken Bauch mit Tabletts voller Drinks herumlief. Ich dachte daran, wie viel Zigarettenrauch ich passiv inhalieren würde und wie ungesund die ganze Bar-Atmosphäre war. Es war ein abstoßendes Bild.

»Tut mir Leid«, teilte ich ihr mit. »Ich kann es nicht machen.«

Für Kellnerinnen ist es während einer Schwangerschaft

besonders schwer, ihren Job zu behalten, und nicht allein deshalb, weil die körperlichen Anforderungen so groß sind. Es liegt eher an dem Verhalten – einer Mischung aus Mitleid und Empörung –, das einer schwangeren Kellnerin entgegenschlägt. Schwangerschaft passt einfach nicht in das gängige Bild von einer Kellnerin – schon gar nicht einer Kellnerin in einer Bar.

Ich habe mit zwei Frauen gearbeitet, die während ihrer Schwangerschaft in Restaurants bedienten. Keine von beiden hatte es leicht. Die Erste war eine junge ledige Mutter, deren Schwangerschaft völlig ungeplant war. Die Geschäftsführer des Restaurants waren darüber keineswegs erbaut und fragten die Frau, ob sie es nicht sinnvoller fände, in einer weniger stressigen Umgebung zu arbeiten. Fand sie nicht. Da die Geschäftsführer ihr nicht aufgrund ihrer Schwangerschaft kündigen konnten, kürzten sie ihre Arbeitszeiten und teilten sie für weniger lukrative Schichten ein. Ihre Anstrengungen, die Frau herauszuekeln, schlugen jedoch fehl. Sie blieb bis eine Woche vor der Geburt.

Die zweite Frau war verheiratet und hatte ihre Schwangerschaft geplant. Außerdem arbeitete sie bereits den Großteil ihres Erwachsenenlebens als Kellnerin und wusste um ihre Rechte als schwangere Angestellte, da sie auch während ihrer ersten Schwangerschaft in einem Restaurant gearbeitet hatte. Dennoch war die Geschäftsleitung nicht sonderlich erfreut über ihre immer üppiger werdenden Formen und wandte ein, sie würde nicht in der Lage sein, mit den Anforderungen des Jobs Schritt zu halten. Auch ihre Gäste zeigten teilweise recht unangenehme Reaktionen. Da sie eine Kellnerin offenbar als öffentlichen Besitz betrachteten, strichen Männer und Frauen gleichermaßen über den Bauch der schwangeren Kellnerin und stellten sehr persönliche Fragen, beispielsweise ob sie verheiratet sei und warum sie in einem Restaurant arbeite.

»Sie starren immer hierhin«, sagte sie und hielt ihren linken Ringfinger hoch, der aufgrund ihrer in der Schwangerschaft angeschwollenen Finger unberingt war. »Sie sehen keinen Ehering und halten mich deshalb für eine Art gefallenes Mädchen. Als wäre meine Schwangerschaft peinlich oder so. Das geht die Leute doch einen Dreck an.«

Selbst ich hatte schon Mitleid mit schwangeren Kellnerinnen verspürt, die mich bedienten. Es war mir vorgekommen, als müsste ich ihnen die Arbeit abnehmen. Und diese Erinnerung überzeugte mich letztlich davon, dass ich nicht im Columbia bleiben konnte.

Donna hatte mich gebeten, bis Neujahr durchzuarbeiten, und ich war einverstanden gewesen. In der Woche vor Weihnachten bekam ich jedoch eine üble Erkältung und war nicht mehr in der Lage, aus dem Bett hochzukommen. Ich rief Donna an und fragte, ob sie mich von einer oder zwei Schichten befreien könnte.

»Warum reden wir nicht Klartext?«, schnauzte sie mich an. »Es ist offensichtlich, dass du nicht mehr bei uns arbeiten willst.« Vermutlich hätte ich eine Spur von Reue empfinden sollen, doch ich war einfach nur erleichtert. Letztlich hatte Donna ja Recht.

Angesichts dieser neuen Entwicklung sah die nahe Zukunft ein wenig düster aus. Ich hatte jetzt keine Arbeit und für eine absehbare Zeit auch kein regelmäßiges Einkommen mehr. Mein Bürojob war vor kurzem ebenfalls zu Ende gegangen, da Hank und Tim es sich nicht länger leisten konnten, mir ein Gehalt zu zahlen. Tim hatte versprochen, er wolle mich weiterhin als freie Mitarbeiterin für die Zeitung beschäftigen, doch diese Aufträge brachten nur sehr wenig Geld.

Erschwerend kam hinzu, dass ich die Mutterschaft nicht nur ohne die Hilfe, sondern auch ohne die Anwesenheit des Kindsvaters erfahren würde. John hatte auf die Nachricht, er werde Vater, keineswegs freudig reagiert. Vielmehr hatte er mir eine Reihe von Bedingungen aufgezählt, unter denen er mir Unterstützung zukommen lassen würde. Da die meisten dieser Bedingungen die Beendigung der Schwangerschaft beinhalteten, gelangten wir sehr bald in eine Sackgasse. Es folgten Streit, Tränen und eine Menge Vorwürfe auf beiden Seiten. Das Endresultat war, dass John sowohl die Stadt als auch den Bundesstaat verließ und mir jegliche Hoffnung abhanden kam, die ich für unsere Beziehung noch gehabt hatte, ehe ich den ersten Tritt des Babys spürte.

Ich hatte keine Ahnung, was ich tun oder wo ich wohnen sollte, sobald das Baby geboren war. Es war nur eine Frage der Zeit, wie lange ich mit einem Kind in einem Ein-Zimmer-Apartment wohnen konnte, ganz abgesehen von der Tatsache, dass ich noch gar nicht wusste, wie die Apartmentverwalter reagieren würden, wenn ich ihnen einfach einen neuen Untermieter präsentierte.

Dies war der eine Aspekt. Die andere Seite der Medaille glänzte weniger. Ich hatte vielleicht kein Einkommen, doch ich besaß das Geld, das ich mir im Lauf der vergangenen Monate zusammengespart hatte. Es würde nicht ewig reichen, aber es war sehr viel besser als nichts. Wie die Sache aussah, würde ich nirgendwohin ziehen. John stand mir nicht zur Seite, dafür hatte ich aber die uneingeschränkte Hilfe meiner ganzen Familie und deren Versprechen, mich auf jedem Schritt des Weges zu begleiten. Das war keine Kleinigkeit; es war Lebensrettung pur. Und was meine bevorstehende Mutterschaft betraf, so war ich der Ansicht, dass es manche Dinge im Leben gab, über die man vorher lieber nicht allzu viel wissen sollte. Mein Mangel an Vorstellungsvermögen hinsichtlich meiner eigenen Zukunft war eine Gnade, die unbegrenzten Optimismus ermöglichte.

Zudem hatte es den Anschein, als würde es eine Art

Lösung für meine Arbeitslosigkeit geben. Mein Vater hatte mal wieder den Wunsch verspürt, in die Gastronomie einzusteigen, und ungefähr zu dem Zeitpunkt, als ich das Columbia verließ, eine Ladenfront im Nordosten von Portland gemietet. Diesmal lautete das Motto »Pizza im New Yorker Stil« und wieder wollte mein Vater ein Restaurant mit Familienbetrieb und in Familienbesitz. Nach etlichen Abstimmungen, Diskussionen und Loseziehen aus dem Hut wurde das neue Restaurant auf den Namen Peppy's getauft. Meine Schwester Maya nahm sich aus dem College eine Auszeit, um ihr kulinarisches Talent zur Verfügung zu stellen, und der Rest der Familie wollte bei Bedarf mit anpacken. Mein Vater setzte in das Peppy's die Hoffnung, dass es bald unsere ganze Familie ernähren würde. Als sich die Idee für das Peppy's noch in der Reifungsphase befand, war ich gerade vom Molto's in das Columbia übergewechselt und hatte gedacht, ich könnte nur an meinen freien Tagen aushelfen. Doch nachdem einige Wochen ins Land gezogen waren und der Aufbau unseres neuen Restaurants stetig voranschritt, wurde klar, wo ich den Großteil meiner Zeit verbringen würde.

Mein Vater hatte bei der Ausgestaltung des Peppy's eine Vision, die letztlich eine Rückbesinnung auf den altmodischen Restaurant-Typus seiner Kindheit war. Also wählten wir einen Fußbodenbelag in schwarzweiß gewürfeltem Schachbrettmuster, installierten Nischen und strichen die Wände in einem hellen Lavendelton. Es gab auch kleine Besonderheiten. Wir kauften altmodische Siphons für Limonade und Grapefruitsaft und ließen für das Frontfenster ein Neonschild anfertigen. Ich malte eine riesige Pizza an die hintere Wand, die jedem, der an der Theke etwas bestellte, sofort ins Auge springen musste. Wir mieteten sogar eine Jukebox und zwei Flipperautomaten. Die Jukebox wurde lediglich von Mitgliedern unserer Familie gefüttert und war ein kompletter Reinfall, dafür waren die Flipper ein echter Renner.

Die Gerichte waren einfach, aber originell und schmeckten genau richtig. Mein Vater war in New York aufgewachsen und sowohl Maya als auch ich hatten einen Großteil unserer Kindheit dort verlebt. Alle hatten wir unsere eigenen Erinnerungen daran, wie eine New-York-Pizza aussah, roch und schmeckte. Jeder Fan einer echten New-York-Pizza weiß, dass es nur sehr wenig Varianten gibt, die als Ersatz herhalten können. Eine saftige, käseweiche, duftende Brooklyn-Pizza, die mein Vater zu kopieren gedachte, verfügt über jenes gewisse Etwas, das sich jeder genaueren Definition entzieht. Zu diesem Zweck experimentierten Maya und mein Vater mit einer Reihe verschiedener Teige, Soßen und Käsesorten, bis sie etwas zustande brachten, das ihren Gaumen mundete. Man kann nicht unbedingt sagen, dass die Pizza im New-York-Stil damals in Portland völlig unbekannt war, aber sie war immer noch eine Neuheit. Franchise-Pizzerias und dick mit kanadischem Schinken und Ananas belegte Teigböden waren eher die allseits akzeptierte Norm. Nichtsdestotrotz waren vor kurzem einige Lokale, die Big-Apple-Pizza im Programm hatten, aus dem Boden geschossen und zogen eine ergebene Anhängerschar nach sich. Mein Vater hoffte nun auf eine ähnliche Wirkung.

Das letzte Mal hatten wir in ebendieser Konstellation in der Luncheonette zusammengearbeitet, und die Erinnerungen an jenen Sommer kamen unweigerlich hoch, als wir das Restaurant einrichteten. Doch während die Dynamik innerhalb unserer Familie relativ unverändert geblieben war, war der äußere Rahmen völlig anders. Die Luncheonette war zeitlich begrenzt gewesen. Peppy's war, wie wir hofften, von Dauer. Die Erwartungen waren, sowohl was die finanzielle als auch die emotionale

Seite betraf, weit höher gesteckt. Was mich betraf, so betrachtete ich das Peppy's nicht als Tor in ein romantisches Abenteuer, wie damals die Luncheonette. Die Schmetterlinge in meinem Bauch waren durch morgendliche Übelkeit ersetzt worden. Ich wartete noch immer auf jemanden, der mein Leben verändern würde, aber jetzt wuchs dieser Jemand in meinem Körper heran. In den Anfangszeiten von Peppy's konnte ich nicht weiterdenken. Und wollte es auch nicht.

Pizza war nur eines von Peppy's Aushängeschildern. Das andere bestand darin, dass es im Besitz einer Familie war und von dieser geführt wurde. Mein Vater meinte, wir sollten uns die Thematik rund um Familie und Traditionen auf das Banner schreiben, da dies bei den Leuten Anklang fände und sie dazu bewegen würde, ihre Pizza lieber bei uns als in der namenlosen, gesichtslosen Filiale einer Restaurantkette zu kaufen. Und so gingen wir von Tür zu Tür und stellten uns unseren Nachbarn vor, die, wie wir hofften, in naher Zukunft ihr Gewicht in Pizzas aufwiegen würden (die sie natürlich alle bei uns aßen).

Das Viertel, in dem wir uns niederließen, hatte mit seiner Vielzahl an kleinen Geschäften kein eindeutiges Profil. Auf jeden Fall hatte es sehr viel Charakter, und wie sich herausstellte, waren auch unsere Nachbarn eine recht interessante Truppe.

Unsere Nachbarn auf der einen Seite waren ein Ehepaar, das eine vietnamesische Bäckerei betrieb. Die Frau war immer in der Bäckerei und schwitzte Tag und Nacht über verschiedenen Teigkreationen. Der Mann kam und ging, lieferte Waren aus und machte die Einkäufe. Er sprach kein Wort Englisch und die Frau konnte nur ein paar Brocken. Nichtsdestotrotz war sie auf ihre Art sehr gesprächig. In der Bäckerei hielten sich immer irgendwelche Verwandten von ihr auf: junge Mädchen, Babys, kleine Jungen. Wir hatten keine Vorstellung, in welchen verwandtschaftlichen Beziehungen die verschiedenen Personen untereinander standen. Die Frau – die uns tatsächlich nie ihren Namen mitteilte – würdigte die Tatsache, dass wir ein Familienbetrieb waren. Wenn wir morgens in ihre Bäckerei kamen, um ein Baguette zum Frühstück zu kaufen, erhielten wir jedes Mal einen Kaffee auf Kosten des Hauses.

Als dann später mein »Zustand« sichtbar wurde, versuchte sie ständig, mir irgendwelches Gebäck oder merkwürdige Pasteten mit Füllungen unbestimmbarer Herkunft in die Hand zu drücken.

»Wann kommt Baby?«, fragte sie.

»Juli«, erwiderte ich.

»Gut. Du nimm. Du ess. Gut für Baby.« Ich nahm das jeweilige Gebäck, doch ich konnte es nicht essen. Und ich glaube, sie und ihre Familie empfanden ganz ähnlich in Bezug auf Pizza. Obwohl sie sehr freundlich und großzügig waren, kamen sie nie zum Essen ins Peppy's.

Unser Nachbar auf der anderen Seite war ein Schuster. Er war ein winziger Asiate, der kaum mehr Englisch sprach als die Bäckersfrau und meistens für sich blieb. In dem gesamten Zeitraum, in dem wir das Peppy's betrieben, hörten wir nur zwei Worte von ihm. Wir konnten unsere Uhren nach ihm stellen, da er jeden Tag um Punkt siebzehn Uhr in das Peppy's kam, zwei Vierteldollarmünzen auf die Theke warf und sagte: »Kleine Cola.« Er bestellte kein einziges Mal Pizza.

Auf der anderen Straßenseite befand sich ein abgeblättertes, altes Kino mit nur einer Leinwand, das sich offenbar nicht entscheiden konnte, ob es ein Avantgarde-Kino oder ein historisches Bauwerk werden sollte, um mit den zahlreichen Multiplexen konkurrieren zu können. Der Kinoleiter, Leonard, war ungekämmt und extrem griesgrämig. Als wir Pizzas speziell für Matinee-Besucher ersannen, lehnte es Leonard kategorisch ab, irgendwelche Flugblätter oder Speisekarten in der Lobby auszulegen, kam aber selbst, um die Sonderpreise auszunutzen.

Neben dem Kino war ein Blumengeschäft, das zwei Männern mittleren Alters gehörte, die beide Ben hießen. Die beiden Bens vermieden traditionelle Blumengebinde zugunsten von eher künstlerisch angehauchten Gebilden, die zwar exotisch aussahen, aber fast immer etwas Deprimierendes an sich hatten. Da wir die ansässigen Geschäfte unterstützen wollten, erstanden Maya und ich für den Geburtstag unserer Mutter ein Blumengebinde bei den Bens. »Denken Sie sich etwas aus«, sagten wir. »Es ist der Geburtstag unserer Mutter, also sollte es etwas Heiteres, Frühlingshaftes sein.«

Das Ergebnis war ein Gebinde, das aussah, als sei es aus dem Leichenschauhaus geklaut worden. Es war so grausig, dass meine Mutter bei dem Anblick tatsächlich zu lachen begann. Doch die Bens kamen wenigstens hin und wieder auf eine Pizza vorbei. Da beide Tomatensoße nicht vertrugen, kreierten wir eigens für sie eine spezielle »weiße Pizza«.

Auf der anderen Seite neben dem Theater befand sich ein Laden, der sich jeder Beschreibung entzog. Alles in diesem lagerhausartigen Raum erweckte den Eindruck, als sei es entweder von der Ladefläche eines Lastwagens heruntergefallen oder in einem Dritte-Welt-Land hergestellt worden oder beides zugleich – eine irrwitzige Ansammlung von Fernsehgeräten, Fahrrädern, Kinderwagen, Plastikbehältern, Drachen und Unmengen von grellbuntem Plastikspielzeug – jene Machart mit abnehmbaren Teilen, die bestens geeignet sind, dass Kinder sie verschlucken und daran ersticken. Der Laden hatte unregelmäßige und undurchschaubare Öffnungszeiten und das Personal wechselte mehrmals täglich. Mehrere

Monate nach unserer Eröffnung brach in dem Laden (und nur in diesem) ein Feuer aus, aber auch vorher war niemand aus dem Personal je zu uns zum Pizzaessen gekommen.

Wir richteten ein Konto bei einer Bankfiliale am Ende der Straße ein. Die Kassiererinnen, alles Frauen, machten ständig irgendeine Diät, deshalb fügten wir unserer Speisekarte diverse Salate hinzu, um uns ihren Wünschen anzupassen. Es waren sehr nette Frauen, die ein aufrichtiges Interesse an unserem Familienunternehmen hatten. Leider waren sie oft zu traumatisiert, um bei Peppy's zu Mittag zu essen. Lag es nun an der Lage oder an den laschen Sicherheitsvorkehrungen oder war es schlichtweg nur Pech, jedenfalls schien diese Bank für Bankräuber eine der beliebtesten Anlaufstellen der Gegend zu sein. Eine Bankangestellte, Rose, geschiedene Mutter zweier Teenager, hatte sogar das Pech, zweimal innerhalb von zwei Monaten in den Lauf einer Knarre starren zu müssen.

Unsere glücklichsten Nachbarn und zugleich unsere Lieblingsgäste waren Kev, Mike und Jeff, ein Trio extravaganter schwuler Friseure, die neben der Bäckerei ihren Salon betrieben. Kev war groß, kräftig und hatte eine lange gelockte Mähne. Er kleidete sich in pluderige Hemden, Stiefel und enge Hosen. Die Gesamtwirkung war eine Kreuzung aus Robin Hood und Simba, der Löwe. Sowohl meine Mutter als auch ich ließen uns regelmäßig von Kev die Haare machen und er versorgte uns mit einer aberwitzigen Geschichte nach der anderen. Kev nahm wenig Rücksicht auf Warnungen des öffentlichen Gesundheitswesens und beteuerte, er lebe sein Leben genau so, wie es seinen Vorstellungen entsprach. Er erzählte uns Geschichten über diverse Strichjungen, die er irgendwo auflas, was wir ihm nicht abnahmen, bis eines Tages einer im Salon auftauchte und anschließend im Peppy's endete, wo er eine Pizza verdrückte. Während der Stricher auf ein zusätzliches Stück wartete, bot er mir an, mich zu heiraten und meinem Baby »einen Namen« zu geben. Als ich dankend ablehnte, sagte er: »Wirklich, ich finde schwangere Frauen sehr sexy.«

Mike war, was Aussehen und Verhalten betraf, ein klein wenig zurückhaltender. Er gestand allen Ernstes, er habe ein Auge auf meinen Vater geworfen, mit dem er auch schamlos flirtete. Da er enormen Stimmungsschwankungen unterworfen war, beklagte er sich entweder bitterlich über die Welt und deren Bewohner oder er befand sich in einem Zustand Schwindel erregender Überschwänglichkeit. Wir wussten nie, in welcher Stimmung er an einem beliebigen Tag sein würde. Mikes extremes Verhalten ärgerte Kev und Kevs uneinsichtige Haltung ärgerte Mike. Die beiden kamen oft getrennt zum Mittagessen und beklagten sich übereinander.

Am Rande dieses Dramas bewegte sich Jeff, der nur an wenigen Tagen in der Woche kam, um seine Stammkunden zu verschönern. Seine Kleidung war schlicht: enges ärmelloses T-Shirt, Lederjacke, Jeans und ein Gürtel, auf dessen Schnalle das Wort QUEEN in zehn Zentimeter großen Metallbuchstaben geprägt war. Jeff redete sehr wenig, lachte viel und rauchte ununterbrochen. Alle drei waren große Fans unserer Pizzas und besuchten das Peppy's nahezu täglich. Von allen Ladenbesitzern in der Nachbarschaft waren sie unsere einzigen Stammgäste.

Die großartige Eröffnung des Peppy's führte nicht zu dem Massenansturm, den wir uns erhofft hatten. Vielmehr lief das Geschäft in den ersten Monaten ausgesprochen schleppend. Mein Vater hatte mit regelmäßigen Gästen aus der Laufkundschaft gerechnet. Es gab zwar jede Menge Laufkundschaft, aber keine, die Gewinn brachte. Ein regelmäßiger Besucher war beispielsweise ein blinder Handelsvertreter, der ungefähr jeden zweiten Tag den Kopf hereinschob und wissen wollte: »Was ist das für ein Laden?« Wenn man es ihm mitteilte, fragte er: »Möchte jemand einen handgemachten Gürtel kaufen?« Weil nie jemand Interesse zeigte, verdrückte er sich in der Regel mit den Abschiedsworten: »Ach, zum Teufel mit euch allen!«

Des Weiteren gab es ein regelmäßiges Kontingent von Nachtschwärmern, die fragten: »Wo ist diese Tittenbar?« Und dann hatten wir noch eine Unzahl von Leuten, die hereinmarschierten, zur Theke gingen, die Speisekarte studierten und schließlich fragten, ob sie die Toilette benutzen durften.

Wir begannen mit kostenlosem Lieferservice zu werben, in der Hoffnung, die Familien in der umliegenden Nachbarschaft als Kunden zu gewinnen. Maya und ich riefen sämtliche Freundinnen und Bekannte an, die wir in und um Portland herum kannten, und luden sie zum Pizzaessen ein. Ein paar wurden Stammgäste. Kurz nachdem wir eröffnet hatten, kam Belinda zum Essen vorbei und berichtete mir, dass sie in einer Bar in der Nähe ihrer Wohnung einen Job als Kellnerin und Barkeeperin bekommen habe. Der Job mache ihr großen Spaß, erzählte sie weiter, nur habe sie seltsamerweise in letzter Zeit einiges zugenommen. In der Tat passte sie, wie sie mir demonstrierte, kaum noch in ihre Jeans.

Einen Monat später rief Belinda mich an, um mir mitzuteilen, dass sie ebenfalls schwanger sei. Auch ihr Freund war über die Nachricht nicht erfreut und redete nicht mehr mit ihr. Ihr voraussichtlicher Geburtstermin war knapp zwei Monate nach meinem Termin. Wir könnten ja eine Doppel-Babyparty machen, schlug sie vor.

Nach und nach übernahm jedes Mitglied meiner Familie eine feste Rolle im Peppy's und unsere Tage verliefen nun nach einem festen Schema. Mein Vater kümmerte sich um sämtliche Bestellungen, Einkäufe und Lieferungen. Er kochte jeden Morgen frische Soßen und verbrachte Stunden mit dem Schälen von Knoblauch, dem Sautieren von Pilzen, dem Erfinden von Salaten und später auch mit der Zubereitung von Lasagne. Meine Mutter arbeitete tagsüber in einem Büro und verbrachte ihre Abende im Peppy's, wo sie meist in einer Nische herumsaß. Meine jüngste Schwester, Déja, die damals, als wir die Luncheonette hatten, noch ein Säugling gewesen war, war nun neun Jahre alt. An den Nachmittagen thronte sie meist hinter der Theke und war abwechselnd mit Flippern und mit Hausaufgaben beschäftigt. Maya bereitete eine Pizza nach der anderen zu. In den Anfangszeiten von Peppy's hatte sie ihre Kochkünste so intensiv weiterentwickelt, dass sie bald die alleinige Pizzabäckerin war. Ihre Position als die Öfen bewachende Pizza-Meisterin sollte sie während der gesamten Dauer von Peppy's beibehalten.

Die Aufgabe des Kundenservice wurde mehr oder weniger an mich verwiesen. Mit meinen Arztterminen, dem anschwellenden Bauch und den Vorbereitungen für das Baby konnte ich nicht so viel Zeit im Peppy's verbringen wie Maya oder mein Vater. Wie sich herausstellte, konnte ich auch keine Tomatensoße essen, ohne dass mir übel davon wurde, weshalb ich Pizza radikal von meinem Speiseplan strich. Und deshalb hielt ich es auch nicht für sinnvoll, mich in irgendeiner Form als Köchin zu versuchen. Abgesehen davon war ich mit meinen Kellner-Erfahrungen am besten für den Dienst an der Tisch-Front geeignet.

Jeden Morgen holten mich Maya und mein Vater von meinem Apartment ab. Wir frühstückten zusammen im Peppy's und machten Pläne für den Tag: was vorbereitet und aufgestockt werden musste oder welche Flugblätter wie gestaltet und gedruckt werden sollten. Dann bereitete Maya den Teig zu und schnitt Mozzarella. Ich ging zur

Bank, um Wechselgeld zu holen. Mein Vater schälte Knoblauch und bewegte jede halbe Stunde seinen Wagen in eine andere zeitlich begrenzte Parklücke. Wenn wenig Betrieb war und es ganz danach aussah, als würde ich die meiste Zeit nur herumsitzen, hinterließ mir mein Vater Nachrichten in der Ladenkasse.

»Der Arzt sagt, du sollst dich bewegen«, besagte so eine Nachricht beispielsweise. »PS: Wir brauchen Tomaten.«

Als die Tage wärmer und länger wurden, verbrachten wir alle viel Zeit mit Warten. Und jeder von uns fand etwas, um die Wartezeiten auszufüllen. Maya kauerte mit umgebundener Schürze vor ihren Öfen und verschlang einen Liebesroman nach dem anderen. Daneben gab sie sich ihrem Hang zu Seifenopern hin. Wenn die Soaps zwischen den Schichten, die kaum so zu nennen waren, liefen, sah ich sie mir ebenfalls an. In der Tat sahen wir so oft fern, dass ich später an meinem Sohn die Auswirkungen pränataler Einflüsse quasi aus erster Hand studieren konnte. War er nach dem Mittagessen quengelig, beruhigte er sich sofort, sobald in seiner Hörweite die Titelmelodie einer dieser Familien-Soaps ertönte. Und bis zum heutigen Tag ist Pizza eines seiner Lieblingsgerichte.

Flippern war ebenfalls ein sehr beliebter Zeitverteib und die einzelnen Familienmitglieder konkurrierten untereinander um die höchste Punktezahl. Ein Flipperautomat trug den Namen Zentaur und zeigte die Abbildung eines Wesens, halb Mensch, halb Motorrad. Während der Ball herumrollte, gab der Automat in regelmäßigen Abständen mit dämonischer Stimme von sich: »Zerstöre den Zentaur.« Ich hörte diese Worte so oft, dass sie mich bis in meine Träume verfolgten.

Doch am meisten wartete ich auf die Geburt. Eine Schwangerschaft ist für Menschen mit wenig Geduld eine große Herausforderung. Das Baby sollte Anfang Juli kommen. Bis Mitte Mai hatte ich ein halbes Dutzend Bücher über Schwangerschaft und Mutterschaft gelesen. Ich hatte eine Baby-Party bei Peppy's veranstaltet, dank deren ich nun eine Grundausstattung für das Baby besaß. Ich hatte ein Kinderbett gekauft und in meinem Apartment aufgestellt. Ich hatte einen Namen für das Baby ausgewählt, das meiner Überzeugung nach ein Junge sein würde: Blaze. Maya besuchte mit mir einen Geburtsvorbereitungskurs. Ich begann, Gespräche über das Baby mit den Worten einzuleiten: »Wenn er rauskommt …«

»Wenn er rauskommt?«, spottete Maya einmal. »Das klingt ja, als wäre er im Knast. Warum hast du es so eilig? Er soll sich doch in Ruhe entwickeln, meinst du nicht? Er wird schon rechtzeitig kommen.«

Es fiel mir sehr schwer, in diesem überreifen Stadium noch länger auszuharren. Früher waren meine Arbeitstage von Tempo und Stress bestimmt gewesen. Da war eine friedliche Schwangerschaft nicht unbedingt ein Zustand, an den ich mich leicht gewöhnen konnte.

Nach wie vor erhielt ich von Tim gelegentlich einen Auftrag für seine Zeitung und konnte mich mit Schreiben ablenken. Tim pflegte ins Peppy's zu kommen, eine Pizza zu essen und den Text, den ich geschrieben hatte, mitzunehmen. Ich erzählte ihm nie von meiner Schwangerschaft, und obwohl er manchmal direkt auf meinen Bauch starrte, machte er nie eine Bemerkung. Bis er etwa einen Monat nach der Geburt wegen eines Auftrags anrief und im Hintergrund die unmissverständlichen Geräusche eines Säuglings vernahm. »Sagen Sie, haben Sie vor kurzem ein Baby bekommen?«, fragte er.

Als ich meine Schwangerschaft nicht nur unter den wachsamen Blicken meiner Familie, sondern auch unter den Blicken unzähliger Fremder durchlebte, wurde mir wieder bewusst, wie öffentlich Restaurantarbeit ist. Vor dem Peppy's hatte ich immer gedacht, das Kellnern habe eine gewisse Anonymität. Schließlich ändert sich das Publikum, mit Ausnahme der Stammgäste, täglich. Jeder Tisch ist eine Chance, eine neue Persönlichkeit zur Schau zu stellen, falls man es wünscht, sogar eine neue Identität. Tatsächlich muss man sich als Bedienung in Szene setzen können und über ein gewisses schauspielerisches Talent verfügen. Das ist es, wofür der Gast bezahlt. Dem durchschnittlichen Gast ist es piepegal, ob man einen schlechten Tag oder Monat hat, und er will auch gar nicht darüber nachdenken. Er will ein Lächeln, ein Tänzeln, einen Hauch von Geheimnis.

Ein Kellner, den ich kannte, glich bis aufs Haar dem Schauspieler Rowan Atkinson, Mr. Bean. Er machte sich diese Ähnlichkeit, so gut es ging, zunutze. Oft kamen Gäste herein, die sagten: »Wir möchten von Mr. Bean bedient werden.«

Der Kellner gewöhnte sich kleine Eigenarten an, die er der Persönlichkeit, die er entwickelte, hinzufügte. Zum Beispiel sagte er zu seinen Gästen mitten in einer Mahlzeit: »Genießen Sie Ihr Essen. Ich gehe rasch eine Zigarette rauchen und bin gleich wieder zurück.« Später gelang es ihm, seine Trinkgelder noch weiter in die Höhe zu treiben, indem er erzählte, er sei ein alleinerziehender Vater (was zählte es schon, dass seine Tochter über einundzwanzig war und väterliche Fürsorge vermutlich nicht seine Stärke war?).

Ein anderer Kellner, mit dem ich gearbeitet habe, führte am Tisch Zaubertricks vor. Seine Taschen waren ständig mit bunten Schals und Spielkarten voll gestopft, und er holte sich seine Gerichte meistens zu spät ab, da einige Tricks recht langwierig waren.

Kellner und Kellnerinnen, die nicht aus den Vereinigten Staaten stammen, haben es in der Regel viel einfacher, eine Restaurant-Persönlichkeit zu entfalten. Ich bin immer wieder überrascht, wie leicht sich die meisten

Leute von einem ausländischen Akzent beeindrucken lassen. Immer wieder habe ich beobachtet, dass Gäste die Fehler von Bedienungen sofort entschuldigten, nur weil diese Franzosen, Italiener oder Spanier waren. Ich habe auch selbst damit experimentiert. Eines meiner »Talente« ist die Fähigkeit, die Sprechweise und den Akzent des Menschen, mit dem ich spreche, vollkommen zu übernehmen. Ein »British Accent« ist besonders einfach, ebenso ein New Yorker Näseln. Beim Bedienen hatte ich mit beiden in der Regel guten Erfolg.

Viele Jahre nachdem sie hinter der Theke von Peppy's gesessen und für ihre erste Rolle in einer Grundschulproduktion von *Der Zauberer* den Text einstudiert hatte, übte meine Schwester Déja, eine angehende Schauspielerin, an den Tischen der Restaurants, in denen sie arbeitete, für andere Rollen und entwickelte die verschiedenartigsten Charaktere. Für sie wurde das Restaurant im wahrsten Sinn des Wortes zur Bühne und jede Schicht war eine Gelegenheit für einen improvisierten Auftritt.

Im Peppy's inszenierten wir ein Stück, das unsere Familie und die ihr innewohnende Dynamik zum Inhalt hatte. Meine Schwangerschaft war fraglos ein Teil davon. Natürlich wussten alle unsere Nachbarn, dass ich ein Kind bekam, und sie schienen alle mit mir auf das große Ereignis zu warten, mitunter sogar ungeduldiger als ich. Besonders Mike schneite oft herein, musterte mich rasch und sagte dann: »Hast du das Baby immer noch nicht?«

In der Nähe von Peppy's befand sich eine High School, aus der mittags eine Horde Teenager zu uns kam. Ich wurde für die Mädchen, die ihre Pizzas aßen und meine expandierende Körpermitte beobachteten, zu einem wandelnden Warnschild. Die meisten glaubten, ich sei ebenfalls noch ein Teenager und aufgrund meiner Schwangerschaft von der Schule verwiesen worden. Oft bemerkte ich, wie sie in den Nischen die Köpfe zusammensteckten und darüber tuschelten, was mir wohl widerfahren sein könnte. Die High-School-Mädchen waren freilich nicht die Einzigen, die sich Gedanken um mich machten. Viele unserer erwachsenen Gäste, die wussten, dass das Peppy's ein Familienbetrieb war, versuchten durch nicht gerade einfühlsame Fragen die Hintergründe meiner Schwangerschaft zu ergründen.

»Wann ist es denn so weit?«

»Gehst du nach der Geburt an die Schule zurück?«

»Wo ist der Vater? Hat sich aus dem Staub gemacht, was?«

»Ihr Bauch hängt ziemlich tief – muss ein Junge sein.«

»Werden Sie Ihr Baby Peppy nennen? Ha, ha, ha.«

»Ist das Ihr erstes Kind? Da steht Ihnen etwas ganz Wunderbares bevor. Sie können sich nicht vorstellen, wie schön es ist, Kinder zu haben.«

Im Grunde störte mich weder die Aufmerksamkeit noch die Tatsache, dass mein ungeborenes Kind bei Gästen ein ebenso beliebtes Gesprächsthema war wie der Belag ihrer Pizza. In gewisser Weise vermittelte es mir sogar ein Gefühl der Gemeinschaft und Verbundenheit mit den Menschen. Vielleicht schlummert ja in jedem, der den Kellnerberuf ergreift, eine exhibitionistische Ader. Es ist jedenfalls kein Beruf für scheue Wesen.

Obwohl das Geschäft einige Monate nach der Eröffnung etwas besser lief, zog es nie richtig an. Mein Vater war enttäuscht über den Mangel an Solidarität seitens der ansässigen Läden und hatte den Eindruck, dass wir für all die Mühe, die wir in das Geschäft steckten, zu wenig Umsatz machten. Er verstand nicht, was wir falsch machten und warum die Nachbarschaft nicht positiver auf unsere Pizzeria reagiert hatte. Maya und er verbrachten mehr Stunden am Stück im Lokal als die anderen Familienmitglieder. Lief das Geschäft besonders schleppend, verfielen sie aus Langeweile oft in ein Streitgespräch.

»Wo sind die ganzen Leute?«, fing mein Vater dann an. »Es ist Samstagabend.«

»Keine Ahnung«, erwiderte Maya.

»Hattest du keine Lieferaufträge?«

»Nein.«

»Vielleicht funktioniert das Telefon nicht.«

»Das Telefon ist in Ordnung.«

»Ruf die Vermittlung an, um dich zu vergewissern, dass es funktioniert.«

»Es funktioniert.«

»Warum sitzt du dann nur rum? Warum bereitest du keine Pizzas vor?«

»Für wen? Es ist niemand da.«

»Bei der Einstellung, die du hast, wundert mich das gar nicht.«

Der »Samstagabend-Streit« wurde bald zu einem Ritual wie das tägliche Knoblauchschälen.

Mein Vater verdoppelte seine Anstrengungen, das Peppy's zu einem Publikumsmagneten zu machen. Es gehe nur darum, die Gäste zufrieden zu stellen, pflegte er zu betonen. Und so lernte ich im Peppy's einen weiteren Merksatz aus der Bibel der Gastronomie: Der Gast hat immer Recht.

Als ich als Sechzehnjährige bei Maxman's gearbeitet hatte, begriff ich eigentlich nicht, weshalb mein Vater jedes Mal mehr Fleisch auf Mrs. Zuckers Sandwich gab oder Mr. Grubmans Teller nachfüllte. Wenige Jahre später empörte ich mich darüber, dass Kellner und Kellnerinnen keinerlei Unterstützung durch die Geschäftsleitung erhielten. Es bedurfte Peppy's, damit ich verstand, wie entbehrlich Kellner und Kellnerinnen sind, da man sie mühelos ersetzen kann. Die meisten Restaurants machen sich nicht einmal die Mühe, eine Anzeige in die Zeitung zu setzen, wenn sie Personal brauchen. Ein »Aushilfe gesucht«-Schild im Fenster oder – in den größeren

Restaurants – ein gewisser Bestand an potenziellen Hilfskräften genügt in der Regel, um mehr als genug hoffnungsvolle Kellnertalente zusammenzubekommen. Der Gast indes ist nicht so leicht zu ersetzen. Manche Menschen reagieren schon auf die kleinste negative Erfahrung in einem Restaurant mit einer Flut von Beschwerdebriefen, Telefonanrufen oder gar gerichtlichen Schritten. Der unzufriedene Gast droht auch gern damit, dass er nie mehr wiederkommen und darüber hinaus all seinen Freunden erzählen werde, wie miserabel er bedient worden sei.

Für ein kleines Familienunternehmen wie das Peppy's waren unzufriedene Gäste existenzbedrohend. Trotz verschiedener Anreize – kostenloser Lieferservice, Gutscheine, Sonderangebote – war es schon schwierig genug, die Leute überhaupt zum Kommen zu bewegen.

Unser tiefgreifendes Wissen darum, weshalb der Gast immer Recht hat, bewahrte uns vor flapsigen Antworten, wenn ein potenzieller Gast fragte: »Wie groß ist Ihre Fünfunddreißig-Zentimeter-Pizza?« oder »Was für ein Belag ist auf der Käse-Pizza?« oder »Soll ich Ihnen mal erklären, wie man eine richtige Pizza zubereitet?«

Wir sagten nichts, wenn die Hälfte unserer High-School-Truppe sich ihr Essen von McDonald's mitbrachte. Immerhin aß die andere Hälfte unsere Pizzas. Wir hörten geduldig zu, wenn die Leute uns Dekorationstipps gaben, Menüvorschläge machten oder uns erklärten, wir sollten unsere Preise senken.

Im Grunde begegneten wir auf Schritt und Tritt Mrs. Zucker. Nur nahmen wir es diesmal nicht mehr so persönlich.

Anfang Juli konnte ich nicht mehr stehen, sitzen oder bequem liegen. Ich war so beschäftigt mit dem Baby in mir, dass ich unmöglich länger im Peppy's bleiben konnte. Es war der heißeste Sommer seit langem, und so schwitzte ich allein in meinem Apartment vor mich hin, während sich die Tage zäh dahinschleppten. In der letzten Juliwoche begab ich mich endlich ins Krankenhaus, um mein Kind zu gebären.

Mein Vater stellte in unser Schaufenster ein Schild mit der schlichten Aufschrift »Wegen Geburt geschlossen«. Dann kam meine ganze Familie zu mir ins Krankenhaus, unterhielt sich, aß und lief herum, während ich dreizehn Stunden lang in den Wehen lag. Ich hätte es mir nicht anders gewünscht.

Mein Sohn Blaze kam sehr früh am nächsten Morgen auf die Welt. Einige Stunden später kehrten mein Vater und Maya ins Peppy's zurück, um die Öfen anzuheizen. Doch für mich würde es nie mehr so sein wie vorher.

Blazes Geburt war kompliziert gewesen und er musste noch eine weitere Woche im Krankenhaus bleiben. Als ich ihn schließlich nach Hause brachte, war ich verblüfft über das Gefühls-Chaos, das mein neugeborenes Baby in mir auslöste. Er weinte und ich weinte mit ihm. Mir kam es vor, als wäre er wütend, dass man ihn aus seiner warmen dunklen Höhle herausgeholt hatte. Und da er eine Zeit lang in der Säuglingsstation verbracht hatte, überfiel mich bei jedem Geräusch, das er von sich gab, die Angst, es sei ein Hinweis auf irgendeine seltsame, geheimnisvolle Krankheit. Weder er noch ich schliefen. Eine Woche lang zweifelte ich an all meinen Instinkten und fürchtete, ich würde unfähig sein, ihn zu verstehen oder ihm das zu geben, was er brauchte.

Etwa eine Woche später brachte ich ihn ins Peppy's. Erschöpft und triefäugig saß ich in einer Nische nahe der Theke, neben mir Blaze, der, eingewickelt wie eine Enchilada, in seinem Autositz lag. Die Flipperautomaten schepperten. Maya belegte Pizzas. Mein Vater schälte und hackte Knoblauch. Gäste kamen und gingen. Meine Mutter hatte sich zu mir gesetzt, und wir schwärmten darüber, was für ein unglaublich niedliches Baby ich hatte. Blaze schlief friedlich. Zum ersten Mal seit seiner Geburt fühlte ich mich sicher. Hier drinnen konnte nichts Schlimmes passieren. Von diesem Zeitpunkt an fanden mein Sohn und ich zu einem gemeinsamen Rhythmus. Er wurde ein sehr zufriedenes Baby, und ich war von da an nicht nur eine Frau, die ein Kind geboren hatte, sondern ich wurde seine Mutter.

Ich verbrachte mit Blaze nur noch ein paar Wochen zu Hause, ehe ich ins Peppy's zurückkehrte, um meinen Posten hinter der Theke wieder einzunehmen. Die Nachbarn aus dem Viertel bereiteten uns einen herzlichen Empfang. Die Damen von der Bank schenkten mir einen winzigen blauen Strampler und baten mich, das Baby so oft wie möglich zu ihnen mitzubringen, damit sie es sich ansehen konnten. Kev, Mike und Jeff kamen mit einem Sack voller Spielzeug vorbei und die beiden Bens schickten Blumen. Ich war aufrichtig gerührt.

Ich nahm Blaze jeden Tag mit und behielt ihn ständig in meiner Nähe. Er hatte immer eine Tüte voller Beißringe und Spielzeug dabei, zog es aber vor, mit Pappbechern, Klebebandrollen und Verpackungen zu spielen. Am zufriedensten war er, wenn das Restaurant voll und laut und von Pizzaduft erfüllt war.

In den Monaten nach Blazes Geburt war ich völlig vernarrt in meinen Sohn und genoss meine neue Identität als Mama. Das war der leichtere Teil. Der schwierige Teil bestand in dem Wissen, dass das Leben eines anderen Menschen ganz und gar von mir abhing. Das Peppy's war, wie sich herausstellte, der perfekte Puffer. Solange ich, umgeben von meiner Familie und den klingelnden, rumpelnden Flipperautomaten, dort war, fühlte ich mich geborgen. Eine Zeit lang verspürte ich, die ich ständig voller Ungeduld auf etwas wartete, plötzlich den Wunsch, die Zeit anzuhalten und mich ganz dem erfüllenden Zustand neuer Mutterschaft hinzugeben. Und für eine kurze Weile schenkte mir das Peppy's die Möglichkeit, genau das zu tun.

Ich glaube heute, dass der Trost, den ich im Peppy's erfuhr, auf die eine oder andere Weise jedem Menschen zuteil wird, der sich in einem Restaurant aufhält, sei es nun als Gast oder als Angestellter. Ein Restaurant ist ein Ort, an dem verschiedene menschliche Grundbedürfnisse befriedigt werden, und zwar alle auf einmal. In diesen Mauern erhält man Nahrung, Obdach, Wärme. Oft trifft man auf eine familiäre Atmosphäre. Und in jedem Fall hat man viele Menschen um sich. Man ist eigentlich nie allein. Schon das vermittelt einem ein Gefühl von Sicherheit, wenn auch nur vorübergehend.

Leider war nicht jeder in meiner Familie von derselben Euphorie erfüllt, wie ich sie nach Blazes Geburt empfand. Die anfängliche Enttäuschung meines Vaters über die schlechten Umsätze hatte sich zu einem Gefühl ausgeweitet, das an Überdruss grenzte. Nach einem Jahr Laufzeit stand fest, dass das Peppy's in naher Zukunft nicht der erhoffte Knüller werden würde. Maya hatte es allmählich satt, tagein, tagaus Pizza zu backen, und alle waren wir der Ansicht, das Peppy's werde nicht gebührend gewürdigt. Mein Vater meinte, die Gegend sei zu unkultiviert für so ein Lokal und er hätte weder die Zeit noch die Ersparnisse oder die Energie, um sich weiterhin damit abzurackern. Darüber hinaus hatten meine Mutter und er allgemein die Nase voll von Portland und spielten mit dem Gedanken, nach Kalifornien zu ziehen, wo das Leben, wie sie meinten, bestimmt leichter war.

Die allgemeine Stimmung erreichte schließlich ihren absoluten Tiefpunkt, als das Peppy's an einem frostigen Herbstabend überfallen wurde. Ein magerer Dieb hielt meiner neunjährigen Schwester Déja ein Klappmesser an die Kehle und verlangte den Inhalt der Kasse. Mein Vater und Maya redeten gerade in der Küche über eine Bestellung und bekamen nichts mit. Was für ein Ort war das nur, klagte mein Vater später, in dem kleine Mädchen in Pizzerias überfallen werden? Kurz darauf schrieb er das Peppy's zum Verkauf aus. Wir alle machten uns Gedanken, was wir als Nächstes tun sollten.

Etwa um diese Zeit herum begann meine lange Freundschaft mit Belinda abzuflauen und ging schließlich völlig auseinander. Für mich entbehrte es nicht einer gewissen Ironie, dass es nach den vielen gemeinsamen Jahren, in denen wir zusammen gearbeitet und gelacht und uns die intimsten Einzelheiten unseres Lebens anvertraut hatten, ausgerechnet die Mutterschaft war – eine Erfahrung, die uns eigentlich noch enger hätte zusammenschweißen können –, die die fundamentalen Unterschiede in unseren Persönlichkeiten sichtbar machte.

Belindas Tochter, Celeste, wurde wenige Wochen nach Blaze geboren. Ich besuchte sie mit meinem Baby im Krankenhaus und wir staunten über die Tatsache, dass unsere Lebenswege derart parallel verliefen. Anfangs telefonierten wir fast täglich, verglichen Maße und Gewicht unserer Kinder und tauschten Informationen über all jene Themen aus, die frisch gebackene Mütter beschäftigen. Wir sahen einander so oft wie möglich und machten, unsere Babys in Tragegestellen vor die Brust geschnallt, Spaziergänge durch den Park.

Nach den ersten Monaten schien Belinda jedoch ihr Leben als Vollzeitmutter anzuöden. Vielleicht fand sie die Vorstellung, ein Kind zu haben, interessanter als das Kind selbst. Ihre Einstellung gegenüber ihrer Tochter erinnerte jedenfalls fatal an ihre Einstellung gegenüber ihren vielen Jobs: Sobald die erste Begeisterung abgeflaut war, ging sie zu etwas Neuem über. Mir machte Belindas Haltung ungemein zu schaffen. Ich wusste, ich war ihr gegenüber sehr kritisch, und ich hatte weder den Wunsch noch das Recht, mich als Richterin über meine Freundin zu erheben. Belinda hatte mir oft geholfen, ohne eine Gegenleistung dafür zu verlangen. Sie war sehr tolerant und großmütig. Es war mir unerträglich, negative Gefühle gegen sie zu hegen.

Wir sahen uns jetzt seltener. Teilweise ging das von mir aus, teilweise von Belinda, die wahrscheinlich mir gegenüber ein ähnliches Unbehagen empfand. Als wir uns das letzte Mal sahen, erzählte sie mir, sie und ihr Ex-Freund hätten sich einander wieder angenähert und sie habe die Hoffnung, dass sie nun doch noch heiraten würden. Er verdiene sehr viel mehr Geld, als sie anfangs gedacht habe, berichtete sie, und er mache nun auch etwas davon für das Baby locker. Und warum sollte er nicht auch für sie blechen? Schließlich habe sie ja das Baby geboren. Eine Heirat wäre jedenfalls das Beste, fuhr sie fort, und danach wolle sie mindestens noch ein Kind, besser aber zwei Kinder haben. Wir stießen mit Kräutertee auf unsere Zukunft an und sahen uns nie mehr wieder.

Jedes Mal, wenn Blaze Geburtstag hat, denke ich an Celeste und sehe die beiden in ihren blauen und rosa Häschen-Stramplern, bereit für den Spaziergang im Park. Und beinahe jedes Mal, wenn ich beim Bedienen am Tisch eine Flasche Wein entkorke, denke ich an Belinda und sende ihr einen stummen Dank für all die Hilfe, die sie mir gewährt hat. Oft frage ich mich, ob sie glücklich ist und eine Möglichkeit gefunden hat, eine innere Ruhe zu finden. Und natürlich frage ich mich, ob sie nach wie vor bedient.

Nachdem Peppy's mehrere Monate zum Verkauf angeboten worden war, fand mein Vater endlich einen potenziellen Käufer. Mein Vater hatte den genannten Verkaufspreis in der Zeitung als Verlustgeschäft für sich bezeichnet. Doch er war so erpicht darauf, das Restaurant endlich loszuwerden und nach Kalifornien zu ziehen, dass er als Dreingabe das gesamte Inventar, eine Kurzausbildung in der Kunst des Pizzabackens sowie sämtliche Rezepte anbot.

Unser Käufer war ein Mann Mitte zwanzig, der ständig unter verschiedenen Namen auftrat, wobei Bud sein Favorit zu sein schien. Er fuhr einen sehr teuren Sportwagen und kleidete sich in Seidenjacketts und enge schwarze Jeans. Er kam mit einem Freund, der mit ihm von Los Angeles nach Portland gezogen war. Die beiden wirkten hinter der Theke so fehl am Platz wie nur möglich. Als sie sich Schürzen umbanden und unter Mayas Anleitung Pizzateig anfertigten, mussten wir uns angesichts ihrer Ungeschicklichkeit das Lachen verbeißen. Wir hatten keine Ahnung, weshalb Bud und sein Partner unbedingt eine Pizzeria kaufen wollten, hüteten uns aber, danach zu fragen. Unser Erstaunen wurde noch größer, als Bud das Peppy's nicht mit einem Scheck bezahlte, sondern mit zerknautschten Zehn- und Zwanzigdollarnoten, die er in einer braunen Papiertüte anschleppte.

»Kleine Scheine, was?«, sinnierte Maya.

»Im Hinterhof ausgegraben, wie?«, spekulierte meine Mutter.

»Pst«, warnte mein Vater.

Innerhalb von zwei Wochen nach dem Verkauf packten meine Eltern ihre gesamte Habe ins Auto, einschließlich meiner drei jüngeren Geschwister, und fuhren nach Kalifornien. Wir hörten nie wieder etwas von Bud oder seinem Freund und setzten auch nie wieder einen Fuß in das Peppy's, obwohl wir uns dort achtzehn Monate lang beinahe tagtäglich aufgehalten hatten. Allerdings hörten wir, dass sich das Peppy's nur wenige Monate gehalten hatte und durch einen Videoladen ersetzt worden war, der ebenfalls nach kurzer Zeit wieder dichtmachte. Jahre später arbeitete ich in einem Restaurant mit einem Kellner, der erst vor einiger Zeit aus Portland gekommen war. Wie sich herausstellte, waren wir damals mit dem Peppy's tatsächlich unserer Zeit weit voraus gewesen. Das Viertel, das zu unserer Zeit so chaotisch und bunt gewesen war, entwickelte sich wenige Jahre später zu einem In-Viertel.

Wenige Monate vor dem Verkauf des Peppy's zog Maya bei Blaze und mir ein. Wie sich herausstellte, hatte das Hausverwalterehepaar weder gegen meinen Sohn noch gegen Maya als neue Mieter etwas einzuwenden. Vielmehr hatte das Paar seit geraumer Zeit selbst versucht, ein Kind zu bekommen. Als Blaze neun Monate alt war, zogen sie aus ihrer geräumigen, aber dunklen Drei-Zimmer-Wohnung aus und boten sie Maya und mir an. Seitdem wohnen meine Schwester und ich zusammen.

Sobald das Peppy's verkauft worden war, fand Maya einen Job in einer Bäckerei in der Nähe der Wohnung und stand fortan jeden Morgen vor Tagesanbruch auf, um alle möglichen Sorten von Teig zuzubereiten. Meine Ersparnisse waren seit langer Zeit aufgebraucht, und ich war auf dem besten Wege, beträchtliche Schulden aufzuhäufen.

Das Peppy's stellte für jedes Mitglied meiner Familie einen anderen Erfahrungswert dar. Für mich repräsentierte es eine Brücke zwischen zwei sehr unterschiedlichen Lebensphasen. Ich hatte eine neue Identität – die einer alleinerziehenden Mutter – erlangt und all meine Entscheidungen würden nun auf den Bedürfnissen eines anderen Menschen beruhen. Ich war nicht länger eine Beobachterin meines eigenen Lebens, ich war aktive Teilnehmerin. Es erstaunte mich, wie unbedeutend mir auf einmal die Probleme erschienen, die ich vor Blaze gehabt hatte. Wehleidige Krisen bezüglich meines Platzes in der Welt wirkten lächerlich im Vergleich zu der elementaren Wirklichkeit eines mitternächtlichen Fieberanfalls bei einem Baby. Blazes Gesundheit und Wohlergehen standen an erster Stelle, alles andere musste warten.

Auch das Schreiben hatte einen anderen Stellenwert erhalten.

Als John und ich uns kennen lernten, hatte er mich ermutigt, meinen Roman an die Literaturagentin zu schicken, auf deren Vortrag wir gewesen waren. Die Agentin hatte mein Manuskript zurückgeschickt, mit der Bemerkung, es verfüge über viel Kreativität, aber wenig Inhalt. Die, wie sie es ausdrückte, »erheblichen Mängel« beruhten ihrer Ansicht nach zum Großteil auf meiner Jugend und Unerfahrenheit. »Liebe, Trennung, Geburt, Armut etc.« seien jene Erfahrungen, die ich benötigte, um eine gute Geschichte zu Papier zu bringen. Obwohl es mir so vorkam, als hätte ich durch Blazes Geburt all diese Erfahrungen quasi in einem Aufwasch durchlebt, war mir absolut nicht nach Schreiben zumute.

In der Tat sollte ich fünf Jahre lang gar nichts schreiben. Das war keine bewusste Entscheidung, mehr eine Verlagerung der Prioritäten. Nun war Überleben groß geschrieben. Und was meine kreative Energie betraf, so ging sie ganz an Blaze über. Wäre ich verheiratet und finanziell abgesichert gewesen, hätte ich womöglich die Zeit gefunden, mich dem Schreiben, das immer eine Passion gewesen war, hinzugeben. Allerdings habe ich den leisen Verdacht, dass ich mich auch dann nicht anders verhalten hätte. Von den ersten Sekunden seiner Existenz an war mir bewusst, dass Blaze kein Buchprojekt war, dem ich mich sporadisch, oder wenn ich gerade in der Stimmung war, widmen konnte. Er konnte nicht auf später verschoben werden und ich konnte meine Fehler nicht redigieren. Ich konnte meine Rolle in seinem Leben niemals umschreiben. Er war in gewisser Weise meine Arbeit. Alles andere würde warten müssen.

Erneut schien die Restaurantarbeit die einzige Option

zu sein, wenn auch diesmal aus anderen Gründen. Bedienen bedeutete jetzt die Möglichkeit, mit dem geringsten Zeitaufwand die höchsten Einnahmen erzielen zu können. Mein Ziel war es, tagsüber, wenn Blaze wach war, so viel wie möglich mit ihm zusammen zu sein. Wenn ich abends arbeitete, könnte ich nicht nur diesen Vorsatz erfüllen, sondern würde außerdem mehr Geld verdienen als während der Mittagsschichten. Zudem würden Maya und ich entgegengesetzte Arbeitszeiten haben. Ich hatte das große Glück, dass sie, während ich arbeitete, nicht nur bereit, sondern glücklich war, sich um Blaze zu kümmern.

Ob aus dem Wunsch nach Vertrautem heraus oder weil ich mich vor einer langwierigen Jobsuche drücken wollte, jedenfalls packte ich Blaze ins Tragegestell und begab mich geradewegs ins Molto's. Zu meiner Enttäuschung hatte Barry das Molto's vor kurzem verlassen, um nach New York zurückzukehren. Ich konnte mir nicht vorstellen, wie das Restaurant ohne ihn weiter so gut laufen sollte. Mir fiel auf, dass Pamela geblieben war und sich von einer Mittagsschicht-Teilzeitkellnerin zu einer Abendschicht-Vollzeitkellnerin mit einer Art Geschäftsführerstatus hochgearbeitet hatte. Nahezu alle meine ehemaligen Kollegen waren inzwischen zu anderen Restaurants übergewechselt. Ich sah kaum ein vertrautes Gesicht, als ich mich an einen Tisch setzte und auf den Geschäftsführer wartete. Selbst Sonny war in unbekannte Gefilde aufgebrochen. Wes arbeitete noch hier, wie mir der Barkeeper erzählte, und hatte es zum Küchenchef gebracht.

»Er ist heute da«, teilte mir der Barkeeper mit. »Warum gehen Sie nicht in die Küche und begrüßen ihn?«

Es war für mich schon seltsam genug, in dem Restaurant zu sitzen, in dem ich so viel Zeit meines früheren Lebens verbracht hatte, doch als ich nun mit einem Baby vor der Brust durch die Flügeltür in die Küche ging, kam ich mir vor wie in einem seltsamen Traum. Wes stand hinter dem Herd und brütete über einem Rezept. Erst nach einigen Sekunden sah er auf und wurde beim Anblick von Blaze und mir etwas blass.

»Hi, Wes, wie geht's?«, fragte ich.

»Ganz gut«, erwiderte er. »Und dir?«

»Nun ja«, ich deutete auf Blaze, »er hält mich ordentlich auf Trab.«

»Ja, äh ... und wie geht's John? So heißt er doch, oder?«

»Keine Ahnung, wie es ihm geht«, sagte ich.

»Oh?«

»Lange Geschichte«, sagte ich. »Das ist übrigens Blaze.«

»Blaze. Cooler Name.« Wes kam hinter dem Herd hervor, stellte sich neben mich und betrachtete eingehend das Gesicht meines Sohnes.

»Tja, ich denke, ich werde hier wieder arbeiten«, sagte ich.

»Ja? Warum?«

»Warum nicht?«

»Stimmt, warum nicht.«

»Vielleicht könntest du bei dem Typen ein Wort für mich einlegen?«, bat ich. »Er kennt mich nicht.«

»Äh, gut. Okay.«

»Okay«, sagte ich, von einer jähen Erschöpfung befallen. »War nett, dich zu sehen. Vielleicht sehen wir uns ja bald wieder.«

»Hm«, druckste Wes herum, »wann wurde er denn geboren?«

»Ende Juli.« Allmählich dämmerte mir, was in Wes vorging.

»Oh.« Wes' konzentrierter Miene war zu entnehmen, dass er scharf nachrechnete. Schließlich lachte er erleichtert und rief: »Ein süßes Kerlchen. Herzlichen Glückwunsch!«

Wie sich herausstellte, brauchte ich Wes' Hilfe gar

nicht. Der neue Geschäftsführer engagierte mich sofort aufgrund meiner früheren Erfahrungen im Molto's und meiner Fähigkeiten, die von Pamela bestätigt wurden. Als er mir mitteilte, ich müsse mit den Mittagsschichten anfangen und mich zu den Abendschichten vortasten, erlebte ich ein Gefühl von Déjà-vu. Um meines finanziellen Überlebens willen hoffte ich, diese Phase würde nicht allzu lange dauern. Andererseits war ich beinahe erleichtert, ein paar Übungsschichten zu haben, ehe ich an die Front zurückging. Ich war tatsächlich völlig aus der Übung. Und nachdem ich ein Jahr lang nur Babysprache geredet hatte, war ich mir nicht sicher, ob ich noch in der Lage wäre, ein Gespräch mit einem Erwachsenen zu führen, auch wenn es sich nur um eine Bestellung handelte.

Meine Rückkehr ins Molto's war ein perfektes Beispiel dafür, dass es keinen Weg zurück gibt. Organisation und Speisekarte des Restaurants waren zwar unverändert geblieben, doch die Stimmung hatte sich grundlegend geändert. Zwischen den Angestellten herrschte nicht mehr jene Kameradschaft, die ich als so wohltuend empfunden hatte. Niemand sang und tanzte in der Küche. Die Bedienungen stritten um Bereiche, einzelne Tische und darum, wer als Erster nach Hause gehen konnte. Ich wurde rasch für die Abendschicht eingetragen und fühlte, wie mir von den Kellnern und Kellnerinnen, die weit länger in der Mittagsschicht gewesen waren, eine unterschwellige Feindseligkeit entgegenschlug. Abgesehen von Pamela, die sich benahm, als wäre sie die Besitzerin des Restaurants, hatte keine andere Bedienung ein Kind. So fiel ich von vornherein in die Kategorie »langweilige Mutter«, und absolut niemand hatte Interesse daran, meinen Geschichten über die alten Zeiten im Molto's zu lauschen. Ich machte meinen Job, doch ich fühlte mich unwohl und seltsam fehl am Platz. Es war, als würde ich Kleider tragen, die nicht mehr passten.

Allmählich wuchs in mir die Gewissheit, dass eine größere Veränderung anstand. Nach den vielen Jahren in Portland hatte ich es endgültig satt, ständig nasse Füße zu haben und beim Erwachen in einen grauen Himmel zu blicken. Auch unsere Souterrain-Wohnung wurde mit ihrem heimtückischen Schimmel und dem Mangel an Licht zunehmend deprimierend. Obendrein begann sich Maya darüber zu beklagen, sie würde mitten in der Nacht Schnarchgeräusche hören. Obwohl ich sie auslachte und ihre Wahrnehmungen als Halluzinationen abtat, betrachtete ich das als ein weiteres schlechtes Omen.

Meine Eltern riefen regelmäßig aus Südkalifornien an und schwärmten von der dortigen Lebensqualität. Sie erzählten uns, wie schön und wie einfach das Leben dort sei. Wir müssten unbedingt hinziehen, meinten sie. »Hier gibt es Unmengen von Restaurants«, drängte mein Vater, »und die laufen alle.«

Dennoch zögerten Maya und ich, den entscheidenden Schritt zu tun, und vertrösteten uns immer auf den nächsten Monat. Erst ein Ereigniss, das komisch und Furcht erregend zugleich war, brachte uns auf Trab.

Eines Nachts stürmte Maya um drei Uhr in mein Zimmer und kreischte: »Ich bin nicht verrückt! Da schnarcht jemand genau vor meinem Fenster! Und er wird jeden Moment zu mir hereinrollen!«

Unschlüssig, ob ich nun lachen oder weinen sollte, folgte ich Maya in ihr Zimmer und sah etwas, das mein vom Schlaf benebeltes Gehirn sich zunächst weigerte zu akzeptieren. An der einen Seite unseres Hauses befand sich ein leer stehender Parkplatz, der in einem seichten Graben in der Höhe von Mayas Fenster endete. Einer von Portlands zahlreichen Obdachlosen hatte seine nächtliche Ruhestatt in ebenjenem Graben bezogen und war in seinem betrunkenen Zustand direkt an ihr Fenster gerollt. Im Grunde hielt ihn nur die Scheibe davon ab, geradewegs in Mayas Bett zu plumpsen. Und so lehnte er laut schnarchend, die leere Flasche neben sich, an der Fensterscheibe.

»Was sollen wir tun?«, fragte mich Maya.

»Was können wir schon tun? Nichts. Er wird schon nicht hereinfallen. Hoffe ich zumindest.« Ich musste lachen.

»Pah, sehr witzig! Es ist ja auch nicht dein Zimmer. Wenn mitten in der Nacht ein Betrunkener auf dich fällt, würdest du sicher nicht mehr lachen.«

»Er ist ja nicht auf dich gefallen.«

»Ich werde bei dir schlafen«, erklärte sie, schaltete das Licht aus und schnappte sich ihre Bettdecke. »Und weißt du was?«

»Was denn?«

»Wir verschwinden von hier«, sagte Maya. »Jetzt reicht's.«

Ich musste ihr zustimmen. Nur zwei Wochen später hatten wir alles, was sich zu behalten lohnte, zu meinen Eltern geschickt und den Rest verschenkt. Ich kündigte zum letzten Mal im Molto's und knipste beim Hinausgehen noch ein paar Fotos, obwohl ich es auch so niemals vergessen würde. Wieder hatte ich meine letzte Schicht ohne großes Trara beendet. Nur wenige Stunden später stiegen Maya, Blaze und ich an Bord einer Mitternachtsmaschine nach Kalifornien und kehrten Portland ein für alle Mal den Rücken.

8

Ein Diner in Kalifornien

Diners, eher einfache Esslokale, haben in der kollektiven Vorstellung ein bestimmtes Image. Siphons. Kaffee ohne Ende. Günstige, aber sättigende Mahlzeiten. Helles Formica und rostfreier Stahl. Pinkfarben gekleidete Kellnerinnen auf Rollschuhen. Rote Kunstleder-Sitznischen. Ein Stück schlichte amerikanische Lebensart. Im warmen Schein eines Diners liegt etwas Beruhigendes, als befände man sich in einem sicheren Hafen. Diners beschwören Nostalgie, süß wie Kirschkuchen, herauf, erinnern an eine Zeit, in der manches noch einfacher war.

Es gibt natürlich auch die etwas finsterere Variante. In einer davon habe ich gearbeitet.

Als ich mit Maya und meinem einjährigen Sohn nach Kalifornien zog, bestand meine erste Unternehmung darin, mir in dem Land der Magermilch und des Wabenhonigs einen Job zu suchen. Meine Eltern hatten sich überschwänglich über die kalifornische Lebensart geäußert:

»Die Leute laufen tagsüber einfach in Shorts herum!«

»Jeder ist ständig im Urlaub – niemand arbeitet hier!«

»Strände! Sonne! Vegetarische Restaurants!«

Das Überleben schien dort jedenfalls stilvoll vonstatten zu gehen. Maya und ich rechneten damit, dass wir passable Kellnerjobs bekämen, um uns so lange über Wasser zu halten, bis wir Fuß gefasst hätten und etwas tun könnten, was unserer wahren Bestimmung entsprach. Bei Maya, die seit ihrem neunten Lebensjahr Geige spielte, hatte dieses Etwas mit Musik zu tun. Und was mich betraf, so flüsterte mir eine leise Stimme in meinem Kopf nach wie vor zu, ich solle schreiben. Irgendetwas.

Bei unserer Jobsuche gingen wir ganz simpel vor. Wir hatten ein Apartment gefunden, das nah genug am Strand lag, um uns mit einem Meerblick zu erfreuen, wenn wir die Köpfe in einem ganz bestimmten Winkel aus dem Wohnzimmerfenster streckten, und das sich in Gehweite eines bei Touristen sehr beliebten Ortes befand. Da wir ohne Wagen umgezogen waren, packte ich Blaze in seinen Buggy und spazierte mit Maya am Strand entlang in die Stadt, wobei wir unterwegs an jedem Restaurant anhielten und abwechselnd hineingingen. Sah das Restaurant eher nobel aus, wartete Maya mit dem Baby draußen, bis ich ein Bewerbungsformular ausgefüllt hatte. Da Mayas Restauranterfahrungen sich auf das Maxman's und Peppy's beschränkten, war sie sich ihrer Servierkünste nicht ganz sicher und wollte sich auch nicht durch geschönte Angaben in die gehobene Gastronomie schmuggeln, wie ich es damals bei dem Job im Klub getan hatte. Das Ergebnis war, dass ich zahllose Bewerbungsformulare ausfüllte und Maya viel Zeit mit Blaze verbrachte.

Nachdem wir einige Tage lang auf diese Weise alle möglichen Restaurants abgeklappert hatten, schauten wir auch beim Hoover's herein, einem anachronistischen Diner, das nur wenige Schritte vom azurblauen Pazifik entfernt lag. Das Restaurant war bis in die Sprenkel der Formica-Tischplatten ganz in Schattierungen von Schwarz, Pink und Meerschaumgrün gehalten. Unter Glas lagen Vollkorn-Muffins und an den Wänden hingen Drucke von Warhol. Der Gesamteindruck war eine Mischung zwischen Imbiss-Stube und Gothic-Kneipe.

Maya und ich füllten zusammen unsere Bewerbungsformulare aus, während ich mit dem Fuß Blazes Kinderwagen hin- und herschaukelte. Der Besitzer des Diner,

Adrian, schien unseren Team-Auftritt recht amüsant zu finden. Er benötige dringend Personal, sagte er, und müsse sofort jemanden einstellen. Ich wunderte mich über unser Glück und darüber, dass er nicht einmal unsere Referenzen überprüfen wollte.

»Könnt ihr Mädels Sonntagmorgen anfangen?«, fragte er.

Alles schien so einfach.

Schon nach wenigen Wochen wurde Maya und mir klar, weshalb Adrians Diner von allen Restaurants in der Stadt die höchste Personalfluktuation hatte. Wir lernten zudem einen Arbeitsstil kennen, den ich als »Guerilla-Kellnern« bezeichnen möchte. Schon bald bereiteten wir uns auf unsere Schichten vor, als würden wir in eine Schlacht ziehen. Und ein Schlachtfeld war das Hoover's allemal.

Ich wache am Sonntagmorgen um halb sechs Uhr auf und packe für Blaze eine Tasche mit Spielzeug, Windeln und Fläschchen zusammen. Er wird bei meinen Eltern bleiben, bis ich mit der Arbeit fertig bin. Ich dusche kurz und ziehe mir rasch ein pinkfarbenes T-Shirt und Shorts über. Zum ersten Mal habe ich die traditionellen schwarzen Kellnerinnen-Schuhe gegen ein Paar teurer Turnschuhe eingetauscht. Das war ein wirklich guter Kauf, denn was mir in den nächsten Stunden bevorsteht, kann tatsächlich als knallhartes Training bezeichnet werden. Ich kann Blaze nicht verlassen, ohne mich von ihm zu verabschieden, und so hole ich ihn aus seinem Kinderbett, küsse sein schlafendes Gesicht und packe ihn dann zu Maya ins Bett.

»Ich gehe«, teile ich ihr mit.

»Hmm ... okay«, murmelt sie. »Bis dann.«

Ich gehe zur Arbeit, während der Rest der Welt schläft. Mein Weg dauert zwanzig Minuten; er verläuft am Meer entlang und durch stille Straßen. Es ist noch dunkel und die salzige Luft hat etwas Schneidendes an sich. Doch dies ist Kalifornien. Bis zum Mittag werde ich schwitzen, auch wenn wir Mitte Januar haben.

Um sechs Uhr dreißig treffe ich zu meiner Schicht im Hoover's ein. Meine erste Aufgabe besteht darin, Danny aus seinem alkoholbenebelten Schlaf aufzurütteln, damit er das Restaurant aufsperrt und die Popover genannten Backwaren vorbereitet.

Das sollte ich vielleicht näher erklären: Adrian hatte ein sehr erfolgreiches Restaurant, bemühte sich aber nach Kräften, es so zu führen, dass er es in absehbarer Zeit auf dem indianischen Friedhof, auf dem es angeblich errichtet war, zu Grabe tragen konnte. Zu dem Zeitpunkt, als meine Schwester und ich eingestellt wurden, hatte er auf seinem Weg in den Ruin bereits drei Viertel der Strecke hinter sich. Es gab zwei Dinge, die das Hoover's in Gang hielten und Adrian vor dem endgültigen Aus bewahrten: ein spektakulärer Meerblick und die Popovers. Jeden Tag bereitete Adrian oder irgendein unglücklicher Koch, der gerade eingestellt war, Dutzende von Popovers zu, die zu jedem Frühstück und Mittagessen serviert wurden. An den meisten Morgen kamen die Popovers zu spät, halb verbrannt oder halb roh heraus. Mit schöner Regelmäßigkeit wurden sie dann von empörten Gästen zurückgegeben. Doch wundersamerweise kamen eben diese Gäste immer wieder, stellten sich sonntags eine Dreiviertelstunde an, um eine weitere Dreiviertelstunde am Tisch zu warten und sich etwa siebenmal Kaffee nachschenken zu lassen, bis sie ein Omelett erhielten, das nicht die bestellte, sondern eine von den jeweiligen Küchenresten abhängige Füllung enthielt und mit einem unförmigen, misslungenen Popover garniert war.

»Danny!«, rufe ich nun zum dritten Mal. »Steh auf! Danny, kannst du mich hören?«

Danny Davidson ist einer der beiden Köche, auf die Adrian als »mein international erfahrenes Küchenpersonal« verweist. Danny hat sich aus Neuseeland bis nach Südkalifornien durchgeschlagen und mit Adrian sofort eine Art faustischen Pakt geschlossen. Im Alter von zwanzig ist Danny bereits seit fünf Jahren Alkoholiker. Adrian hat seine Chance gewittert und Danny angeboten, ihn vorwiegend in Bier zu bezahlen. Danny kommt dieses Arrangement zwar ganz gelegen, andererseits hat er dadurch kaum Geld für seinen Lebensunterhalt. Großherzig hat Adrian Danny ein Zimmer neben dem Restaurant zur Verfügung gestellt, das einst als Abstellraum gedient hat. Und so ist Danny, der vor seiner Anstellung im Hoover's kaum mehr als Rühreier zustande gebracht hat, zu einer Art Vertragsdiener geworden. Er trinkt den ganzen Tag und schafft bis Feierabend etliche Sechserpackungen Bier. Bis seine nächste Schicht beginnt, befindet er sich normalerweise in einem Zustand seligen Vergessens.

Ich hämmere gegen die verschlossene Tür, bis meine Fäuste schmerzen und eine vertraute Panik in mir hochsteigt. Lag Danny, den ich gern hatte, aber dem ich nicht helfen konnte, womöglich im Koma? Ich klopfe und schreie noch einmal. Diesmal ist hinter der Tür ein gedämpftes Stöhnen zu vernehmen.

»Danny! Die Popovers! Es ist höchste Zeit – bitte!«

Die Tür öffnet sich und eine Wolke aus Alkoholdunst schlägt mir entgegen. Danny ist halb bekleidet, triefäugig, käsig. Er sieht aus wie ein menschliches Wrack.

»Wo ist Adrian, der blöde Sack?«, murmelt Danny. »Ich habe heute keine Morgenschicht.«

»Er ist nicht da«, erkläre ich verzweifelt. »Schließ bitte das Restaurant für mich auf, Danny.«

Unverständliche Flüche vor sich hin brummend, wankt Danny die Stufen zum Diner hinunter und schließt auf.

Ich muss ihn bitten, in der Vertikalen zu bleiben und mit dem Kochen zu beginnen. Das Restaurant öffnet in einer Stunde und wird dann binnen einer halben Stunde rappelvoll sein. Widerstrebend stakst Danny in die Küche und backt einen Stapel Popovers aus.

Es ist halb acht und Sheryl, die andere Bedienung, hat sich bereits eine halbe Stunde verspätet. Ich renne hektisch herum, in dem Bemühen, den Kaffee zu kochen, die Tische abzuwischen und die Gewürze aufzufüllen und in einer Reihe aufzustellen. Danny und ich werden das unmöglich rechtzeitig schaffen.

Das Telefon läutet. Ich stürze darauf zu, in der Hoffnung, es sei Adrian, der mir mitteilen will, dass er unterwegs wäre. Aber so viel Glück habe ich nicht. Es ist Sheryl und sie klingt nicht allzu froh.

»Tut mir Leid, aber ich werde heute wohl nicht kommen können«, sagt sie.

»Sheryl, bitte, es ist nicht so schlimm, dass du dich verspätet hast. Aber heute wird eine Menge los sein und wir brauchen dringend ...«

»Nein, ich schaffe es echt nicht.«

»Bist du krank?«

»Eigentlich nicht.«

»Soll dich jemand abholen?«

»Nun ja, ich bin irgendwie in Mexiko.«

»Aber in ein paar Stunden könntest du doch hier sein, oder?«

»Eher nicht. Ich bin in einer Art Knast. In Tijuana.«

Eine längere Stille tritt ein. Mein Hirn weigert sich, die Information zu verarbeiten.

»Hör zu«, fährt Sheryl fort, »kannst du Adrian Bescheid geben? Sag ihm, es täte mir wirklich Leid. Außerdem solltest du wissen, dass Frank bei mir ist. Ich meine, er ist ebenfalls im Knast, also wird er wahrscheinlich auch nicht zu seiner Schicht kommen können.«

Ich will keine Details hören und Sheryl erzählt auch keine. Im Moment interessiert mich lediglich, dass wir zwei Bedienungen zu wenig haben. Dieser Tag weist alle Anzeichen einer nahenden Katastrophe auf.

Um acht Uhr taucht Adrian auf. Er trägt ein pinkfarbenes Sweatshirt, schwarze Leggings und Slipper ohne Socken. Seine Haare sind verfilzt, sein Blick ist wirr. Er sieht aus, als hätte er seit mindestens einem Monat nicht mehr gegessen, geschlafen oder gebadet. »Cappuccino! Aber einen starken!«, bellt er mir zu und macht sich auf den Weg in die Küche.

Meine ersten Gäste sind bereits eingetroffen, zwei Stammgäste, die immer die Sonntagszeitungen mitbringen und diese, säuberlich gefaltet, eine nach der anderen lesen. Einer der beiden beobachtet Adrian und schüttelt lächelnd den Kopf. »Verrückter Kerl«, sagt er.

Ich lächle und schenke ihm Kaffee ein. »Es wird wahrscheinlich noch einige Minuten dauern, bis die Popovers fertig sind«, erkläre ich. »Wir sind heute ein wenig spät dran.«

»Und was gibt es sonst an Neuigkeiten?«, erwidert Mr. Stammgast mürrisch. »Dann werde ich eben zuerst das Omelett nehmen. Bringen Sie mir ein Popover, sobald es fertig ist. Und weil ich darauf warten muss, können Sie mir noch eins gratis dazugeben.«

Danke, Mr. Stammgast, vielen Dank. Ich freue mich, Sie zu bedienen und mir mein Ein-Dollar-siebenundfünfzig-Cent-Trinkgeld ehrlich zu verdienen. Wie leer wäre Ihr Leben, ohne die Chance auf ein Gratis-Popover für all Ihre Unannehmlichkeiten? Ich tippe das Omelett ein, bezweifle jedoch, dass sich in der Küche, aus der lautstarkes Gebrüll ertönt, irgendjemand der Bestellung annehmen wird.

»Das nennst du ein Popover?«, kreischt Adrian Danny gerade an, als ich die Küche betrete. »Das ist eine Missgeburt!« Adrian nimmt den ersten Stapel und schmeißt ihn in den Mülleimer. »So, und jetzt mach richtige Popovers!«

Mit gesenktem Blick nimmt Danny die Schelte entgegen. Er sieht aus wie das sprichwörtliche Häufchen Elend.

»Ähm, ich habe eine Bestellung für ein Omelett«, beginne ich zögernd. Adrian und Danny starren mich an, als würde ich Griechisch sprechen.

»Was sagst du zu diesem bescheuerten Kindskopf?«, sagt Adrian und deutet auf Danny. »Kriegt nicht einmal ein verdammtes Popover hin. Wo, zur Hölle, ist Oaxaca?«

Oaxaca ist der andere internationale Star, den Adrian für seine Küche angeworben hat. Es handelt sich um einen mexikanischen Staatsbürger ohne Green Card, der bei Adrian illegal beschäftigt ist und der, falls das überhaupt möglich ist, noch schlechter behandelt wird als Danny. Oaxaca, ein netter, schüchterner Bursche, der so gut wie kein Wort Englisch versteht, arbeitet täglich zwölf bis fünfzehn Stunden. Ich weiß nicht, wie viel Adrian ihm zahlt, aber ich bin mir sicher, es ist kriminell wenig. Oaxaca ist nicht sein wirklicher Name, sondern der Name seiner mexikanischen Heimatregion, doch er wird nie anders genannt – ein weiterer Versuch Adrians, ihn in seine Schranken zu weisen. Keiner von uns kennt seinen Namen, und er ist zu schüchtern, um ihn uns mitzuteilen.

Diese Art von Personalbeschaffung war übrigens bei den Möchtegern-Küchen, die ich kurz nach meinem Umzug hierher kennen lernte, gang und gäbe. Die Restaurants heuerten illegale ausländische Arbeitskräfte an, die zu lächerlich geringen Gehältern in der Küche arbeiteten. Deshalb landeten alle ausländischen Restaurants – griechisch, französisch, indisch, thailändisch – zu guter Letzt bei mexikanischen Köchen. Ein Restaurant, in dem ich später arbeitete, trieb diese Politik bis ins Extrem, stellte

Illegale ein und hob deren Gehälter minimal an, bis die Einwanderungsbehörde Wind bekam. Dann »kündigte« das Restaurant diesen Köchen, nur um sie kurz darauf mit neuen Namen und alten Gehältern wieder einzustellen.

»Ähm, Adrian? Sheryl hat aus Tijuana angerufen. Sie ist im Gefängnis. Mit Frank. Da die beiden heute nicht kommen können, dachte ich, wir könnten vielleicht jemand anderen anrufen?« Sobald ich die Nachricht weitergegeben habe, verlasse ich fluchtartig die Küche, um mir das folgende Lamento zu ersparen.

Um neun ist das Restaurant fast voll. Maya und eine andere Kellnerin, Jessie, sind eingetroffen. Maya sieht mich nur kurz an und weiß sofort Bescheid.

»Wie schlimm ist es?«, fragt sie.

»Frag lieber nicht«, erwidere ich. »Übernimm bitte Tisch zwölf, vierzehn und fünfzehn. Und an Tisch zwanzig warten sie schon seit zehn Minuten. Wie geht's Blaze?«

»Gut«, sagt sie, während sie ihre Schürze umbindet. »Mom und Dad haben heute viel mit ihm vor. Sie wollen in den Wildpark gehen.«

Ich hebe die Augenbrauen. »Da könnten sie ihn genauso gut hierher bringen und sich den Eintritt sparen«, sage ich.

Maya und ich bedienen an mindestens zehn Tischen, während Jessie schon mit zweien ihre liebe Not hat. Sie erklärt, sie sei etwas verkatert und brauche ein wenig Zeit, um in die Gänge zu kommen. Adrian stört das nicht, da Jessies Vater Trainer eines Profi-Footballteams ist. Obwohl Jessie von ihrem Vater wegen Drogen und Alkoholproblemen verstoßen wurde, glaubt Adrian, dass etwas von dessen Ruhm auch auf ihn abfärben wird, wenn er die Tochter beschäftigt. Oaxaca ist aufgetaucht und hat mit dem Kochen begonnen, doch Adrian ist in Stänkerlaune und kritisiert jedes Gericht, das aus der Küche kommt, sodass wir mit mindestens zehn Gerichten im Rückstand sind und noch immer kein einziger Popover in Sicht ist.

»Ich verstehe selbst nicht, warum ich nach wie vor hierher komme«, sagt eine Frau zu mir und wedelt empört mit ihrer diamantgeschmückten Hand. »Der Service ist dürftig und das Essen miserabel.«

Ich weiß auch nicht, warum. Gehen Sie doch in ein anderes Restaurant, möchte ich ihr sagen. Bitte. Oder gehen Sie nach Hause und kochen Sie etwas für sich und Ihre grässlichen Bälger. Doch stattdessen biete ich ihr einen kostenlosen Milchkaffee an und organisiere Stifte für ihre zwei kreischenden Kinder, was mir exakt zehn Minuten Ruhe gewährt, ehe sie erneut explodiert.

Um zehn Uhr treffen Chris und Terry als Ersatz für das Knastduo Sheryl und Frank ein. Da sie an ihrem freien Tag gekommen sind, meinen Chris und Terry, ihnen stünden die besten Tische zu, die auf der oberen Terrasse stehen und über wacklige Holzstiegen zu erreichen sind.

Während die Popovers den Launen der menschlichen Natur unterworfen sind, ist das Meer immer wunderschön. Seit meiner Zeit im Hoover's weiß ich, dass die Menschen nahezu alles tun, um sich einen Platz mit Meerblick zu sichern, auch wenn sich dieser Platz an einem schmutzigen weißen Plastiktisch befindet, der von einem altertümlichen Sonnenschirm mit Cinzano-Schriftzug überdacht und mit kaum genießbaren Speisen beladen ist.

Chris und Terry erörtern gerade ihren Standpunkt, als die Frage, wer oben auf der Terrasse bedienen soll, durch ein neues Ereignis belebt wird. Wir hören über uns ein gewaltiges Klirren und dann von den oben sitzenden Gästen ein gekeuchtes »Ooh!«. Es stellt sich heraus, dass Jessie mit einem Tablett voller Cappuccinos die Treppe hinaufgefallen ist.

»Ich glaube, ich bin kurz ohnmächtig geworden«, sagt

sie. »Es fühlt sich an, als hätte ich mir den Knöchel verrenkt. Ich kann nicht mehr laufen. Ich muss nach Hause. Oder vielleicht ins Krankenhaus.«

Auf Adrians Befehl hin verteilen wir an den Terrassentischen Gratisgetränke, um für das Trauma zu entschädigen, das die Gäste als Augenzeugen des Unfalls erlitten haben. An etlichen Tischen glaubt man, sich für die Gratisgabe, die zu prompt gekommen ist, als dass man sie hätte einfordern können, rechtfertigen zu müssen:

»Sie sollten besser dafür sorgen, dass alles aufgewischt wird. Sollte ich auf dieser Treppe ausrutschen, können Sie mit einer Anzeige rechnen.«

»Nur ein Glas? Kriege ich noch eins, wenn ich mein Frühstück nicht innerhalb der nächsten halben Stunde erhalte?«

»Ist das wirklich frisch gepresster Orangensaft? Schmeckt gar nicht danach.«

»Ich trinke keinen Sekt. Kann ich stattdessen eine Bloody Mary gratis haben?«

An den unteren Tischen bekommt man Wind von der Situation und beginnt sich bitter zu beklagen:

»He, ich warte schon seit einer halben Stunde auf meinen Toast mit zwei Eiern. Wo ist mein Gratisgetränk?«

»Was ist das für ein Laden? Gratisgetränke nur für die eine Hälfte der Gäste?«

»Holen Sie diesen Faschisten Adrian her!«

Auch die unteren Tische erhalten Gratisgetränke. Diese Art der Entschädigung kommt gut an. Genügend Gäste werden so beschwipst, dass ihnen weder die lange Wartezeit noch das stetig wachsende Chaos auffallen. Ein neues Problem taucht auf: Wir haben keinen Orangensaft mehr. Der Saftmann hat schon eine ganze Weile nichts mehr geliefert, da Adrian mit der Bezahlung mindestens zwei Monate im Rückstand ist. Uns gehen auch die Eier, der Schinken, die Würste und die Hamburger aus, weil der Fleischmann im selben Boot mit dem Saftmann sitzt. So, wie es aussieht, werden wir bis zum Mittag außer der Thunfischpaste nichts mehr aus der Speisekarte vorrätig haben.

»Sag ihnen, wir haben heute im Hoover's vegetarischen Tag«, meint Adrian ungerührt. »Schließlich sind wir hier in Kalifornien.«

Trotz des Chaos geht das Geschäft zügig weiter. Ich habe sogar Zeit, mit einigen meiner Gäste über andere Themen als über ihr verspätetes Essen zu diskutieren. Ein Mann fragt mich beispielsweise: »Was ist das für eine scheußliche Musik?«

Adrian hat zwei Endlosbänder, mit denen er ungeachtet aller Einwände das Restaurant beschallt. Auf dem einen befindet sich ein Medley aus relativ neuer Popmusik, auf dem anderen eine Sammlung von Klassikern, die eher in ein französisches Existenzialisten-Bistro passen würden. Im Moment läuft Letzteres.

»Ich glaube, das ist Eartha Kitt«, antworte ich.

»Eartha Kitt? Die Tigerin? Sie wollen mich wohl auf den Arm nehmen! Dieser Laden ...«

Ich nähere mich einem anderen Tisch und biete etwas zu trinken an. »Eines sollten Sie wissen«, schnauzt der Mann. »Als wir das letzte Mal hier waren, fanden wir es ganz fürchterlich. Das Essen war kalt und unsere Kellnerin schenkte uns keinerlei Beachtung.«

»Das tut mir Leid«, sage ich.

»Aber wir haben beschlossen«, fährt er fort, »dem Restaurant noch eine Chance zu geben. Also, was können Sie empfehlen?«

»Die Thunfischpaste ist ausgezeichnet«, teile ich ihm mit und er bestellt sie.

Ein Paar, das ich schon mehrmals bedient habe, kommt mit seinem Baby herein und setzt sich in meinen Bereich. Ein kaltes Grauen befällt mich.

»Wie geht's?«, wollen die beiden wissen. »Sie erinnern sich doch an uns, oder? Greg und Kate? Und das ist unsere kleine Annalisa. Ihr Name ist Brenda, ja?«

»Mhm«, brumme ich. Ich habe nicht die Kraft, sie zu verbessern. Zudem habe ich ihnen meinen Namen schon mindestens sechsmal gesagt.

»Ist wieder verrückt hier heute, was?« Die beiden grinsen von einem Ohr zum anderen und wären sicher maßlos enttäuscht, wenn ich jetzt Nein sagen würde.

»Ziemlich«, erwidere ich matt.

»Das dachten wir uns. Wir sind so froh, dass Sie uns heute bedienen. Sie sind so nett. Ich hoffe, die Popovers sind heute nicht so klitschig. Aber das macht uns eigentlich nichts aus. Es ist immer so witzig, hier zu essen.«

»Wie im Varieté?«, werfe ich ein.

»Ha, ha, ha, Sie sind so witzig! Sie ist witzig, stimmt's, Greg?«

»Und süß«, sagt Greg. »Brenda, wir hätten gern zwei Omeletts, aber Kate isst kein Eigelb. Glauben Sie, Sie können ihr ein Omelett nur aus Eiweiß besorgen? Wenn es zu viel Mühe macht, dann lassen Sie es, wir verstehen das. Wir wissen, dass es hier ziemlich wild zugeht. Ach, übrigens, meinen Sie, Sie können irgendein Müsli für das Baby auftreiben? Wenn nicht, kein Problem, aber sie muss etwas essen. Also wenn Sie bald etwas für sie auftreiben, wäre das wirklich toll. Aber machen Sie sich keinen Stress, wir haben es nicht so eilig. Während wir auf unser Essen warten, könnten Sie uns ja ein paar Popovers bringen, das wäre super. Ach ja, vielleicht sehen Sie mal nach, ob Sie Spargel haben. Es wäre klasse, wenn ich als Extra-Beilage Spargel bekäme, gedünstet in Olivenöl. Wir würden gern mit Kaffee beginnen, wenn Sie Zeit haben. Ich nehme einen doppelten Milchkaffee, koffeinfrei. Was hättest du gern, Kate?«

»Ach, Brenda, können Sie mir einen koffeinfreien Cappuccino mit fettarmer Milch machen?«, fragt Kate. »Magermilch wäre noch besser, aber ich weiß, das haben Sie hier wahrscheinlich nicht. Aber falls ja, wäre das ganz wunderbar! Ich liebe den Cappuccino hier, er schmeckt so gut! Außer letztes Mal, da war er etwas zu kalt. Wenn es Ihnen nicht zu viel Mühe bereitet, könnten Sie dann darauf achten, dass mein Cappuccino wirklich heiß ist? Würden Sie das für mich tun, Brenda? Ach, übrigens, wie geht es Ihrer Schwester? Wie war ihr Name noch mal? Myra, stimmt's?«

»Ihr beiden Schwestern seid so süß«, fügt Greg hinzu.

Ich hasse diese Leute.

In der Küche braut sich ein neuer Sturm zusammen. Terry stürzt zum Grill und ruft Adrian zu: »Kannst du das Omelett hier noch mal in die Pfanne geben? Die Frau sagt, es ist in der Mitte nicht durch.«

Adrian reißt das Omelett mit dem Finger auf und bohrt darin herum. »Es ist völlig durch«, sagt er. »Es ist das beste Scheißomelett, das wir je gemacht haben. Sag ihr …«

»Sie steht direkt hinter mir«, sagt Terry. In der Tat ist besagte Frau, eine Furcht einflößende Dampfwalze im Trainingsanzug, einfach in die Küche marschiert.

»Sie sind der Besitzer?«, herrscht sie Adrian an. »Ich muss Ihnen sagen, das ist das schlechteste Omelett, das ich je bekommen habe. Doch damit nicht genug.« Sie zählt ihre Beschwerden an den Fingern ab. »Es ist zu spät gekommen, ich habe keinen Orangensaft erhalten und dieser Bimbo …«, sie deutet auf Terry, »… benimmt sich unverschämt.«

Wir warten auf Adrians Reaktion. Die Zeit scheint stillzustehen. Das Stimmengewirr aus dem Restaurant verklingt zu einem fernen Summen. Langsam kommt Adrian hinter dem Grill hervor und legt einen Arm um die Frau. »Lassen Sie uns nicht hier darüber reden«, sagt er freundlich. »Gehen wir nach draußen.« Er hält ihr die mit Fliegengitter bespannte Tür auf und sobald sie die Küche verlassen hat, knallt er die Tür hinter ihr zu. »Erstens«, knurrt er, »bezeichnen Sie meine Kellnerin nicht als Bimbo. Zweitens, verschwinden Sie aus meinem Restaurant. Lernen Sie erst mal Manieren.«

Während sie sprachlos und wutschnaubend davonstapft, murmelt Adrian: »Ach, scheiß drauf! Scheiß auf alles! Schließen wir die Küche. Schließen wir das ganze Restaurant. Ich gehe raus, frische Luft schnappen.«

Er schmeißt seine Schürze auf den Boden und stürmt hinaus. Terry zuckt die Achseln und Oaxaca grinst.

»Er wird zurückkommen«, murmelt Danny verzagt und ergreift eine Bratpfanne. Oaxaca inspiziert die Kassenbelege, die der Drucker ohne Unterlass ausgespuckt hat. »Gartensalat«, sagt er, »Kartoffeln, zweimal Pancakes ...«

Um zwei Uhr tritt eine kurze Ruhepause ein. Ich nutze die Zeit, um schon einmal meinen Teil zum täglichen Putzen beizutragen. In erster Linie widme ich mich der Cappuccino-Maschine, die mittlerweile aussieht, als wäre literweise Milch darüber gespritzt und eingetrocknet. Da ich spüre, wie mich jemand von hinten anstarrt, drehe ich mich um und sehe auf der anderen Seite der Theke Dominic, der ein paar pinkfarbene Kuchenschachteln in den Händen hält.

Dominic ist die eine Hälfte von »Cake and More«, ein kleines Unternehmen, das er zusammen mit seinem Partner Ian leitet. Die beiden machen die schönsten Konditorwaren, die ich je gesehen habe. Deshalb hat Adrian, der nicht einmal seine Saftrechnungen bezahlen kann, vor kurzem beschlossen, den Käsekuchen der beiden in sein Angebot zu nehmen. Bei Dominics Anblick muss ich unwillkürlich lächeln. Denn obwohl Adrian ihn und seinen Partner als »diese Zuckerschwuchteln« bezeichnet, weiß ich, dass Dominic an diesem Sonntagnachmittag den weiten Weg zum Hoover's vor allem meinetwegen auf sich nimmt. Seit er seine Kuchen ins Hoover's bringt, läuft zwischen uns beiden ein Flirt. Ich freue mich aufrichtig, ihn zu sehen.

»Hi, wie geht's?«, begrüße ich ihn.

»Ganz gut«, sagt er. »Ich wollte die Kuchen rasch vorbeibringen. Wir arbeiten gerade an etwas Neuem, und ich dachte, du willst vielleicht etwas davon probieren.« Er öffnet eine Schachtel und zeigt mir einen kleinen runden Kuchen, der mit dunkler Schokolade überzogen und mit einer pinkfarbenen Zuckerrose verziert ist.

»Wow!«, rufe ich. »Ihr Jungs seid echt talentiert!«

»Du kannst den anderen ja auch etwas anbieten«, sagt er ein wenig nervös.

»Danke. Wie wäre es mit einem Kaffee als Entschädigung für deine Mühe?«

Dominic lächelt und nickt zustimmend. Ich mache ihm einen doppelten Espresso und krame in meiner Schürze nach Geld, damit ich seine Kuchen bezahlen kann. Im Hoover's bezahlen wir unsere Händler aus den Tageseinnahmen. Zum Glück für Dominic habe ich heute genug Umsatz gemacht, um seine Rechnung begleichen zu können. Früher oder später werden wir ihn nicht mehr auszahlen können. Doch im Moment genieße ich es noch, ihn um mich herum zu haben.

»Viel los?«, fragt er.

»Dieser Laden ist der absolute Wahnsinn. Zwei unserer Bedienungen sitzen in Tijuana im Gefängnis.«

Dominic lacht und ich berichte ihm von meinem Morgen. Eine Zeit lang scheint alles fast normal zu sein. Ich bin einfach nur eine Bedienung in einem hübschen Diner, lehne mich über die Theke, die ich gerade blank poliere, und flirte dabei mit dem gut aussehenden Kuchenmann.

Doch das kann nicht von Dauer sein.

Eine Meute hungriger, mit Sand verklebter Strandläufer poltert herein, verlangt sofortige Bedienung und möchte wissen, ob sie für den Anfang schon einmal Popovers haben können.

»Tut mir Leid«, sage ich zu Dominic, »ich muss wieder an die Arbeit.«

»Klar«, sagt er. »Danke für den Kaffee.« Er schiebt sich von der Theke weg und geht in Richtung Tür. In der letzten Sekunde bleibt er stehen und kommt zurück, diesmal hinter die Theke. »Vielleicht können wir mal was zusammen unternehmen?«, sagt er.

»Das wäre nett«, sage ich und halte kurz inne, ehe ich hinzufüge: »Ich habe ein Kind, weißt du.«

»Nein, das weiß ich nicht«, sagt er lächelnd. »Wie alt?«

»Eineinhalb.«

»Wie heißt sie?«

»Es ist ein Junge. Blaze.«

»Und wo ist Blaze heute?«, erkundigt er sich.

»Er ist bei meinen Eltern.« Mit diesen fünf Worten habe ich alles Wesentliche gesagt. Es gibt keinen Freund, keinen Ehemann. Ich bin eine ledige, alleinerziehende Mutter.

»Blaze kann ja mit uns kommen«, sagt Dominic. Ach ja, die Balzrituale der Neuzeit, denke ich mir.

»Ruf mich doch einfach an«, sage ich, kritzle meine Telefonnummer auf eine Papierserviette und reiche sie ihm.

»Okay, gut«, sagt er und ist in der nächsten Sekunde fort. Als ich mich auf den Weg in die Küche mache, rennt Terry in mich hinein, die um eine der vielen unübersichtlichen Ecken des Hoover's biegt. Dummerweise trägt Terry gerade eine Kanne mit kochend heißem Kaffee, der sich zur Hälfte über mich ergießt und mir, noch dampfend, in den Ausschnitt rinnt.

»Oh, entschuldige«, stammelt sie, als ich vor Schmerzen aufheule. »Ich habe dich nicht gesehen.«

Die nächsten dreißig Minuten verbringe ich damit, den brennenden Schmerz auf meiner Brust mit eiskalten, nassen Handtüchern zu lindern. Nicht, dass man deshalb Mitleid an mich verschwenden würde. Terry behauptet, *ich* sei in *sie* hineingelaufen und mimt obendrein die Empörte. Ich putze noch fertig und kassiere meine letzten Tische ab. Mein Enthusiasmus für Dominic manifestiert sich in klingender Münze, da es mir gelingt, mehrere Stücke seines Käsekirschkuchens an die späten Mittagesser zu verkaufen.

Um halb vier hat der Besucherandrang deutlich abgenommen, sodass ich getrost gehen kann. Auf meiner Schürze entdecke ich mindestens vier verschiedene Essensflecke und meine Beine drohen jeden Moment zusammenzuklappen. Ich bin acht Stunden ununterbrochen in Bewegung gewesen. Ich mache meine Abrechnung fertig und bringe sie zu Adrians Büro hinauf. Dort hat sich Adrian seit zwei Stunden verschanzt. Schweigend starrt er vor sich hin, als ich Abrechnung und Belege in die Pappschachtel neben der Tür werfe.

Unten werde ich zu meiner Überraschung bereits von meinen Eltern und Blaze erwartet. »Wir dachten, wir setzen ihn gleich hier ab«, sagt meine Mutter. »Dann kannst du mit ihm noch einen schönen Spaziergang nach Hause machen.« Sie überreicht mir Blazes Kinderwagen und die Windeltüte. »Du siehst erschöpft aus. Langen Tag gehabt?«

»Du kannst es dir nicht vorstellen«, sage ich und packe Blaze in seinen Wagen. »An, an, an«, sagt er, was ich als »Hi, Mom, lass uns heimgehen« interpretiere.

Auf dem Weg nach draußen komme ich an Danny vorbei, der vor der Küche sitzt und seine erste Pause an diesem Tag mit einem Bier begießt. Oaxaca versucht, eingetrocknete, festgetretene Popovers vom Küchenboden zu kratzen.

»Na, sieh mal einer den Knirps an«, sagt Danny und lächelt Blaze zu. »Er ist wirklich süß. Hey, Sportsfreund!«

»An, an, an«, antwortet Blaze.

»Gehst du heim?«, fragt mich Danny.

»Ja, wenn ich es noch bis dorthin schaffe.«

»Weißt du«, sagt er, »ich hätte auch gern irgendwann einen Sohn.«

»Warum?«

»Weil ich ihn dann Harley nennen könnte.«

»Harley? Ist das ein Familienname?«

»Nein, aber dann wäre sein Name Harley Davidson. Ist das nicht ein toller Name für einen Jungen?«

»Schönen Abend noch, Danny.«

Als ich zu Hause ankomme, bin ich zu müde, um über die Rätsel des heutigen Tages nachzusinnen. Zum Beispiel, warum die Leute immer wieder ins Hoover's zurückkehren. Oder warum Danny und Oaxaca nicht mit dem Küchenmesser auf Adrian losgehen. Oder wie lange ich noch in diesem Restaurant arbeiten kann, ehe ich einen Nervenzusammenbruch erleide. Zwei Dinge weiß ich jedoch sicher: Erstens, ich habe morgen frei. Ich werde mit Blaze auf einen Spielplatz am Strand gehen und ihn auf der Schaukel anschubsen, während er auf das Meer hinaussieht. Auf dem Heimweg werde ich irgendwo einkehren und für mich einen Cappuccino und für Blaze einen Apfelsaft bestellen. Es wird warm und sonnig sein, das Leben wunderbar. Zweitens, habe ich heute einhundertfünfzig Dollar gemacht. Ob das Geld all die Mühe wert ist, ist eine Frage, der ich mich morgen widmen werde oder sobald ich meinen schmerzenden Körper vom Sofa bewegen kann.

Maya kommt um halb sechs und fällt sofort auf das andere Sofa. »Ich will gar nicht daran denken, dass ich morgen früh schon wieder dorthin muss«, sagt sie.

»Wie war es noch?«, frage ich.

»Nicht besonders. Als ich gegangen bin, hat Adrian Danny und Oaxaca mal wieder über die Kunst der Popover-Zubereitung belehrt. Wahrscheinlich verbringen sie die ganze Nacht in der Küche. Oaxaca hat seinen Bus verpasst und Danny sah aus, als hätte er schon reichlich Bier intus.«

»Wie viel hast du verdient?«

»Hundert. Und du?«

»Hundertfünfzig.«

»Nicht schlecht«, sagt sie. »Was wollen wir heute Abend essen?«

Ich hielt sechs Monate im Hoover's durch. Die letzten Wochen waren ziemlich hart. Adrian stoppte sämtliche Zahlungen, auch die an sein Personal. Da unsere Gehaltsschecks regelmäßig an den Zahltagen platzten und dies natürlich ungemein motivierend war, mussten wir den Betrag von den Einnahmen abzwacken, um irgendwie an unseren Lohn zu kommen. Der Muffin- und Doughnutmann hatte nicht so viel Glück. Er kam nicht mehr und hinterließ nur folgenden Erlass: »Richten Sie Adrian aus, er soll mich auszahlen, sonst komme ich her und breche ihm beide Beine.«

Adrian erzeugte auch bei seinen anderen Lieferanten eine derart ungezügelte Feindseligkeit, dass viele von uns tatsächlich um sein Leben zu fürchten begannen. Maya wurde von der Angst geplagt, sie könnte eines Morgens eintreffen und Adrians Leiche im Müllcontainer vorfinden. Daher betrat sie immer erst dann den hinteren Teil des Restaurants, wenn sie Adrian leibhaftig durch die Vordertür hereinkommen sah.

Dem armen Danny gelang es, genügend Geld zusammenzukratzen, um nach Neuseeland zurückzukehren. Vor seiner Abreise luden Maya und ich ihn zu uns zum Essen ein. Er erschien mit einer Flasche Wein und zwei

Türkisketten, eine für Maya und eine für mich. »Ihr Mädchen seid so freundlich zu mir gewesen«, sagte er, »und ich weiß, wie schwierig die Zusammenarbeit mit mir sein kann. Ich kann euch gar nicht genug danken.«

Ich wusste nicht, ob ich es schlimmer fand, dass Danny so eine niedrige Meinung von sich hatte, oder dass er außer unserem Apartment nichts anderes von den Vereinigten Staaten gesehen hatte als die Küche des Hoover's.

Oaxaca, dessen Name sich als Francesco herausstellte, schuftete mehrere Monate lang wie ein Galeerensklave, ehe er schließlich das Handtuch schmiss und kündigte. Jahre später traf ich ihn wieder in einem anderen Restaurant, in dem er als Hilfskellner eingestellt war. Wir begrüßten einander wie Überlebende eines besonders hässlichen Unfalls. Leider schien Francesco durch seine Erfahrungen im Hoover's dauerhaft traumatisiert worden zu sein. Er hatte seinen Schwung verloren, lief wie benommen durch das Restaurant, verschüttete Kaffee und kam zu spät. Nach wenigen Wochen kündigte er. Er war es einfach nicht gewöhnt, dass man ihn gut behandelte.

Wie ich es vorhergesehen hatte, stornierte Adrian sehr bald die Kuchenbestellungen bei Dominic. Dafür machte Dominic sein Versprechen wahr und rief mich an, um sich mit mir zu verabreden. Schließlich waren wir dann fast ein ganzes Jahr lang zusammen. Dominic verfügte über etliche Talente. Er war ein harter Arbeiter und ein guter Geschäftsmann – und seine Linzer Torte war schlichtweg ein Gedicht. Daneben war er, was Frauen betraf, leider ausgesprochen altmodisch und hing einem traditionellen Rollendenken an, das eindeutig an Sexismus grenzte. Diese Haltung führte ihn auch zu der Annahme, es sei mein dringlichster Wunsch, Blaze einen Vater zu beschaffen. Dominic war der erste Mann, mit dem ich nach

John eine Beziehung einging. Aber da ich nicht einmal wusste, ob er für mich der Richtige war, wie hätte ich da für meinen Sohn entscheiden können? Jedenfalls war ich nicht willens, ihm Blaze als Versuchskaninchen zu überlassen, damit er an ihm schon einmal die Vaterrolle einstudierte.

»Er ist zwei Jahre alt«, dozierte Dominic. »Er sollte keine Flasche mehr brauchen. Du musst jetzt mit der Sauberkeitserziehung beginnen. Warum gibst du ihn nicht in eine Tagesstätte?«

Es war für mich ein raues Erwachen im Hinblick auf meine Lage als alleinerziehende Mutter und gleichzeitig ein Fingerzeig, in Zukunft ähnliche Situationen zu vermeiden. Diese Erfahrung war letztlich wohl ausschlaggebend dafür, dass ich lange Zeit keine ernstere Beziehung mehr einging.

Als er mich kennen lernte, projizierte Dominic wahrscheinlich das Bild einer Kellnerin auf mich, wie er sie in seiner Phantasie vor sich sah: ein armes Arbeitermädchen, das sich abstrampelt, um ihr Kind großzuziehen, und verzweifelt auf einen Mann hofft, der ihr alle Sorgen abnimmt. Ich konnte ihm diese Vorstellung im Grunde nicht allzu sehr verübeln. Eine kurze Zeit glaubte ich tatsächlich, ich sei diese Kellnerin. Doch ich hatte schon viel zu lange mein Leben selbst in die Hand genommen, um noch zu jenem »armen Mädchen« zu werden, nach dem Dominic suchte. Offenbar war alles, was im Hoover's begann, von vornherein zum Scheitern verurteilt.

Nachdem der für den Bezirk zuständige Sheriff aufgetaucht war, um für die Schuldner das Geld einzutreiben, schaffte es Adrian – durch Zauberkraft, wie wir annahmen –, das Hoover's zu verkaufen. Der unverhoffte Käufer hatte keine Ahnung von dem Fluch, der auf dem Restaurant lastete, und eliminierte obendrein Popovers aus der Speisekarte. Schließlich beschuldigte er Adrian, die Bücher gefälscht zu haben, und als Adrian sich weigerte, den Kauf rückgängig zu machen, kam es zwischen den beiden Männern zu Handgreiflichkeiten. Adrian verklagte den Käufer wegen tätlichen Angriffs und erhielt eine Abfindung. Auch ihn traf ich Jahre später in einem Restaurant wieder, in dem ich arbeitete, und er bestand darauf, dass ich ihn bediente.

»Hey!«, brüllte er scheinbar betrunken, obwohl er gar nicht betrunken, sondern nur total durchgeknallt war. »Sehen Sie diese Frau?« Er zeigte auf mich. »Alles, was sie kann, habe ich ihr beigebracht!«

»Kennen Sie diesen Kerl etwa?«, fragte mich der Geschäftsführer ungläubig, als ich peinlich berührt den Kopf senkte.

»Ich habe mal für ihn gearbeitet«, erklärte ich.

»Dann bin ich ja erleichtert«, erwiderte der Geschäftsführer. »So, wie er mit Ihnen geredet hat, dachte ich schon, sie beide wären einmal ein Paar gewesen.«

Das Hoover's behielt noch eine Zeit lang seine Aura von Wahnsinn und Drama bei, die die Gäste in ihren Bann zog. Doch ohne Adrians ganz speziellen Irrsinn verlor das Restaurant an Atmosphäre und konnte sich auf Dauer nicht halten. Heute befindet sich an dieser Stelle ein nobles Fischrestaurant.

Was mich betrifft, so sprang ich bei der ersten sich bietenden Gelegenheit vom sinkenden Schiff. Ich hielt Kurs auf ein neues italienisches Restaurant, dem ein hervorragender Ruf und die Aussicht auf guten Umsatz vorauseilte. Paradoxerweise war es Adrian, der mich auf dieses Restaurant hinwies, als es sich noch im Bau befand.

»Schon gehört?«, fragte er eines Morgens. »Da soll so ein großer italienischer Fresstempel aufmachen. Die wollen richtig absahnen. Na, die werden sich noch umsehen! In dieser verfluchten Stadt werden sie es nie schaffen. Nicht bei den Unkosten!«

Fest entschlossen, der Hölle namens Hoover's zu entfliehen, stiegen Maya und ich über Bauschutt und Brocken aus rosafarbenem italienischem Marmor, um in dem neuen Restaurant vorstellig zu werden. Erneut gingen wir die Sache in Teamarbeit an, indem jeweils eine von uns das Bewerbungsgespräch führte, während die andere mit Blaze draußen wartete. Ich merkte sofort: Diese Leute meinten es ernst. Es gab vier verschiedene Geschäftsführer, die die Bewerbungsgespräche führten und unsere Kenntnisse über Weine, gute Küche und italienisches Essen hinterfragten. Sie sprachen von Team, Expansion und Chance. Es klang ein wenig so, als wollten sie nicht nur ein Restaurant eröffnen, sondern den ganzen Planeten übernehmen, doch das störte mich nicht. Ich wollte einfach nur eingestellt werden.

Es gab noch ein zweites Vorstellungsgespräch und danach ein drittes. All meine Referenzen wurden genauestens überprüft. Als ich die Hoffnung schon beinahe aufgegeben hatte, erhielt ich schließlich einen Anruf, in dem man mich einlud, »unserem Team im Baciare« beizutreten. Vor der Eröffnung des Restaurants werde es eine Ausbildungs- und Probezeit von drei Wochen geben und ob ich denn bitte morgen früh um zehn Uhr erscheinen könnte, damit die Papiere unterzeichnet werden könnten? Ich sagte, ich käme mit dem größten Vergnügen.

Meine Schwester wurde nicht eingestellt, da sie, wie man ihr mitteilte, zu wenig Erfahrung habe. Es war ihr Schicksal, weitere schreckliche neun Monate im Hoover's zu erleiden, ehe sie endlich erlöst wurde.

Obwohl die Arbeit im Hoover's viel psychische Energie beansprucht hat, blicke ich voll Heiterkeit, ja, sogar voller Zuneigung auf diese Zeit zurück. Es lag etwas fast schon Sinnliches in dem Wahnsinn. Darüber hinaus lernte ich im Hoover's eine Menge über Psychologie und Krisenbewältigung – Lektionen, die mir später zugute kommen sollten, und zwar in allen Lebensbereichen. Und dann gab mir das Hoover's die Möglichkeit, an einem neuen Ort, mit einem kleinen Kind und einem neuen Leben ganz von vorn zu beginnen. Maya und ich verdienten dort genug Geld, um uns einen Wagen, ein paar Möbel und ein wenig Seelenfrieden leisten zu können.

Das Hoover's hatte noch einen anderen Vorzug. Jeden Tag ging ich mindestens einmal vor das Restaurant und blickte auf das Meer hinaus, das zum Greifen nah war. Und auch von innen bildeten die irrwitzigen pinkfarbenen und grünen Linien des Hoover's einen perfekten Rahmen um den Horizont, ob es draußen nun sonnig oder stürmisch, blau oder grau war. Fügte man dieser Palette noch eine lächelnde Kellnerin und das Aroma von Popovers und frischem Kaffee hinzu, so wirkte das Hoover's für einen kurzen Augenblick fast wie ein kleines Stück vom Paradies. Und deshalb war das Hoover's auch immer so gut besucht. Trotz der finsteren Dinge, die hinter der pastellfarbenen Fassade vor sich gingen.

Ein Diner ist nun mal etwas Besonderes.

9

Essen und Sex

Vor einigen Jahren lieh ich mir mit einem Kellner-Freund nach einer Schicht einen Videofilm aus, den wir uns bei mir zu Hause ansahen. Wir hatten uns für den Film *Der Koch, der Dieb, seine Frau und ihr Liebhaber* entschieden. Mein Freund und ich machten es uns auf dem Sofa bequem und richteten uns auf einen gemütlichen Video-Abend ein. Im Verlauf der folgenden Stunde ertappten wir uns dabei, wie wir immer näher an das Fernsehgerät heranrückten und mit offenen Mündern über die Szenen staunten, die sich da vor unseren Augen abspielten.

Die sehr detailliert gefilmte Geschichte handelt von Leuten in einem piekfeinen Restaurant. Es gibt Szenen über Gier und Essen, über Rache und Essen, Gewalt und Essen. Am überzeugendsten sind freilich die Szenen über jene quälendste aller Kombinationen: Sex und Essen. Es gibt Sex in der Küche, Sex auf der Toilette, Sex am Tisch. Obwohl der Film satirisch war, dachten wir beide dasselbe: Hatten die Filmemacher das Restaurant besucht, in dem wir beide arbeiteten? Es musste so sein, anders war das nicht vorstellbar.

»Soll ich dir mal was erzählen?«, sagte mein Freund mit dem feierlichen Ernst, der ein gewichtiges Geständnis einleitet. »Ich hatte Sex auf Tisch fünfzig.«

»Direkt auf dem Tisch?«, fragte ich.

»Direkt auf dem Tisch.«

»Und?«

»Na ja, der Sex war nicht so toll, etwas zu hastig. Aber seitdem fällt mir die Arbeit sehr viel leichter.«

»Wie kommt das?«, fragte ich.

»Jedes Mal, wenn ich jemanden an diesem Tisch sitzen sehe, fällt mir wieder ein, was dort passiert ist. Und diese Leute haben keine Ahnung davon. Einfach nur das zu wissen und mich daran zu erinnern, versüßt mir die Arbeit – wenn du verstehst, was ich meine.«

Ich dachte eine Weile nach und fragte dann: »Und mit wem hattest du Sex auf Tisch fünfzig?«

»Tja«, grinste er, »das kann ich dir nicht verraten.«

Mit wenigen Ausnahmen sind die Restaurants, in denen ich im Lauf der Jahre gearbeitet habe, allesamt Brutstätten für amouröse Beziehungen gewesen. Es scheint eine Art chemische Reaktion abzulaufen, wenn Menschen in einem geschlossenen Raum Essen, Alkohol und Hitze ausgesetzt sind. Da wird nicht nur der Gaumen stimuliert. Der Lockruf der Natur ertönt in einem Restaurant oft lauter als anderswo und wird sowohl von jenen vernommen, die an den Tischen sitzen, als auch von jenen, die an diesen Tischen bedienen. Einer der amüsantesten Aspekte des Kellnerns bestand für mich immer darin, die parallel ablaufenden Balzrituale des Personals und der Gäste zu beobachten. Das Zusammentreffen dieser elementaren Triebe erzeugt Dramen ersten Ranges und die aberwitzigsten Komödien. Es ist eine unwiderstehliche Kombination.

Bei Paaren, die sich zu einem Rendezvous im Restaurant verabredet haben, kann man mit einem mehr oder weniger ausgeprägten Liebesgetändel rechnen. Jene Paare, die nach dem Essen sofort Kurs auf das Schlafzimmer nehmen werden, sind auf einen Blick auszumachen. Sie halten Händchen am Tisch, küssen sich über ihre Vorspeisen hinweg, flüstern sich gegenseitig ins Ohr. Kellner und Kellnerinnen sind darin geübt, die Körpersprache genauso deutlich zu verstehen wie das gesprochene Wort.

Allein aus den Details – wie nah ein Paar zusammensitzt, wie er ihren Arm berührt und ihr den Stuhl zurückschiebt, wie sie ihn mit kleinen Bissen Schokoladenkuchen füttert und (ein ganz besonders zuverlässiger Hinweis) wie wenig sie von ihren Speisen isst – können wir sofort erkennen, welchen Verlauf der Abend nehmen wird. So wird beispielsweise ein Paar, das sich noch am Anfang der Beziehung befindet, darauf achten, dass sie entweder beide Knoblauch essen oder Gerichte ohne Knoblauch bestellen. Daneben gibt es so aufschlussreiche Fragen wie: »Hat das viele Knochen?« Kein Mensch möchte schließlich beim Abnagen von Hühnerknochen beobachtet werden, wenn er vorhat, sich anschließend vor einem mehr oder weniger fremden Menschen nackt auszuziehen.

Es gibt aber auch ganz unverblümte Varianten. So rief einmal ein Mann den Kellner zu sich und sagte, auf seine Begleiterin deutend: »Sie meint, sie wird mit mir ins Bett gehen, wenn ich sie betrunken genug mache. Also her mit der Getränkekarte.«

Und eine Frau, die von ihrem Ehemann während des Dinners Perlenohrringe und eine Perlenkette erhielt, rief mit lauter Stimme: »Dafür kriegst du heute Abend einen geblasen, Schatz!«

Zwangsläufig gibt es auch jene Paare, die die Bedienung für ihre privaten Machtspielchen benutzen. Mehrmals hatte ich das Pech, an einem Tisch zu bedienen, wo der Mann betont mit mir flirtete, und zwar einzig und allein zu dem Zweck, seine Partnerin zu ärgern. Die erwünschte Wirkung wird in solchen Fällen fast immer erzielt. So sagte zum Beispiel einmal eine Ehefrau zu mir, nachdem sich ihr Mann nacheinander über meine Augen, Haare und Figur ausgelassen hatte: »Nehmen Sie ihn nicht ernst, meine Liebe, es hat nichts mit Ihnen zu tun. Er versucht nur, mich fertig zu machen.« An ihren

Ehemann gewandt, fügte sie hinzu: »Warum lässt du diese arme Frau nicht in Ruhe?«

Ihr bitterer Ton und ihre abwehrende Körperhaltung verrieten mir allerdings, dass sie mich keineswegs für eine »arme Frau« hielt. In solchen Situationen kann eine Kellnerin nur hoffen, dass sich das Paar nicht während der Mahlzeiten wieder versöhnt. Denn wenn das eintritt, wird die Kellnerin sofort zur gemeinsamen Feindin.

Natürlich sind Flirts nicht auf männliche Gäste und Kellnerinnen begrenzt. Es gibt genügend weibliche Gäste, die ihren Begleitern den Laufpass geben und den Kellnern ihre Telefonnummer hinterlassen. Und generell haben Kellner, die weibliche Gäste anbaggern, mehr Glück als männliche Gäste, die Kellnerinnen anbaggern. Ein Kellner-Freund – und all seine männlichen Kollegen – hatten, als sie in einem kleinen italienischen Restaurant in Alaska arbeiteten, großen Erfolg mit folgendem Trick: Wenn mein Freund an einem Tisch bediente, der ausschließlich von Frauen besetzt war, bot er jeder Frau, die ein Korselett trug und auch bereit war, dies zu beweisen, ein Gratis-Essen an. Wie mein Freund behauptete, knöpfte daraufhin immer irgendeine Frau ihre Bluse auf, zeigte ihre Unterwäsche und aß dafür umsonst. Auf diese Weise bekam mein Freund im Lauf von sechs Monaten Einblick in eine Menge Dekolletés, bis er dann an einem Tisch, an dem Mutter und Tochter saßen, mit dieser Masche ziemlich schlecht ankam.

Doch dies gehört zur eher leichten Kost auf dem amourösen Menüplan. Mitunter kann die Leidenschaft nicht mehr gezügelt werden und, überwältigt von ihrer Lust oder ihrem Exhibitionismus, überschreiten Paare in einem Restaurant alle konventionellen Grenzen und finden eine Möglichkeit, ihr Verlangen am, unter oder neben dem Tisch zu stillen. Ich habe zahlreiche Beispiele für diese

Art von zwischenmenschlicher Begegnung miterlebt, doch zwei davon sind besonders bezeichnend.

Der erste Zwischenfall ereignete sich an einem schwülen Sommerabend. Ich bediente ein Paar, das auf der Terrasse in einem eher dunklen Bereich saß. Ich hatte bereits die Getränke serviert und näherte mich nun dem Tisch, um die Essensbestellung aufzunehmen. Die männliche Hälfte des Paares wirkte etwas erhitzt, als ich auftauchte. Die Frau, die neben ihm saß, hatte eine Hand unter der Tischdecke und hielt in der anderen nachlässig ein Glas Wein. Auf ihrem Gesicht lag ein laszives Lächeln.

»Haben Sie noch Fragen zur Speisekarte«, fragte ich, »oder wollen Sie sofort bestellen?«

»Ich habe tatsächlich einige Fragen«, sagte die Frau. Während sie sprach, begann sie ihre Hand rhythmisch unter der Tischdecke zu bewegen und der Mann beugte sich mit leicht unbehaglicher Miene näher an den Tisch heran. »Ist bei den Hauptgerichten Salat dabei oder ist alles à la carte?«

»Es ist alles à la carte«, erwiderte ich. »Aber wir haben als Appetizer mehrere Salate und Vorspeisen anzubieten.«

»Sehr gut«, sagte sie und bewegte ihre Hand etwas schneller. Ihr Begleiter begann schwer zu atmen und sein Gesicht verfärbte sich dunkelrot. »Und kann ich diese Pasta ohne Öl haben?« Mit der freien Hand deutete sie auf den Posten in der Karte.

»Sicher«, antwortete ich, darauf bedacht, den Tisch und alles, was sich darunter abspielen mochte, zu ignorieren.

»Oh, gut«, sagte sie. »Nun, dann möchte ich die Pasta und einen Salat des Hauses.«

»Gut – und was kann ich Ihnen bringen?«, fragte ich ihren Begleiter, obwohl ich nur allzu gut wusste, dass er gerade alles bekam, wonach es ihn verlangte.

»Aah, uuh ...«, erwiderte er.

»Wissen Sie was?«, mischte sich die Frau ein, ohne die rhythmischen Bewegungen ihrer Hand zu unterbrechen. »Bringen Sie ihm dasselbe wie mir. Das wird das Beste sein.«

»Gut«, sagte ich. »Wünschen Sie sonst noch etwas?«

»Ja«, rief sie mit breitem Grinsen, »extra Servietten, bitte.«

Der zweite Zwischenfall ereignete sich im selben Restaurant. Eine Frau, die Stammgast war und eindeutig zu viele Drinks intus hatte, befummelte zunächst ihren Begleiter an der Bar, wo sie ihn auch aufgelesen hatte. Dann verschwand sie mit ihm in die Damentoilette. Sie hätten wohl die ganze Nacht durchgemacht, hätte eine der Kellnerinnen nicht einen gewissen Drang verspürt. Bei ihrer Rückkehr berichtete die Kellnerin, dass die beiden in einer Kabine voll zur Sache gingen.

»Und was hast du gemacht?«, fragten wir sie.

»Nun ja, ich musste dringend pinkeln, also bin ich eben in die andere Kabine.«

»Meinst du, die beiden sind noch immer zugange?«, fragten wir.

»Ich glaube, ja.«

Diese Information genügte, um die Damentoilette augenblicklich in eine Attraktion zu verwandeln. Sämtliche Kellner und Kellnerinnen eilten zu besagter Toilette und lauschten, während ein Hilfskellner die Tür aufhielt. Gemessen an den Lauten des Paares und ihren ineinander verschränkten Füßen, die man unterhalb der Kabinentür sehen konnte, waren sie nach wie vor mitten drin.

Schließlich wurde unser nicht gerade wortgewaltiger Geschäftsführer bedrängt, der Sache ein Ende zu machen.

»Was soll ich denn sagen?«, seufzte er.

»Versuchen Sie es doch mal mit einem Stock«, bot ein Kellner hilfsbereit an. »Bei Hunden funktioniert das manchmal.«

»Oder singen Sie ›Amore, amore‹«, riet ein anderer.

»Aber was machen die denn schon? Muss ich da wirklich rein? Ich kann als Mann doch nicht in die Damentoilette.«

»Doch«, riefen wir im Chor, »Sie müssen.«

Den Kopf schüttelnd und über die Launen des Schicksals murrend, betrat der Geschäftsführer widerstrebend die Damentoilette und klopfte höflich an die Kabinentür. »Hallo?«, rief er. »Würden Sie bitte herauskommen?«

»Können Sie uns noch eine Minute geben?«, erwiderte die Frau gereizt.

»Nein, Sie müssen jetzt herauskommen. Das ist ein öffentlicher Ort.« Nachdem er diesen Spruch zwei-, dreimal wiederholt hatte, entfernte sich der Geschäftsführer in dem Gefühl, er habe seine Pflicht mehr als nur zur Genüge getan, aus der Damentoilette und ließ sich, immer noch kopfschüttelnd, an einen der freien Tische sinken. Das Paar verließ das Restaurant kurz darauf durch die Hintertür.

Was treibt manche Menschen dazu, ihren Tisch in ein improvisiertes Motelzimmer zu verwandeln? Abgesehen davon, dass oben erwähnte Paare offenbar kein Problem mit Paranoia haben, scheint ein Teil der Anziehung gerade auf dem Publikum zu beruhen, das in einem Restaurant quasi gratis mitgeliefert wird. Die Frau im ersten Szenario hat diese Vorführung nicht nur für ihren Partner, sondern ganz eindeutig auch für mich veranstaltet. Und was Paar Nummer zwei betrifft, so wird es wohl kaum das Getrappel und Gekicher vor seiner Tür überhört haben. Die Tatsache, dass alle wussten, was vor sich ging, verlieh der Sache etwas Unanständiges und machte die Begegnung umso aufregender.

Derart öffentlich zur Schau gestellte Leidenschaften werden von Kellnern und Kellnerinnen in der Regel mit Belustigung hingenommen. Hin und wieder entrüstet sich jemand (»Können die nicht warten, bis sie zu Hause sind?«), doch im Großen und Ganzen herrscht die Devise vor, dass sich Leute ruhig öffentlich zum Narren machen sollen, solange sie nur genügend Trinkgeld geben. Abgesehen davon, ist das Personal meist mit dringenderen Dingen beschäftigt – zum Beispiel mit den eigenen Liebesangelegenheiten.

Bevor ich im Baciare zu arbeiten begann, hatte ich hinter den Kulissen der verschiedenen Restaurants zahlreiche Affären beobachtet und war auch selbst in die eine oder andere verstrickt gewesen. Meiner Erfahrung nach war ein Restaurant, in dem sich nicht laufend irgendeine Art von Seifenoper abspielte, die absolute Ausnahme. Doch kein Restaurant hatte auch nur annähernd jene erotische, flatterhafte Atmosphäre, wie ich sie im Baciare erlebte. Obendrein zeichnete es sich durch eine schier unglaubliche Erfindungsgabe des Personals aus, wenn es darum ging, geeignete Orte und Zeiten zu finden, um sein Verlangen zu stillen.

In den ersten Monaten nach der Eröffnung hatte sich dieses Restaurant nicht nur wegen seiner Küche, sondern auch als »Szene-Treff« einen Ruf erworben. Besonders die Wochenendabende gerieten in jeder Beziehung zu einer Art Bacchanal. Der Begriff Orgie schoss mir nicht selten durch den Kopf. Es kam ständig zu neuen Paarungen, so dass es bald unmöglich war, mit den verschiedenen Akteuren auf dem Laufenden zu bleiben. An jedem beliebigen Abend wurden in der Küche heimliche Verabredungen vereinbart und im Wäscheraum erfüllt, wurden an der Bar und auf der Terrasse Küsse geraubt, Beziehungen begonnen und Ehen beendet. All diese Glut sorgte für eine explosive Atmosphäre, und fast jeder wurde davon angesteckt, vom Geschäftsführer bis zum Hilfskellner.

Am besten illustriere ich das wohl, indem ich Ihnen,

wenn Sie so wollen, eine Kostprobe aus der Menükarte eines ganz gewöhnlichen Abends auftische.

Stellen Sie sich folgende Szenerie vor: Es ist ein Samstagabend im Frühsommer. Die Sonne hängt tief über dem Meer und lässt auf dem Wasser Millionen blauer Diamanten aufblitzen. Das Restaurant, das einen herrlichen Blick auf den Pazifik und auf den Strand mit den sich wiegenden Palmen bietet, bereitet sich auf einen betriebsamen Abend vor. In der Küche schnippelt eine männliche Küchenhilfe Karotten, Zucchini und neue Kartoffeln. Eine andere klopft unerbittlich mehrere Kilo Steaks weich.

Hinter einer Absperrung machen die beiden Tellerwäscher eine Essenspause. Da der eine Tellerwäscher keine saubere Gabel findet, isst er seinen Cäsar-Salat mit einem Steakmesser. Sehr sorgfältig spießt er das Salatblatt auf die Messerspitze und schiebt es sich langsam in den Mund. Der andere hat ganz auf Besteck verzichtet und isst sein Huhn mit den Händen.

Heute Abend steht Kaninchen auf dem Speiseplan, und so stopft einer der Köche mehrere Kaninchen mit Rosmarin und Knoblauch, ehe er sie für ihre letzte Reise am Bratspieß befestigt. Nach den Kaninchen kommen die Hühner an die Reihe, die ebenfalls mit Kräutern und Knoblauch gefüllt werden.

In einer anderen Ecke der Küche zerlegt Mario, der zweite Küchenchef, einen Pazifik-Lachs. Mithilfe seines schwertartigen Messers durchschneidet Mario den ein Meter langen Lachs gekonnt in zwei Hälften und zieht die Gräten aus dem rosafarbenen Fleisch. Mario, ein kleiner, leidenschaftlicher Mann, arbeitet schnell und redet wenig. Er blickt erst auf, als er den Klang der Stechuhr vernimmt, die das Kommen und Gehen der Belegschaft erfasst. Mit seinen hellen blauen Augen späht er durch die Küche, um zu sehen, wer zur Arbeit gekommen ist, wendet aber gleich darauf seine Aufmerksamkeit wieder dem Lachs zu, da die Person, nach der er Ausschau gehalten hat, nicht erschienen ist.

Stefano, der Chefkoch, berät sich mit den Anrichte-Kräften, die für die Salate und Nachspeisen zuständig sind, über den Stand der Desserts. Er beobachtet, wie sie großzügig Kakaopulver über die flachen Schalen mit frisch zubereitetem Tiramisu streuen, und inspiziert eine Schale, die schon bessere Tage gesehen hat. Obwohl er sich über die Desserts beugt, als wolle er Hand anlegen, berührt Stefano die Speisen nur sehr selten. An den meisten Abenden bleibt seine weiße Kochmontur fleckenlos, was in Anbetracht der durchschnittlich fünfhundert Gäste pro Abend eine ziemliche Leistung ist.

In einem winzigen Büro abseits der Küche halten die Geschäftsführer ihre tägliche Konferenz ab, die sich darauf beschränkt, herumzusitzen, auf Italienisch miteinander zu schwatzen und etliche Espressos zu trinken. Sie bestehen darauf, dass man sie dafür mindestens eine Stunde allein lässt, ohne jede Störung seitens des Personals. Rom könnte bis auf die Grundmauern niederbrennen und sie würden dennoch unbekümmert ihre Zeit verplaudern.

Die letzten beiden Mitglieder der Mittagsschicht machen sich zum Aufbruch bereit. Sie sehen schmuddelig und müde aus, stehen in der Küche herum, starren ins Leere und nagen an übrig gebliebenen Brotrinden, die um den Brotstand herumliegen.

»Wann ist die Tortur endlich vorbei?«, fragt der eine den anderen.

»In fünf Minuten«, erwidert der andere mit Blick auf seine Uhr. »Mir ist es egal, wenn die anderen sich verspäten. Ich hau ab. Die können mich mal.«

Während er noch spricht, trudelt die Truppe für die

Dinnerschicht ein. Diese Kellner und Kellnerinnen sind geduscht, frisch, sauber und parfümiert.

An dieser Stelle muss ich einen kleinen Einschub über die Kleiderordnung machen: Wenn das Tragen einer Uniform verlangt wird, bleibt Kellnern und Kellnerinnen in diesem Bereich nicht viel Spielraum, und so werden immer wieder neue Mittel und Wege ersonnen, um die körperlichen Vorzüge ins rechte Licht zu rücken. In diesem Restaurant hatte man bei der Wahl der Dienstkleidung – Jackett, Hose, Krawatte – alte, traditionelle italienische Kellner vor Augen gehabt. Um die Kleidung aufzupeppen, nähte zum Beispiel eine Kellnerin Abnäher in ihr Arbeitsjackett, wodurch die Taille betont wurde. Zusammen mit ihrer hautengen schwarzen Hose ließ sie das aussehen wie ein Wesen aus dem Cyberspace. Weniger spektakulär, aber sehr verbreitet war der Trick, unter dem weißen Hemd einen schwarzen Büstenhalter anzuziehen, der gerade noch sichtbar genug durchschimmerte, um die Phantasie anzuregen.

Die Kellnerinnen zeigten auch viel Kreativität bei ihren Frisuren, die sie zum Teil mit einer Fülle schimmernder Haarspangen schmückten. Und auch mancher Kellner wendete eine Menge Zeit für seine Haare auf und machte großzügig von Gels und Sprays Gebrauch.

Make-up, wie Belinda es mir einst gezeigt hatte, erhielt hier gleichfalls eine völlig neue Bedeutung. Jede Kellnerin hatte einen Lippenstift in ihrer Jackett-Tasche und erneuerte ihn im Verlauf eines Abends mehrmals, indem sie ein Buttermesser als Behelfsspiegel benutzte.

Und natürlich trugen wir alle Ohrringe in jeder nur erdenklichen Machart. Ich hatte schon früh in meiner Kellnerinnenkarriere mit Ohrringen experimentiert und verblüffende Erkenntnisse gewonnen: Trug ich Fisch-Ohrringe, verkaufte ich deutlich mehr Fischgerichte, bei Ohrringen in Trauben- oder Flaschenform konnte ich einen höheren Weinumsatz verbuchen und Ohrringe in Pasta-Form – jawohl, ich besitze solch ein Paar! – wurden immer bemerkt und kurbelten die Bestellungen für Pasta an.

Letztlich war die Uniform das Bühnenkostüm für den Abend. Und die Kellner und Kellnerinnen setzten sowohl dieses Kostüm als auch die darin befindlichen Körper gezielt ein, um die Gäste auf subtile Art zu manipulieren. Und so beängstigend das auch sein mag, diese Art von Manipulation funktioniert tatsächlich.

Wenn ich zum Beispiel müde war und den Tisch abkassieren wollte, versuchte ich folgenden Trick. Ich fragte: »Hätten Sie gern noch ein Dessert oder Kaffee?« Dabei schüttelte ich leicht den Kopf. In mindestens sieben von zehn Fällen sagte der Gast dann: »Nein, danke. Ich möchte gern die Rechnung.«

Nicken hilft in der gegenteiligen Situation genauso gut. »Möchten Sie die Weinkarte haben?« Nick, nick. »Äh, ja«, erwidert der Gast dann sehr wahrscheinlich. »Warum nicht?«

Die Kellner und Kellnerinnen der Abendschicht marschieren auf dem Weg in den Speiseraum durch die Küche und rufen dem Küchenpersonal Grußworte zu, ehe sie nach draußen gehen, um Besteck zu polieren, Tischdecken zu glätten und mit der Geschäftsleitung über den jeweiligen Bereich zu diskutieren, der ihnen für diesen Abend zugeteilt wurde. Nach und nach trudeln die Hilfskellner ein, stochern kurz in den Resten des Personalessens herum und seufzen tief auf, bevor sie schließlich nachsehen, welchen Bedienungen sie für diesen Abend zugeteilt sind.

Jetzt treffen auch die beiden Platzanweiserinnen ein. Als Erste erscheint Maggie. Befreit von jedweder Kleiderordnung, trägt die Kindfrau Maggie Pfennigabsätze,

Netzstrümpfe und ein anliegendes schwarzes Häkelkleid. Ihr zu einem kunstvollen Chignon hoch gestecktes Haar schreit förmlich danach, im Rausch der Ekstase erlöst zu werden, was in der Tat auch sehr wahrscheinlich geschehen wird. Denn Maggie, die mit ihren noch nicht mal zwanzig Jahren bereits mit jemandem verheiratet ist, den sie nicht ausstehen kann, hat eine heftige Affäre mit Mario. Maggie geht zu Mario hinüber, der ihr über den Lachs hinweg einen schmachtenden Blick zuwirft. Die beiden flüstern eine Zeit lang miteinander und dann entschwindet sie an ihren kleinen Tresen, wo sie für die nächsten sechs Stunden über das Reservierungsbuch regieren wird.

»Porca miseria«, brummt Mario in sich hinein, als er ihr nachblickt. Mario ist vollkommen vernarrt in Maggie und kann es nicht ertragen, seine Gefühle zurückhalten zu müssen. Wir alle stimmen darin überein, dass er in nicht allzu ferner Zeit explodieren wird. Und wir alle hoffen, dass er dann nicht gerade eines seiner zahlreichen Messer in Reichweite hat.

Die zweite Platzanweiserin trifft ein, eine Frau namens Kathy. Sie ist größer, lauter und ungelenker als Magie. Kathy trägt einen unmodernen Pullover, einen zu engen Rock und eine Strumpfhose mit Laufmasche. Sie sieht eher nach Büroarbeit aus. Im Gegensatz zu der gespannten Stille, die Maggies Ankunft begleitete hat, wird Kathy mit Pfiffen und Johlen in Empfang genommen, was ihr sichtlich gefällt.

»Hi, ihr Süßen!«, sagt sie lächelnd, eilt sofort ins Büro weiter und schließt die Tür hinter sich. Stefano, der Kathys Ankunft beobachtet hat, lässt das Tiramisu neben dem Spülbecken stehen und folgt ihr ins Büro.

Bis um siebzehn Uhr ist die ganze Crew vollständig versammelt und bereit, mit der Schicht zu beginnen. Insgesamt sind über dreißig Angestellte zugegen, davon zehn Bedienungen.

Im Speiseraum strömt das späte Sonnenlicht durch die Fenster und verbreitet die letzte Wärme des Tages. In der offenen Küche dampfen Soßen, köcheln Pilze und drehen sich gefüllte Kaninchen über einem großen offenen Feuer. Feuer ist im Grunde überall: Es gibt zwei Brennholzöfen, einen Grill, der mit Mesquitebaumholz gespeist wird, und fünfzehn Gas-Kochstellen, die alle in Betrieb sind. Es duftet nach Knoblauch, Zwiebeln, Balsamico und Olivenöl. An der Bar hat sich eine fidele Happy-Hour-Gruppe versammelt; der Alkohol fließt in Strömen und sorgt für Wärme von innen. Einer der Barkeeper flirtet mit der Bardame, während der andere Martinis zubereitet.

»Geh mal ins Licht und dreh dich um«, sagt der Barkeeper zu der Kellnerin. »Ich möchte sehen, ob du einen String-Tanga trägst.«

»Du bist ein Schwein«, erwidert die Kellnerin, kommt seiner Aufforderung aber nach.

In einer anderen Ecke des Restaurants hat sich ein Pulk aus Kellnern und Kellnerinnen um den Computer versammelt, in den die Bestellungen eingegeben werden. Da sie auf sehr engem Raum zusammenstehen, berühren sich ihre Körper ständig, reiben sich aneinander, stoßen zusammen. David steht hinter Sarah und legt ihr die Hände auf die Hüften, als sie die Bestellung für Tisch sieben eingeben will. Er schnüffelt an ihrem Hals. »Mmm«, sagt er, »ich mag dein Parfüm, Süße.«

»Ich hab jetzt keine Zeit für so was, David«, sagt Sarah. »Pfoten weg!«

»Ach, komm, Baby, sei doch nicht so«, sagt David und wiegt sie vor und zurück.

»David, ich hab's eilig!«, faucht ihn Sarah an. »Und überhaupt, warst du letztes Mal, als ich es wissen wollte, nicht schwul?«

»Nein, Baby«, sagt David, ohne ihre Hüften loszulassen, »ich bin bisexuell. Ich schlafe mit schwulen Männern und mit heterosexuellen Männern.«

»Könnt ihr euer Liebesgesäusel nicht auf später verschieben?«, mischt sich Frank, ein anderer Kellner, ein. »Ich muss die Bestellung für eine Gruppe von sechs Leuten eingeben.«

»Das ist leider kein Liebesgesäusel«, grinst David. Auf Sarah deutend, fügt er hinzu: »Sie spart sich für Gino auf.«

»Halt endlich die Klappe!«, knurrt Sarah. »Wenn du Unruhe stiften willst, dann such dir gefälligst jemand anderen!«

Frank und David wechseln einen beredten Blick. Sarah erledigt ihre restlichen Bestellungen und stapft genau in dem Moment davon, als Gino am Computer eintrifft.

»Kümmer dich mal um deine Freundin«, sagt David zu Gino. »Sie ist schlecht gelaunt heute Abend.«

»Was redest du da?«, erwidert Gino und dreht nervös an seinem Ehering.

Eine dichte Traube von Gästen drängt sich vor dem Empfangstresen. Wie die Schafe wollen sie alle zur selben Zeit ihr Futter. Innerhalb von zwanzig Minuten ist das Restaurant voll. Die Kellner und Kellnerinnen rennen ständig im Kreis, vom Tisch zur Bar, weiter zum Anrichteraum und zur Küche und schließlich wieder zurück zum Tisch. Das Tempo steigt mit der Geräuschkulisse an, mittlerweile ein dumpfes Dröhnen aus Stimmengewirr, Gläserklirren, brutzelnden Speisen und italienischer Popmusik. Nun sind auch beide Geschäftsführer aufgetaucht, schlendern durch den Speisesaal, begrüßen Gäste und löschen einige Brandherde, die unter dem Personal in Gestalt von Fragen und Forderungen aufflackern. Zum Beispiel:

»Warum ist die Küche so langsam?«

»Das Steak muss von meiner Rechnung gestrichen werden, weil ich eigentlich Lasagne bestellen wollte.«

»Mein Hilfskellner hat an Tisch sechs Wasser verschüttet und die verlangen jetzt nach dem Geschäftsführer.«

»Kann ich heute Abend als Erster gehen?«

»Ich finde die Gabeln / Löffel / Messer / Teller nicht ... Ja, ich habe schon überall nachgesehen.«

Vito, der ältere der beiden Geschäftsführer, ist seinem Aussehen und seinem Verhalten nach eine Mischung aus Julius Caesar und Tony Bennett. Mit seiner charmanten und gewitzten Art gelingt es ihm, bei Männern Vertrauen und bei Frauen Verlangen hervorzurufen. Er hatte bereits Affären mit einer Kellnerin, einer Bardame und einer Platzanweiserin. Das Restaurant ist gewissermaßen sein Hühnerstall, dem er als Gockel vorsteht.

Der jüngere Geschäftsführer, Giancarlo, ist erst vor kurzem vom Kellner zum Geschäftsführer aufgestiegen. Obwohl Giancarlo danach strebt, denselben Respekt für sich einzuheimsen wie Vito, sind seine lahmen Leistungen als Kellner noch zu frisch im Gedächtnis des Personals, um ihm, außer einer unterschwelligen Verachtung, irgendwelche Gefühle entgegenzubringen.

Die Temperatur steigt. Mehrere Kellner und Kellnerinnen haben zu schwitzen begonnen und ihre Haut hat jenen feuchten Schimmer, wie man ihn auf Reklamefotos für Rasierwasser oder Unterwäsche sieht. In die Essensgerüche mischen sich nun die verschiedenen Parfüms des Personals und die Duftwässerchen der Gäste.

Am Grill kämpfen Frank und Sarah um eine Portion Calamari. »Das ist meine Portion«, sagt Sarah. »Da, hier ist mein Beleg.« Sie hält einen Fetzen Papier hoch, der neben den Tintenfischen in einem Teller mit roter Soße vor sich hingedümpelt hat.

»Nein, Schätzchen, das ist eindeutig meine Portion«, beharrt Frank. »Ich habe zwanzig Minuten auf dieses Scheißzeug gewartet.« Während er spricht, greift Frank mit der Hand in die Calamari und schiebt sich ein paar heiße Stücke in den Mund.

»Du bist ein Aas«, sagt Sarah, »und die Portion gehört trotzdem mir.« Sie wendet sich an den unschuldigen Koch am Grill, der den Wortwechsel amüsiert verfolgt hat, und fragt streng: »Wessen Portion ist das?«

Um Sarah noch mehr in Rage zu bringen, zuckt der Koch die Achseln und hebt fragend die Brauen. »Sieh doch auf dem Beleg nach.«

»Das ist meine Portion, nicht wahr?«, insistiert Frank. »Ich nehme sie mir einfach.« Zwei weitere Tintenfischstücke verschwinden in seinem Mund.

»Nein, *pinche puto*«, sagt der Koch. »Das ist deine, Sarah.«

»Hättest du das nicht sagen können, bevor er die Hälfte davon verdrückt hat?«, ruft Sarah, die nun auch in dem Koch einen Feind wittert, und marschiert mit den rasch auskühlenden Calamari aus der Küche.

Mario kommt aus dem hinteren Bereich der Küche hervor, stellt sich an die Ausgabe und gibt die einlaufenden Bestellungen weiter. Maggie tänzelt ein-, zwei-, dreimal mit Speisekarten und Gästen an ihm vorbei. Als sie wieder zu ihrem Tresen zurückgeht, packt er sie schließlich am Arm und flüstert ihr etwas ins Ohr. Währenddessen zwinkern sich die anderen Köche verstohlen zu. Nur wenige Augenblicke später, mitten im größten Betrieb, verschwinden sowohl Maggie als auch Mario für mehrere Minuten. Wie auf eine geheime Absprache hin, nimmt sofort Vito Maggies Posten neben der Tür ein und hilft beim Anweisen von Sitzplätzen.

Gino und Sarah stehen vor dem Anrichteraum und warten auf Salate. »Was hast du ihm erzählt?«, fragt Sarah.

»Nichts«, erwidert Gino.

»Warum sagte er dann, ich würde mich für dich aufheben?«

»Keine Ahnung«, antwortet Gino. »Ist ja auch egal.«

»Mir ist es nicht egal«, fährt Sarah ihn wütend an.

»Pst! Willst du jetzt etwa eine Szene machen?«

»Das wäre dir wohl nicht egal!«

»Was ist heute bloß los mit dir?«, sagt Gino gekränkt. »Hast du deine Periode oder was?«

»Gott steh mir bei!«, seufzt Sarah und fügt dann hinzu: »Ist das mein Spinat-Salat? Ich brauche einen ohne Zwiebeln.«

»Du willst keine Zwiebeln?«, erkundigt sich eine Angestellte des Anrichteraums und greift mit der bloßen Hand in den Salat. Sie fischt ein paar Zwiebeln heraus und schmeißt sie in den Mülleimer. »Da, ohne Zwiebeln!«

»Ich hasse diesen Laden«, sagt Sarah, nimmt den misshandelten Salat und geht damit zu ihrem Tisch.

In einem dunkleren Bereich des Restaurants decken gerade Tina, eine weitere Bedienung, und ihr Hilfskellner Jesus einen Tisch. Sie heben die Tischdecke hoch, so dass sie wie ein weißes Laken im Wind flattert, und lassen sie dann behutsam auf den Tisch hinunter. Sie streichelt seine Hand, als er die Gabeln auf die Servietten legt. Wenn sie keine Uniformen tragen würden, könnte man sie für ein Paar halten, das gerade das eheliche Nachtlager vorbereitet. Jesus ist seit kurzem Tinas große Liebe. Das bringt allerdings einige Probleme mit sich. Zum einen erntet Tina jede Menge Hohn seitens ihrer Kollegen (»Ein Hilfskellner! Wie kann man nur?«) und wird von niemandem ernst genommen. Zum anderen ist Jesus ein verheirateter Vater von fünf Kindern.

Sarah steht in der Nähe an einem ihrer Tische und beobachtet missbilligend die Tändelei zwischen Tina und Jesus. Jesus ist heute Abend auch ihr Hilfskellner, hat sich jedoch, abgelenkt durch Tina, noch keinmal in ihrem Bereich blicken lassen. Während Sarah überlegt, wie lange das romantische Intermezzo wohl noch andauern wird, nimmt sie eine Bestellung auf.

»Ich möchte das Steak«, sagt ihr Gast.

»Wie wollen Sie es haben?«, erkundigt sich Sarah.

»Nun, irgendwie zwischen fast blutig und medium.«

»Ich denke nicht, dass es zwischen fast blutig und medium noch etwas gibt«, sagt Sarah.

»Aber genau so will ich es haben«, sagt der Gast.

»Okay«, erwidert Sarah und schreibt fast blutig auf ihren Bestellblock. »Hätten Sie vorher gern einen Salat oder eine Vorspeise?«

»Nein, aber ich möchte statt der Kartoffeln Spaghetti als Beilage.«

Sarah setzt zu einem Monolog an, den sie schon viele Male zum Besten gegeben hat: Das Restaurant biete Pasta nicht als Ersatzbeilage an, doch wenn er wünsche, könne er eine halbe Portion Pasta bestellen, die sie ihm gern zusammen mit dem Hauptgericht bringen werde, aber er könne natürlich ebenso gut ein richtiges Pasta-Gericht bestellen, das sie auch gern unter den anderen Gästen am Tisch aufteilen würde. Sarah hat diese Rede schon so oft gehalten, dass sie sich, ohne ins Stocken zu geraten, währenddessen im Speiseraum umsehen kann. An der Ausgabe entdeckt sie zwei von ihr bestellte Gerichte, ein paar Meter weiter erspäht sie neu angekommene Gäste an einem ihrer Tische, und ein kurzer Blick über die Schulter verrät ihr, dass Gino mit zwei Tellern Scampi auf sie zukommt.

»*Voglio fare l'amore con te*«, sagt Gino, als er an Sarah vorbeigeht, und Sarah verzieht keine Miene.

»Was hat er zu Ihnen gesagt?«, will der Gast wissen.

»Er hat mir nur mitgeteilt, dass mein Essen fertig ist«, antwortet Sarah errötend.

»Sprechen Sie Italienisch?«, fragt der Gast, der seine Bestellung offenbar völlig vergessen hat.

»Ein wenig«, antwortet Sarah.

»Ach ja?«, meint der Gast interessiert. »Woher kommen Sie denn? Sind Sie Italienerin?«

Gino kann von seinem Tisch aus den Dialog hören und grinst, als er die Scampi serviert, über das ganze Gesicht.

Maggie ist wieder an ihren Tresen zurückgekehrt. Ihre Haare sind offen und etwas zerzaust. Außerdem zieht sich quer über ihren Rücken eine breite Mehlspur. Kathy bemerkt das und klopft das Mehl ab, was ihr einen Beifallsruf seitens des Barkeepers einbringt, der die Szene mit großer Belustigung beobachtet hat. »Brauchst du Hilfe?«, fragt er.

In der Küche legt David gerade eine kurze Pause ein und macht sich gierig über die Reste des Tiramisu her. Aus Sorge um sein Jackett beugt er beim Essen den Oberkörper nach vorn, sodass dicke Kleckse Mascarpone und von Amaretto getränkte Biskuitstücke auf den Boden platschen statt auf seine Uniform.

Mario erscheint erhitzt und schwitzend aus dem gekühlten Lagerraum, wo ein aufgeplatzter Mehlsack zu sehen ist, und schnauzt David an. »Hey, *stronzo, che cazzo fai*?«, knurrt er.

»Das Zeug lag einfach so herum«, nuschelt David mit vollem Mund. »Wieso kann ich es nicht essen?«

»Schnauze!«, erwidert Mario.

»Oh, Mann!«, seufzt David.

Sarah, Tina und Gino betreten die Küche und stellen sich am Brotstand an. Gino schnappt sich das Brotmesser und sagt zu Sarah: »Lass mich das für dich tun. Wie viele Leute?«

»Ich brauche deine Hilfe nicht«, entgegnet Sarah.

»*Per favore, fiorellina*. Sei nicht albern.«

»Kleine Blume?«, wirft Mario ein. »Wieso nennst du sie so? Spar dir das für deine Frau auf!«

»Meine Frau?« Gino lässt das Brotmesser fallen und

geht zurück. »*Che cazzo dice?* Vielleicht sollte ich es mir für die Frau von jemand anderem aufsparen!«

»Mir reicht's«, sagt Sarah und eilt ohne ihr Brot aus der Küche.

»Und ich dachte, ich hätte Probleme«, sagt Tina zu sich selbst.

»Tina, komm her, Baby«, ruft David. »Ich habe etwas für dich.« Er füttert Tina mit Tiramisu, das sie ihm betont lasziv von den Fingern leckt. Genervt dreht sich Mario um und geht wieder auf seinen Posten an der Ausgabe.

Für einen kurzen Moment wirkt die Küche wie ausgestorben. Die Tellerwäscher machen hinter ihrer Absperrung weiter, sind aber meist betrunken oder auf irgendwelchen anderen Drogen – eine unerlässliche Bedingung für den Job, den sie ausüben. Sie hören nichts, sehen nichts und reden kaum. Diese zwischenzeitliche Stille wird auch nicht von Kathy und Stefano gestört, die aus verschiedenen Richtungen in die Küche kommen, sich kurz umblicken und dann durch die Hintertür verschwinden. Da sie sich nicht mit einem so öffentlichen Platz wie dem Lagerraum oder der Wäschekammer (wo sich Tina und Jesus gleich heftig küssen und umarmen werden) zufrieden geben, erklimmen Kathy und Stefano eine Leiter, die zum Dach führt. Draußen ist es dunkel und es besteht keine Gefahr, dass sich jemand zufällig dorthin verirrt. Sie bleiben allerdings nicht sehr lange auf dem Dach. Kathy wird sich später bei Maggie beklagen, dass Stefano zu fix ist. Stefano wiederum wird Vito vorjammern, dass Kathys Brüste »wie zwei überreife Birnen hinunterhängen«.

Als der Abend voranschreitet und das Mondlicht über dem Meer glitzert, wird es im Restaurant noch voller. Eine scheinbar endlose Prozession von hungrigen Gästen strömt herein und besetzt Tisch um Tisch. In einem der abgetrennten Räume, die für geschlossene Gesellschaften reserviert sind, findet eine ausgelassene Geburtstagsfeier statt. Die Gruppe besteht ausschließlich aus Frauen und einem von ihnen engagierten Stripper, der seine eigene Musik mitgebracht hat und der für das große Finale seinen String-Tanga anzünden wird.

»Ich bin heute Abend scharf!«, ruft er. Die Frauen beginnen vor Lachen zu kreischen. Jedes Mal, wenn Frank, ihr Kellner, mit Essen, Wasser oder Wein in der Tür erscheint, versuchen ihn die Frauen mit immer höheren Geldbeträgen dazu zu bewegen, ebenfalls für sie zu strippen. Doch Frank hat noch fünf andere Tische zu bedienen und fragt, ob er sich vielleicht später der Party zugesellen dürfe.

Die Kellner und Kellnerinnen beginnen durch die ständige Bewegung allmählich zu ermüden und stoßen immer häufiger zusammen. Dies führt zu einigen Auseinandersetzungen:

»Grapsch mich nicht ständig an! Du rückst mir schon den ganzen Abend auf den Pelz.«

»Was redest du da für einen Blödsinn? Ich soll dich angrapschen? Da mach ich es mir lieber selber.«

»He, komm mir nicht zu nah!«

»Ich muss auch an den Computer. Willst du Bestellungen oder einen Roman schreiben?«

Gino giftet Sarah an, er habe gesehen, wie sie Franks Hintern berührt habe. »Was interessiert mich Franks Arsch?«, schnauzt Sarah zurück.

Tina nimmt an ihrem Tisch gerade eine Weinbestellung entgegen. Obwohl sie den Anschein erweckt, als würde sie aufmerksam zuhören, ist sie ganz in den Anblick von Jesus versunken, der am Tisch gegenüber die Teller abräumt. Während sie beobachtet, wie er mehrere Teller auf einen Arm stapelt, werden ihre Augen etwas glasig.

»Also, welchen Wein würden Sie empfehlen?«, fragt

der Gast. »Den Cabernet hatte ich schon einmal, aber diesen Sangiovese habe ich noch nie probiert.«

Jesus sieht auf und er und Tina tauschen einen langen, leidenschaftlichen Blick aus. Die Augen gebannt auf Tina gerichtet, stapelt sich Jesus zu viele Teller auf den Arm. Das ganze Geschirr kracht zu Boden und explodiert in einer Fontäne aus Porzellanscherben und wild umherfliegenden Nudelstückchen.

»Stelle frei!«, ruft der Barkeeper in die auf den Krach eintretende Stille und alle Gäste an der Bar beginnen schallend zu lachen.

Im Anrichteraum streitet sich Gino mit der Angestellten wegen einer halb geschmolzenen Portion Eiscreme. »Das kann ich nicht rausbringen«, sagt er zu ihr auf Italienisch. »Es sieht widerlich aus.«

»Du bist eben zu langsam«, antwortet sie auf Spanisch. »Das Eis steht schon seit zehn Minuten hier. Als ich es angerichtet habe, war es noch nicht geschmolzen.«

»Bitte, Schatz, mach mir ein neues. Bitte«, bettelt er auf Spanisch.

»Vergiss es«, erwidert sie und stellt eine neue Portion Eiscreme für Frank bereit.

Ganz beiläufig schiebt Gino Franks Eiscreme auf einen Servierteller und spaziert damit hinaus. Sekunden später erscheint Frank in der Anrichte und mustert die geschmolzene Eiscreme. »Ist das meine?«, fragt er die Frau. »Warum ist sie geschmolzen?«

»*Hijo de puta,* Gino!«, kreischt die Frau und sendet auf Spanisch einen Schwall Flüche hinterher.

»Weißt du was?«, sagt Frank, während er die geschmolzene Eiscreme auf einen Servierteller stellt. »Ich verstehe kein verdammtes Wort von dem, was du sagst, also werde ich jetzt dieses Eis mitnehmen und die Schnauze halten. Aber wenn es zurückgeht, dann gib, verdammt noch mal, nicht mir die Schuld!«

Während Frank seine flüssige Eiscreme serviert und dem Gast erzählt, es handle sich um eine besondere italienische Dessert-Spezialität und müsste so weich sein, wandert Giancarlo mit der Tischzuteilungsliste in der Hand durch das Restaurant. Um diese Stunde ist seine Macht am größten, da er entscheidet, wer nach Hause gehen und wer bis zum bitteren Ende bleiben wird, um die letzten Tische zu bedienen und abzukassieren. Einige Kellner und Kellnerinnen legen hinter seinem Rücken die Hand an den Hals und machen eine Bewegung, als wollten sie ihm die Kehle durchschneiden. David möchte gern tanzen gehen. Frank will noch mit der Frauenrunde einen draufmachen. Tina fleht einen anderen Hilfskellner an, für Jesus einzuspringen. Doch er begnügt sich damit, die Achseln zu zucken und vielsagend die Brauen zu heben.

»Ihr beiden«, sagt Giancarlo zu Gino und Sarah, »ihr macht heute Abend fertig.«

»Aber ich habe nur noch zwei Tische«, jammert Sarah.

»Was ist daran so schlimm?«, meint Gino. »Wir können zusammen gehen.«

An der Tür wird es ruhiger. Die Kellner und Kellnerinnen geben nach und nach ihre Tische an Sarah und Gino weiter. Sarah erbt von Tina ein wütendes Paar. Sie warten schon seit etlichen Minuten darauf, endlich bestellen zu können, da Tina damit beschäftigt ist, alles für ihren Abgang mit Jesus zu arrangieren.

»Entschuldigen Sie die Verzögerung«, sagt Sarah zu dem Gästepaar. »Ihre Kellnerin geht nach Hause, deshalb habe ich Ihren Tisch übernommen.«

»Na, toll«, brummt der Mann. »Können wir erst mal eine Flasche Wein bestellen?«

»Sicher.« Sarah eilt an die Bar, um den Chianti für die beiden zu holen. Der Barkeeper befindet sich jedoch nicht auf seinem Posten. »Hey!«, ruft Sarah in die verlassene Bar. »Ich brauche eine Flasche Chianti, und zwar sofort!«

Als niemand erscheint, wirft Sarah ihren unglücklichen Gästen einen verstohlenen Blick zu. Sie kann beinahe schon den Rauch sehen, der den beiden aus den Ohren quillt. Rasch schlüpft sie hinter die Bar und kramt in den Weinen herum, ohne jedoch den richtigen zu finden. Panisch eilt sie nun in die Weinkammer, in der Hoffnung, dort die fragliche Flasche aufzuspüren.

Als sie die düstere Weinkammer betritt, stolpert sie fast über den Barkeeper, der vor der Bardame sitzt, die einen langsamen Striptease für ihn aufführt. In dem dämmrigen Licht kann Sarah die Umrisse ihrer auffallend hübschen Unterwäsche sehen.

»O nein«, seufzt Sarah.

»Was dagegen?«, raunzt der Barkeeper sie an.

Die Bardame knöpft sich rasch das Hemd wieder zu.

»Ich glaube das einfach nicht«, sagt Sarah. »Kannst du mir bitte eine Flasche von diesem Antinori geben? Ich habe jetzt keine Zeit für solchen Kram.«

»Was bist du so mies gelaunt?«, sagt der Barkeeper. Er greift hinter sich und zieht die Flasche Chianti hervor. »Es ist ja nicht so, als hättest du noch nie so etwas gemacht.«

Während er spricht, rennt die Bardame aus dem Raum. Im Lichtschein auf der Schwelle kann Sarah die tiefe Röte auf ihren Wangen erkennen. Die Flasche Wein in der Hand, tritt nun auch Sarah den Rückweg an.

»Ach, komm schon, Sarah«, ruft der Barkeeper ihr flehend nach. »Verdammt noch mal, es war Victorias Geheimnis …«

Sarahs Paar ist außer sich vor Zorn, als sie wieder am Tisch eintrifft. »Was haben Sie gemacht? Die Trauben ausgepresst?«, schimpft der Mann, als sie den Wein entkorkt und einschenkt.

Gino bedient an seinem Tisch eine Gruppe von vier Leuten, die ihn nach Steak und Kalbskoteletts fragen. Gino weiß, wenn sie diese Gerichte bestellen, wird er sie mindestens noch eine Stunde länger am Hals haben.

»Tut mir Leid«, sagt Gino. »Wir haben nur noch Pizza und Pasta.«

»Was soll das heißen?«, fragt der Gast. »Sie haben kein Steak mehr? Wie kann das denn sein?«

»Viel los heute Abend, *ragazzi*«, erwidert Gino. »Aber unsere Pizzas sind sehr gut.«

»Ja? Welche würden Sie denn empfehlen?«

Zu guter Letzt überredet Gino die Leute nicht nur dazu, sich zu viert drei Pizzas zu teilen, sondern redet ihnen auch sämtliche Vorspeisen aus und empfiehlt ihnen für den Nachtisch ein Café ein paar Häuser weiter.

Frank passt alle Angestellten ab, die noch da sind, damit sie »Happy Birthday« für seine wilde Frauentruppe singen, muss sich jedoch alle möglichen Ausreden anhören:

»Ich kann nicht singen.«

»Keine Zeit.«

»Ich habe Halsweh.«

Aber Giancarlo ist in Bezug auf das Singen unerbittlich. »Alle machen mit!«, befiehlt er. *»Vai cantare.«*

Und so trotten alle zu dem abgetrennten Raum, geführt von Frank, der ein Stück Tiramisu mit einer eingesunkenen, zischelnden Kerze in der Hand hält. Das Geburtstagsständchen wird krächzend und entsetzlich falsch vorgetragen. *»Tanti auguri a te«*, schmettert das Personal. *»Tanti auguri a te. Tanti auguri, carissima, tanti auguri a te.«*

Die Frauen klatschen und johlen. Mitten in diesem infernalischen Getöse wendet sich Sarah Gino zu und flüstert ihm ins Ohr: »Du gehst nicht ohne mich, oder?«

Gino ergreift verstohlen ihre Hand und streicht über die Innenfläche. *»Amore mio«*, sagt er. »Natürlich nicht.«

Als sich das Restaurant zu leeren beginnt, fällt die Temperatur schlagartig um mehrere Grad. Gino und Sarah beeilen sich, ihre letzten Tische zu verköstigen, damit sie ebenfalls gehen können. Sarahs Chianti-Pärchen ist deutlich gnädiger gestimmt, als ihre Hauptgerichte in Rekordzeit eintreffen. An Ginos Tisch teilt man sich ausgehungert die drei hastig zubereiteten Pizzas.

Der Geruch von Knoblauch hängt noch in der Luft, doch nun strömen durch die geöffneten Türen auch die salzige Meeresbrise und der Duft des nachtblühenden Jasmins herein. Vito sitzt an einem freien Tisch und nimmt ein spätes Abendessen ein. Die Küchenchefs und Platzanweiserinnen gesellen sich zu ihm, doch die meisten anderen Küchenangestellten sitzen in einem umzäunten Bereich hinter dem Restaurant, rauchen Zigaretten und reden über den Verlauf des Abends. Mit Ausnahme von Sarah und Gino bewegt sich das noch verbliebene Personal wie in Zeitlupe.

Heute Abend gibt es keine Last-Minute-Gäste. Sarah und Gino kassieren kurz hintereinander die letzten Gäste ab und lassen sich dann von Vito die Abrechnungen unterschreiben. Vito zwinkert Sarah zu und bedeutet Gino, ihm aus der Bar eine Flasche Champagner zu bringen. Gino kommt der Aufforderung nach und überreicht Vito die Flasche.

»Die ist für euch beide«, sagt Vito und zwinkert noch einmal. »Und jetzt geht und macht euch einen schönen Abend.«

Nach und nach ziehen sich alle zurück. Maggie geht nach Hause zu ihrem Ehemann, Mario zu seiner Messersammlung. Stefano und Kathy machen sich auf den Weg in ein rund um die Uhr geöffnetes Restaurant. Nachdem er das Computersystem des Restaurants ab- und die Lichter ausgeschaltet hat, geht schließlich auch Vito.

Auf dem Parkplatz sitzen vier Köche auf den Motorhauben ihrer Autos und trinken Bier. Die Frau aus der Anrichte und ein Hilfskoch tanzen Merengue zu der Musik, die aus einem Ghettoblaster dröhnt. Vito sieht den beiden zu, während er seinen Wagen aufschließt und den Motor startet. Leise in sich hineinlachend, lenkt er rückwärts aus dem Parkplatz heraus und fährt nach Hause.

Zugegeben, dieses Szenario wirkt etwas übertrieben. Doch meine Wiedergabe dieses Abends ist frei von jeglicher literarischer Ausschmückung. Und so extrem das Baciare auch in seiner Quantität und Qualität der dort stattfindenden amourösen Eskapaden erscheinen mag, es war doch nur eines von vielen Restaurants, in dem sich allabendlich ähnliche Dramen abspielten.

Bis ich ins Baciare kam, hatte ich eine unterschwellige sexuelle Atmosphäre immer als festen Bestandteil der Restaurantarbeit hingenommen. Schließlich war mir mein erster Kellnerinnenjob in der Luncheonette unter anderem deshalb so aufregend erschienen, weil er untrennbar mit meiner ersten Liebe verknüpft war. Beinahe all meine nachfolgenden Jobs bestätigten mich in meinem Glauben, dass Essen, Sex und Restaurants eine ebenso bewährte Kombination waren wie Erdnussbutter mit Marmelade. Vor meiner Arbeit im Baciare habe ich nie nach einem Grund geforscht. Doch jetzt, nachdem ich jahrelang jene Dramen der Liebe und Leidenschaft zwischen Hauptgang und Dessert beobachtet und gelegentlich auch aktiv daran teilgenommen habe, habe ich dazu einige Theorien entwickelt.

Zunächst einmal waren viele jener Restaurantaffären, die ich beobachtet habe, verbotener Natur, da mindestens einer der Mitwirkenden verheiratet oder anderweitig gebunden war. Sieht man von Menschen mit mangelndem Selbstbewusstsein einmal ab, so kann ich mir kaum vorstellen, dass viele Frauen und Männer freiwillig Beziehungen wählen würden, die von vornherein mit derartigen Komplikationen behaftet sind. Meiner Ansicht nach beruht die Anziehung, die Restaurantangestellte aufeinander ausüben, eher darauf, dass sie ähnliche Persönlichkeitsstrukturen haben. Wie bereits ausführlich beschrieben, sind Bedienungen eine eigene Spezies.

Sie sind süchtig nach einem gewissen Risiko: Jeder Abend ist ein wenig wie ein Glücksspiel. Sie sind gesellig: Jeder Tisch ist ein unfreiwilliges Publikum, das darauf wartet, unterhalten, gefüttert und befriedigt zu werden. Sie sind kreativ. Sie sind sportlich. Sie suchen ständig nach irgendeiner Stimulation: Das Restaurant ist ein unentwegtes Kaleidoskop an Farben, Klängen, Geschmack, Gerüchen und Bewegungen. Stellen Sie sich jetzt eine größere Gruppe dieser Typen vor, fügen Sie das wahnwitzige Tempo eines hektischen Abends hinzu – und schon haben Sie zwangsläufig die Grundlage für hochexplosive Verbindungen. Doch neben der Seelenverwandtschaft der Akteure tragen noch weitere Zutaten zu jenem erotischen Menü bei, das man in Restaurants so oft zu kosten bekommt.

Zum einen steigen sich Bedienungen im Verlauf einer Schicht ständig auf die Füße. Körperkontakt ist unvermeidlich, wenn vier Leute auf kleinem Raum um die Benutzung des Computers wetteifern, nach demselben Brotkorb greifen oder übereinander klettern, um sich die Drinks von der Bar zu holen. Als kleine Person bin ich oft von eiligen Kollegen übersehen worden und wurde angerempelt, geknufft und gestoßen. Doch gleichgültig, ob der Körperkontakt zufällig oder absichtlich ist, Bedienungen berühren sich ständig, und jeder Versuch, sich räumlich abzugrenzen, ist sinnlos.

Zusätzlich zum engen physischen Kontakt findet auch ein sehr unvermittelter emotionaler Austausch statt. Da die Arbeit oft spannungsgeladen und stressig ist, lassen

Bedienungen, die außerhalb des Restaurants womöglich zurückhaltender und ruhiger sind, sehr oft ihre Wut, ihre Frustration oder ihre Angst aneinander aus. Kleine Bemerkungen können in einem hektischen Moment eine ungeheure Schlagkraft entwickeln, ob nun negativ (»Ich weiß genau, dass du die Gabel von meinem Tisch geklaut hast, du Schwein, ich hasse dich ...«) oder positiv (»Tausend Dank, dass du das Essen an Tisch zehn gebracht hast, du bist ein echter Schatz ...«). Auf diese Weise stellen sich Bedienungen ständig gegenseitig bloß und entwickeln dadurch eine große Nähe.

Dann spielt natürlich auch die Atmosphäre eine Rolle. Hitze, Tempo, Essen, Alkohol. Für Menschen, die stark auf diese Sinnesreize reagieren, ist das eine schier unwiderstehliche Mischung. Oder um es prosaischer auszudrücken: Ein kurzes Gefummel mitten in einer anstrengenden Schicht ist schlicht und einfach erregend. Als zusätzlicher Reiz kommt hinzu, dass die Zeit begrenzt ist (man muss aus einer Sekunde alles herausholen), das Risiko der Entdeckung sehr hoch ist und niemand um das kleine Geheimnis weiß (natürlich wissen alle Bescheid, doch die Illusion von Heimlichkeit ist sehr anregend).

Ich bin davon überzeugt, dass diese Atmosphäre auch von den Gästen unbewusst aufgenommen und umgesetzt wird. Je schlüpfriger die Aktivitäten hinter den Kulissen, desto schlüpfriger die Stimmung am Tisch. So hatte es beispielsweise Sarahs Gast nicht verstanden, als Gino im Vorbeigehen auf Italienisch zu Sarah sagte: »Ich möchte mit dir schlafen.« Doch er nahm die Spannung zwischen den beiden wahr und diese wiederum wirkte sich auf seine Stimmung aus. Vielleicht fühlen sich Gäste einfach wohler und vergessen eine Zeit lang ihre Hemmungen, wenn sie um sich herum ein gewisses erotisches Flair spüren.

Das Baciare verdankte seine bacchanalische Atmosphäre zu einem nicht geringen Teil dem starken italienischen Einfluss. In der Tat jammerte einer der nicht italienischen Barkeeper oft, dass man für eine Stelle im Baciare nichts weiter bräuchte als einen Gepäckschein der Alitalia. Logischerweise war die bevorzugte Sprache im Baciare Italienisch, das von den Geschäftsführern fast ausschließlich gesprochen, aber lediglich von wenigen Auserwählten verstanden wurde.

Manche meiner nicht italienischen Kollegen weigerten sich stur, zumindest Grundlagen dieser Sprache zu erlernen, und sprachen die Gerichte auf der Speisekarte beharrlich falsch aus. Doch ich nutzte die Möglichkeit zu einem kostenlosen Sprachkurs. Nach nur wenigen Monaten im Baciare hatte ich mehr Ahnung vom Umgangsitalienisch als vom Französischen, das ich immerhin sechs Jahre lang in der Schule gelernt hatte.

Während das strikte Festhalten am italienischen Ambiente beim Personal sehr rasch zur Bildung eines italienischen und eines nicht italienischen Lagers führte, waren die Gäste davon hingerissen. Manche Frauen gerieten geradezu in Verzückung, wenn sie ein italienischer Kellner in seiner Muttersprache anredete. So konnte ein Kellner diesen Gästen gegenüber die schlimmsten Kraftausdrücke gebrauchen und erntete dafür nicht nur bewundernde Blicke, sondern obendrein saftige Trinkgelder. Mein persönlicher Favorit ist jener Kellner, der an Weihnachten seinen Tischen *»Buon Natale, e cadi de la scala!«* wünschte und dafür von allen Seiten überschwänglichen Dank erhielt. Wäre es anders gewesen, wenn seine Gäste gewusst hätten, dass er ihnen soeben »Frohe Weihnachten und fallt die Treppen hinunter!« gewünscht hatte? Ich denke nicht. Schließlich hat er in der Sprache der Liebe gesprochen.

Die Besitzer und Geschäftsführer des Baciare nutzten die nie versiegende Liebe ihrer Gäste zu allem, was italienisch war – einschließlich der Angestellten –, weidlich aus. Da die Geschäftsführer sich ebenso oft diverser Fehltritte schuldig machten wie das Personal, ermutigten sie Affären und verfolgten deren Entwicklung mit Interesse. Diese freizügige Haltung trug sicher zu jenen zügellosen Nächten zwischen Lust und Arbeit bei.

Doch der Weg der wahren Lust ist mitunter sehr steinig. Obwohl die Atmosphäre im Baciare über einen langen Zeitraum hinweg auf diesem fiebrig erhitzten Pegel blieb, gab es immer wieder Ereignisse, die für beträchtliche Abkühlung sorgten. Wütende Ehemänner und Ehefrauen tauchten im Restaurant auf und wollten Rache an den Liebschaften ihrer irregeleiteten Ehehälften nehmen. Es kam zu Tränen, Drohungen und einigen sehr unschönen Szenen. Zum Beispiel riss eine Ehefrau einer Platzanweiserin fast die Haare aus, da sie diese irrtümlich für die Kellnerin hielt, mit der ihr Mann ins Bett ging.

Leider führt sexuelle Begierde mitunter auch zu sexueller Belästigung. Traurig aber wahr: Viele Kellnerinnen, die ich im Lauf der Jahre kennen lernte, haben wie ich selbst ein gewisses Maß an sexueller Belästigung als Berufsrisiko akzeptiert und Annäherungsversuche, obszöne Bemerkungen und kaum verhüllte Drohungen, die in jedem anderen Job ein gerichtliches Nachspiel hätten, einfach abgewehrt. Doch sexuelle Belästigung ist bekanntermaßen nur sehr schwer zu beweisen. Für eine Kellnerin bedeutet eine derartige Anzeige zunächst einen dramatischen Einbruch ihres Einkommens. Aus purem Eigeninteresse werden Eigentümer und Geschäftsführer der Kellnerin in so einem Fall nicht kündigen, sondern auf jenen uralten Trick zurückgreifen, der darin besteht, die Kellnerin für die miesesten Tische in den miesesten Schichten einzuteilen. Innerhalb kürzester Zeit wird ihr Einkommen drastisch schrumpfen. Sie wird gezwungen sein, zu kündigen und sich eine neue Stelle zu suchen.

Bis vor kurzem hatten die mir bekannten Kellnerinnen in Bezug auf sexuelle Belästigung die Einstellung, dass man entweder darüber grinsen und es hinnehmen oder aber kündigen solle. Doch die 90er-Jahre machten auch vor dem Baciare nicht Halt. Nach einer Reihe im Stillen vorgenommener außergerichtlicher Regelungen sah sich die Geschäftsleitung gezwungen, ihre ungezwungene »Erlaubt ist, was gefällt«-Philosophie neu zu überdenken. Ein Geschäftsführer ging mit seinen Ansichten ins andere Extrem über und drohte, jeden Angestellten zu feuern, der im Restaurant mit jemandem herumpoussiere.

Ich habe lange genug im Baciare gearbeitet, um einen kompletten Personalwechsel mitzuerleben. Und im Verlauf dieser Zeit änderte sich auch die Stimmung des Restaurants. Man stieß nicht mehr an jedem beliebigen Abend auf Paare, die ihr Verlangen im Wäscheraum, im Kühlraum und in der Toilette stillten. Man stolperte höchstens über den Koch und eine Kellnerin, die im Treppenhaus knutschten, oder bediente ein Paar, das seine Bestellung nicht abgeben konnte, weil sie zu beschäftigt war, an seinem Hals zu saugen, und er zu beschäftigt war, unter ihrer Bluse herumzufummeln.

Zum Schluss möchte ich noch eine meiner Lieblingsgeschichten von einem Kellner-Freund erzählen, mit dem ich vor so vielen Jahren *Der Koch, der Dieb, seine Frau und ihr Liebhaber* angesehen habe.

»Ich hatte einen tollen Abend in meinem Restaurant«, erzählte er mir, »und so an die dreihundert Dollar Trinkgeld verdient. Es war sehr spät, und ich landete irgendwie in einer dieser Crêperien, die rund um die Uhr geöffnet sind. Ich unterhielt mich eine Weile mit meiner Kellnerin, die wirklich süß war. Mir fiel das viele Geld ein, das ich in der Tasche hatte, und ich sagte zu ihr: ›Ich gebe Ihnen auf der Stelle fünfundsiebzig Dollar, wenn Sie mir dafür Ihr Höschen schenken‹.«

An dieser Stelle legte mein Freund eine Pause ein, um eine Weile in seinen Erinnerungen zu schwelgen.

»Und?«, hakte ich nach. »Was hat sie gemacht?«

»Zunächst bereitete ihr die Logistik des Unternehmens Kopfzerbrechen«, sagte er. »Sie fragte mich, wie sie es anstellen sollte, mir mitten im Restaurant ihr Höschen zu geben. Also sagte ich: ›Haben Sie denn keine Kartons für den Straßenverkauf?‹«

»Und?«

»Sie brachte mir ihr Höschen in einer Take-away-Schachtel und ich gab ihr das Geld.«

»Weißt du«, sagte ich, »nur jemand, der Sex auf Tisch fünfzig hatte, konnte sich so etwas ungestraft erlauben.«

»Ja«, erwiderte er, »aber ich hatte dann mit dieser Frau tatsächlich ein Jahr lang eine Beziehung. Das hat sich einfach so entwickelt. Man weiß nie, was kommt.«

Ach ja. Sex und Essen. Essen und Sex. Zusammen eine machtvolle Verbindung. Nichts hat je besser geschmeckt.

10

»Hallo, ich bin heute Abend Ihre postfeministische Ikone«

Es ist Samstagnachmittag und ich stehe in einer Schlange in einem Kaufhauscafé. Neben mir steht ein Paar, das sich das Sandwich-Angebot ansieht. Die Reihe bewegt sich langsam voran, und bald werden sie sich entscheiden müssen, was sie essen wollen. Sie werfen einen Blick zu mir herüber. Ein jähes Wiedererkennen malt sich in ihren Zügen, gefolgt von offenkundiger Ratlosigkeit. Ich weiß, wer die beiden sind, doch sie haben absolut keine Ahnung, wo sie mich einordnen sollen.

»Hallo, wie geht's?«, begrüße ich das Paar lächelnd.

»Gut, danke«, erwidert der Mann. »Und selbst?«

»Ausgezeichnet«, antworte ich.

»Witzig, Sie gerade hier zu treffen«, sagt er. Er fischt im Trüben und hofft, ich würde etwas sagen, das ihm irgendeinen Hinweis auf meine Identität gibt.

»Mir gefällt es hier«, erwidere ich lediglich. »Die machen hervorragenden Kaffee.«

»Ja«, antwortet er. Ich lächele ihn noch einmal an und blicke dann zum Anfang der Reihe.

Die Frau beugt sich verstohlen zu ihrem Ehemann und flüstert verzweifelt: »Woher kennen wir sie?«

Ich sehe ihm die Zwickmühle, in der er steckt, deutlich an. Mein Anblick hat bei ihm eine ganze Palette an Empfindungen ausgelöst, und ich beobachte, wie sich eine nach der anderen in seiner Miene abzeichnet. Er weiß, ich gehöre nicht zu seinem Freundes- oder Bekanntenkreis. Gleichzeitig spürt er mir gegenüber eine eigentümliche

Vertrautheit. Er denkt, ich weiß etwas über ihn. Aber was könnte ich wissen? Wie soll er mich einordnen? Und wenn sein Leben davon abhinge, er kommt einfach nicht darauf.

Ich könnte ihm aus seinem Dilemma heraushelfen. Er liegt richtig mit seiner Vermutung, ich würde etwas über ihn wissen. Ich weiß, dass er und seine Frau Pferde züchten. Ich weiß, wo sie wohnen. Ich kenne seinen Namen. Ich weiß, dass seine Frau immer fragt, welche Spezialitäten besonders empfehlenswert sind, und von jeder einzelnen eine genaue Beschreibung verlangt. Und dass sie, ganz gleichgültig welche Spezialitäten es gibt, immer Huhn bestellen wird. Und sie wird immer ihr Gemüse als Beilage haben. Er bestellt zuerst immer eine Flasche Mineralwasser, ein Liter, ohne Kohlensäure. Ich weiß, ich bin nicht befugt, ihm die Flasche Mineralwasser zu bringen, bevor er sie bestellt hat, obwohl ich weiß, dass er sie bestellen wird. Ich weiß, dass er sein Essen gern mit einer Tasse koffeinfreien Cappuccino und einer Portion Erdbeeren mit Crème fraîche beendet, doch wieder muss ich warten, bis er es bestellt, und so tun, als wäre es für mich etwas völlig Unerwartetes. Ich weiß, dass er nach dem Cappuccino die Rechnung verlangt und diese zehn Minuten auf dem Tisch liegen lässt. Ich weiß, dass seine Frau vor ihm aufsteht und in Richtung Tür geht, dass er wartet, bis ich vorbeikomme und die unterschriebene Quittung an mich nehme.

Ja, ich könnte ihm die Sache erleichtern. Ich müsste nur sagen: »Ich bin Ihre Kellnerin.« Doch das tue ich nicht. Ich bediene dieses Paar schon seit Jahren. Sie hinterlassen immer ein gutes Trinkgeld, sind die meiste Zeit über ziemlich schweigsam und beanspruchen relativ wenig Aufmerksamkeit. Vor kurzem haben sie sogar damit begonnen, mich hin und wieder anzulächeln. Daraus kann ich wohl schließen, dass ich meine Rolle gut spiele. Und meine Rolle ist nicht so sehr davon bestimmt, wie gut ich meinen Job mache, sondern wie nah ich dem Bild einer Kellnerin komme, das die beiden in ihrer Vorstellung haben. Ich habe meine Rolle in der Tat so gut gespielt, dass die beiden nun völlig unfähig sind, mir außerhalb des Restaurants eine Identität zuzuordnen. Die Beziehung funktioniert perfekt. Warum soll ich sie zerstören, indem ich ihnen erzähle, wer ich bin?

Und wer bin ich überhaupt? Wie nah kommt meine wirkliche Identität an jene heran, die dieser oder jeder andere Gast, der an meinem Tisch sitzt, mir zuordnet? Ich habe das Gefühl, dass diese Frage ein wesentlicher Faktor in jeder Begegnung zwischen Kellnerin und Gast ist. Ich beziehe mich jetzt ausdrücklich auf Kellnerinnen, nicht auf Kellner, weil in unserer Kultur besonders die Kellnerin mit einem bestimmten »Image« behaftet ist.

Dieses Image hat sich im Lauf der Zeit gewandelt, doch einige grundlegende Merkmale sind unverändert geblieben. Die Kellnerin kommt aus der Arbeiterschicht, ist in der Regel gewitzt und häufig sexy. Aber obgleich sie nur ein unabhängiges Mädchen aus der Arbeiterklasse ist, hat sie oft etwas Schillerndes und Mysteriöses an sich. Daneben »sorgt« sie für ihre Gäste und nimmt so eine mütterliche Rolle ein. Sexy *und* mütterlich, das ist eine wahrlich machtvolle Mischung. Meiner Meinung nach ist die Kellnerin jetzt in demselben Maß eine postfeministische Ikone wie sie vor Jahren eine präfeministische Gestalt war.

Ein Blick in die Populärkultur stützt meine Theorie, dass es nicht nur ein allgemeines Bild der Kellnerin gibt, sondern auch eine andauernde Faszination dieser Figur. Nicht nur das Internet ist voll von Hinweisen auf sie, sei es nun in Form kleiner Oden, die verschiedene Autoren auf sie verfasst haben, sei es in Form von ihr gewidmeten Texten oder einschlägigen Webseiten, deren Inhalt nicht unbedingt jugendfrei ist.

Das vielleicht deutlichste Bild der Kellnerin als populäre Ikone findet man in den in Hollywood produzierten Filmen und Fernsehshows, in denen sie eine Hauptrolle spielt.

Die Figur der Kellnerin taucht seit den 30er-Jahren in Filmen auf. Aus Gründen der Übersichtlichkeit habe ich mich bei der Auswahl auf Filme zwischen 1970 und heute beschränkt – eine Zeitspanne, die meiner Ansicht nach am prägnantesten die Evolution dieser speziellen Frauenrolle widerspiegelt.

Ich hatte all die Filme und TV-Shows, die ich hier vorstellen werde, gleich bei ihrem Erscheinen gesehen. Doch um ein besseres Gespür dafür zu bekommen, wie sich das Bild der Kellnerin im Lauf der Zeit verändert hat, habe ich mir die Filme noch einmal innerhalb einer kurzen Zeitspanne angesehen. Ich hatte erwartet, dass Filme der Neunziger den Feminismus der Siebziger widerspiegeln. Doch ich habe festgestellt, dass sich vielleicht die Äußerlichkeiten verändert haben (die Kellnerinnen-Uniformen sind viel bequemer geworden), doch das Bild der Kellnerin ist mehr oder weniger gleich geblieben.

Ich erhebe nicht den Anspruch, eine begnadete Filmkritikerin zu sein. Meine Zusammenfassungen der Plots und die nachfolgenden Analysen reflektieren weder die Aussage noch den künstlerischen Wert der Filme. Dies überlasse ich lieber den professionellen Kritikern. Ich bin schließlich nur eine Kellnerin. Letztlich ist der Kern meiner Argumentation von persönlichem Empfinden bestimmt.

Five Easy Pieces (1970)
(Deutscher Titel: Ein Mann sucht sich selbst)

Jack Nicholson spielt Robert Dupeau, einen Pianisten, der vor seinem Talent und seiner kulturbeflissenen Familie geflohen ist, um als Ölbohrer in einer tristen kalifornischen Stadt zu arbeiten. Er lebt mit seiner Freundin Rayette (Karen Black) zusammen, einer Kellnerin und ehrgeizigen Country-Sängerin in orangefarbenem Polyester-Outfit. Rayette ist ungeschliffen, emotional abhängig und extrem naiv. Dupeau ist unehrlich und oft ausfallend, doch Rayette ist ihm so verfallen, dass sie immer wieder zu ihm zurückkehrt. Schließlich sagt Dupeau zu Rayette, es würde nur dann zwischen ihnen funktionieren, wenn sie nie wieder ein Wort spräche. Als er erfährt, dass sein Vater im Sterben liegt, fährt Dupeau in den Nordwesten, um seine Familie zu besuchen, und nimmt widerstrebend die mittlerweile schwangere Rayette mit.

Jeder, der den Film gesehen hat, kennt die nun folgende berühmte Restaurantszene. Dupeaus denkwürdiger Wortwechsel mit der Kellnerin des Restaurants ist einer der unvergesslichsten in der Filmgeschichte. Bei dem Versuch, ein Omelett und dazu als Beilage einen Toast zu bestellen, erntet Dupeau von seiner Kellnerin (Lorna Thayer) eine Abfuhr, da sie sich strikt weigert, die in der Speisekarte aufgeführten Gerichte abzuwandeln. Dupeau sagt zu der Kellnerin (brillant mit ihrer dicken Schminke, dem knallblauen Lidschatten und der ebenfalls orangefarbenen Kleidung), sie solle sich ihr Essen sonst wohin schieben und fliegt aus dem Restaurant. Er hat seinen Toast nie bekommen. Zu guter Letzt rennt Dupeau wieder weg und verlässt ohne ein Wort Rayette und alles, was sie repräsentiert.

Alice Doesn't Live Here Anymore (1974)
(Deutscher Titel: Alice lebt hier nicht mehr)

Ellen Burstyn hat einen Filmpreis für ihre Darstellung der Alice gewonnen, einer Hausfrau, deren gewalttätiger Ehemann stirbt und sie mit ihrem frühreifen Sohn allein zurücklässt. Alice erhält eine Stelle als Bar-Sängerin in Phoenix, wo sie einen Mann heiratet (Harvey Keitel), der scheinbar ein netter Kerl ist, sich jedoch bald als gewalttätiger Irrer entpuppt. Alice und ihr Sohn fliehen nach Tucson, wo sie gezwungen ist, eine Stelle als Kellnerin in Mel's Diner anzunehmen (eine Aussicht, die ihr anfangs absolut missfällt). Nach einigen Anfangsschwierigkeiten findet Alice Gefallen an dem Leben im Diner und an ihren Kolleginnen, der gewitzten Flo (Diane Ladder) und der verschrobenen Vera (Valerie Curtin). Dennoch sehnt sie sich nach einem Mann. Diesmal spielt Kris Kristofferson den als Gast getarnten, strahlenden Ritter, der kommt, um sie zu befreien. Es sieht ganz so aus, als würden sich durch diese Beziehung Alices Probleme lösen. Am Ende des Films verteidigt Alice ihren Job gegenüber ihrem Sohn und erklärt, sie habe durch die Trinkgelder ihrer beider Lebensunterhalt bestritten.

Frankie and Johnny (1991)
(Deutscher Titel: Frankie und Johnny)

Michelle Pfeiffer spielt in diesem Film Frankie, eine abgehalfterte Kellnerin in einem Restaurant in New York City. Al Pacino spielt Johnny, einen Ex-Strafgefangenen und Koch für Schnellgerichte, der sich in Frankie verliebt und versucht, sie in diesem Sumpf der Einsamkeit für sich zu gewinnen. Vor kurzem ist eine Kollegin krank und einsam gestorben. Natürlich will keine der anderen Kellnerinnen (die übliche Mischung aus schnoddrigen und verschrobenen Frauen) auf diese Weise enden. Frankie, die nicht gebildet ist und eine Reihe brutaler Beziehungen hinter sich hat, sieht für sich kaum einen Ausweg. Sie ist eine harte Überlebenskämpferin, aber dazu verdammt, ein unerfülltes Leben zu führen. Abermals kommt die Rettung in Gestalt eines Mannes. Als Johnny Frankies Panzer durchbricht und ihr zartes Inneres erreicht, gibt es doch noch einen Hoffnungsschimmer.

Untamed Heart (1993)
(Deutscher Titel: Real Love)

Marisa Tomei spielt Caroline, eine Kellnerin in Minneapolis, die ein Herz aus Gold, aber Pech in der Liebe hat. Als der eigenartige Hilfskellner Adam (Christian Slater) Caroline vor der Vergewaltigung durch zwei Schlägertypen rettet, beginnt zwischen den beiden eine süße, aber von Unheil überschattete Beziehung. Denn der arme Adam ist krank und seine Krankheit belastet die Liebesbeziehung. Wie die Kellnerinnen in den Filmen zuvor ist auch Caroline einsam und sucht nach Liebe. Allerdings endet dieser Film tragischer als die anderen, da Caroline das kleine Liebesglück, das sie findet, wieder verliert.

It Could Happen To You (1994)
(Deutscher Titel: Zwei Millionen Dollar Trinkgeld)

Die auf einem wahren Erlebnis beruhende Geschichte – New Yorker Polizist teilt seinen Lotteriegewinn mit seiner Lieblingskellnerin aus Yonkers, die die Zahlen ausgewählt hat – würde für ein modernes Märchen ausreichen, doch der Film geht einen Schritt weiter. Bridget Fonda spielt Yvonne, die Kellnerin, die unter ihrem Tunichtgut von Ehemann (Stanley Tucci) zu leiden hat. Er hat ihre Kreditkartenkonten heillos überzogen und sie in den Ruin getrieben. Trotz einer Unmenge persönlicher Probleme verhält sie sich gegenüber ihren Gästen wie ein hilfreicher Engel. Nicolas Cage spielt Charlie, den Bullen mit dem Herzen aus Gold, der ihr, nachdem er zwei Tassen Kaffee bezahlt hat, kein Trinkgeld mehr geben kann. Er verspricht Yvonne, ihr die Hälfte seines Lottogewinns zu schenken, falls die richtigen Zahlen gezogen würden, was natürlich geschieht. Rosie Perez spielt Muriel, Charlies verbiesterte Ehefrau, die so schlecht ist, wie Charlie und Yvonne gut sind. Sie will das ganze Geld und kriegt es schließlich auch. Und wieder ist die Liebe die Rettung. Charlie und Yvonne verlieren zwar ihr Vermögen, doch ihre neu entdeckte Liebe füreinander ist ihr Passierschein in eine glückliche Zukunft. Als Yvonne das Geld erhält, kauft sie den Coffee Shop und verkündet, sie wolle für immer Kellnerin bleiben. Der Film wirft jene Frage auf, die Kellnerinnen oft gestellt wird: »Wenn du im Lotto gewinnen würdest, würdest du dann den Laden hier kaufen?« Den Laden kaufen? Ich wage zu behaupten, dass die meisten nicht einmal mehr dort essen würden.

As Good As It Gets (1997)
(Deutscher Titel: Besser geht's nicht)

Jack Nicholson spielt hier Melvin Udall, einen besessenen, zwanghaften Schriftsteller mit zahllosen Komplexen. Helen Hunt (die für die Rolle den Oscar erhielt) ist die Kellnerin Carol, eine alleinerziehende Mutter, rundum nette Person und zudem die einzige, die Melvin noch bedient. Melvin kann nicht essen, wenn Carol ihn nicht bedient, und bald merkt er, dass er sie nicht nur für sein

Frühstück braucht. Als ihr Sohn krank wird und Melvin ihr anbietet, ärztliche Hilfe zu organisieren, reagiert die unabhängige Carol zunächst mit Argwohn und dann mit Dankbarkeit. Mit Hilfe von Melvins schwulem Nachbarn Simon (Greg Kinnear) begeben sich die beiden schließlich auf eine ungewöhnliche Reise ins Liebesglück.

Die Rolle der Kellnerin im Film ist über drei Jahrzehnte hinweg verblüffend ähnlich geblieben. Am meisten hat mich jedoch überrascht, dass die Kellnerinnen der frühen Filme nicht nur ein stärkeres Selbstbewusstsein hatten, sondern auch eine feministischere Einstellung als die Kellnerinnen der späten Filme.

Ich beanspruche für mich nicht, eine Expertin in Sachen Feminismus zu sein. Wie bereits erwähnt, habe ich die Playboy-Häschen-Kostüme immer niedlich gefunden und wäre liebend gern eine »Bezaubernde Jeannie« gewesen. Ich habe mir nie groß Gedanken über meine Rolle als Frau in der modernen Gesellschaft gemacht. Doch ob das nun den Umständen zuzuschreiben ist oder meiner Persönlichkeit, jedenfalls habe ich gelernt, dass eine gewisse geistige Unabhängigkeit genauso notwendig ist wie ein starker Überlebenswille, um ein eigenständiges Individuum (und eine eigenständige Frau) zu werden und nicht nur die Freundin, Mutter oder Ehefrau von jemandem. Eigentlich hatte ich erwartet, dass sich dieses Bewusstsein auch in den Kellnerinnen-Rollen der Neunziger widerspiegelt. Stattdessen wirken diese Frauen sowohl emotional als auch geistig weniger unabhängig als ihre Vorgängerinnen.

Zum Thema Sexualität: Mit sehr wenigen Ausnahmen waren die beschriebenen Kellnerinnen betont sexuelle, in manchen Fällen beinahe schon zügellose Geschöpfe.

Rayette in *Ein Mann sucht sich selbst* benutzt ihre Sexualität, um Dupeau zu halten, da sie sehr zu Recht vermutet, dass dies ihr einziger Trumpf ist. Auch Alice in *Alice lebt hier nicht mehr* hat keinerlei Skrupel, ihre Sexualität frei auszuleben. Im Verlauf des Films sieht man sie mit drei verschiedenen Männern im Bett. Die Kellnerinnen in *Frankie und Johnny* glühen ständig vor verhaltenem Verlangen, was Michelle Pfeiffer als Frankie die Möglichkeit gibt, Leidenschaft in einer Reihe von Sexszenen mit Al Pacino neu zu definieren. Selbst die süßen, frischen Kellnerinnen in *Zwei Millionen Dollar Trinkgeld* sind bereits ziemlich erfahren und bringen ihre sexuellen Vorstellungen in ihre Beziehungen mit ein. Im Fall von *Real Love* ergreift Caroline behutsam die Initiative beim körperlichen Kontakt mit dem schüchternen, unbeholfenen Adam. In *Zwei Millionen Dollar Trinkgeld* ist Yvonne geschockt, als sie hört, dass Charlie erst mit einer Frau im Bett war. Sobald ihre Beziehung sexuell wird, ist sie diejenige, die die Führung übernimmt.

Die Figur der Carol in *Besser geht's nicht* ist zwar deutlich komplexer als die anderen auf dieser Liste, weist aber ähnliche Eigenschaften auf. Obwohl dies der einzige der hier vorgestellten Filme ist, der ohne eine Sexszene auskommt, wird Carols Sexappeal unterschwellig in ihren Handlungen und Gesprächen betont. Ein Rendezvous am Anfang des Films macht auch ohne leidenschaftliche Szenen deutlich, dass sie sexuell verfügbar ist, und später beklagt sie offen den Mangel an körperlicher Zuwendung und Liebe in ihrem Leben.

Sexappeal ist freilich nur eine der Eigenschaften, die diese Film-Kellnerinnen gemein haben. Eine weitere Gemeinsamkeit ist die Einsamkeit und, quasi als Folge davon, der tiefe Wunsch nach emotionaler Rettung. In beinahe jedem Fall werden die Einsamkeit und der begleitende Rettungswunsch durch die Abwesenheit eines Mannes ausgelöst – was etwas paradox ist, bedenkt man, dass all diese Frauen von den Männern, mit denen sie zusammenlebten, ein gewisses Maß an Gewalt erfahren haben. So ist zum Beispiel Alice erst mit einem gewalttätigen Ehemann zusammen und danach mit einem psychopathischen Verehrer. Trotzdem braucht Alice einen Mann in ihrem Leben und wird sich nach ihm verzehren, bis der richtige des Weges kommt und sie errettet. Ein noch deutlicheres Beispiel findet man bei *Frankie und Johnny*. Die körperlichen Misshandlungen, die Frankie durch ihren Ex erlitten hat, sind so schwer, dass sie keine Kinder mehr bekommen kann und Angst vor Beziehungen hat. Aus dieser Angst heraus distanziert sie sich, trotz ihrer schrecklichen Einsamkeit, von Männern. Doch wieder ist es ein Mann – Johnny –, der ihr Trost und Rettung schenkt. Kurzum: Ungeachtet aller verbalen und körperlichen Attacken, bösartigen Ehemänner und sogar Vergewaltigung können sich diese Frauen nicht ohne einen Mann an ihrer Seite vollwertig fühlen und persönliche Erfüllung im Leben finden.

Das heißt nicht, dass die hier porträtierten Frauen nicht selbstständig wären. Eher das Gegenteil trifft zu. Etliche dieser Frauen versorgen mit dem Kellnern nicht nur sich selbst, sondern auch ihre Kinder. Sie alle sind offenbar Frauen, die hart arbeiten und für sich sorgen können. Selbst Rayette aus *Ein Mann sucht sich selbst*, die emotional abhängigste Figur aus dieser Reihe, bewahrt sich ihren Überlebensinstinkt. Doch die emotionale Hilflosigkeit, die in jeder einzelnen dieser Kellnerinnen vorherrscht, untergräbt ihre materielle Unabhängigkeit und zwingt ihnen unausweichlich den Wunsch nach Errettung auf. In *Besser geht's nicht* zwingen Carols Bedürftigkeit und Verletzbarkeit Melvin dazu, um ihretwillen ein guter Mensch zu werden. Es liegt auf der Hand, dass all diese Kellnerinnen wirklich der Errettung bedürfen. Und in beinahe jedem Fall taucht der richtige Mann gerade noch im letzten Moment auf.

Falls diese Argumente noch nicht überzeugend genug sind, um ein klar erkennbares Muster aufzuzeigen, so kann ich mit weiteren gemeinsamen Merkmalen aufwarten. Die Frauen in diesen Filmen sind in hohem Maße ungebildet. Laut Hollywood entstammen Kellnerinnen grundsätzlich der Unterschicht. Das besagt nicht, dass die hier porträtierten Frauen dumm sind. Sie sind alle mit einem gewissen Mutterwitz ausgestattet, können sich mit ihren Gästen jederzeit ein geistreiches Wortduell liefern, haben auf jede Bemerkung eine schlagfertige Antwort parat und verfügen oft über eine tiefe Einsicht in die menschliche Natur. Dennoch gibt es in der ganzen Truppe keine einzige Intellektuelle. Trotz ihres Wissens um sein wahres Wesen, ist Rayette im Vergleich zu Dupeau ein geistiger Zwerg. Frankie ist eingeschüchtert durch Johnnys überlegenen Intellekt. Caroline strebt nicht nach mehr Bildung, sondern will die Kosmetikschule besuchen. Und selbst Carol, die von all diesen Frau vielleicht am weitesten entwickelt ist, braucht Hilfe bei der Rechtschreibung, als sie an Melvin einen Brief schreibt.

Die Schlussfolgerung liegt nahe, dass diese Frauen, wenn sie eine bessere Bildung hätten, sicherlich nicht als Kellnerinnen arbeiten würden. Oder zumindest nicht in schmierigen Restaurants, zwielichtigen Spelunken und fragwürdigen Coffee Shops. Der Kellnerberuf ist eben nur ein Lebensunterhalt. Dies erklärt vielleicht, warum in Filmen eine so auffallende Knappheit an Kellnerinnen herrscht, die das College besucht haben oder besuchen, die gleichzeitig andere Karrieren verfolgen oder irgendeine Art von intellektuellem Interesse haben, das über das Bekritzeln von Bestellungsblocks hinausgeht. Eine gebildete Kellnerin, die gern und freiwillig in dem Beruf arbeitet, passt ganz offensichtlich nicht in das allgemeine Konzept. Die hier beschriebenen Kellnerinnen sehnen sich alle danach, von ihrem Job wegzukommen, doch das schaffen sie nicht allein, sondern bedürfen dazu der Hilfe eines Mannes.

Es gibt noch ein letztes, besonders wichtiges Klischee, das diesen Kellnerinnen gemein ist: Sie haben allesamt ein Herz aus Gold. Gleichgültig, wie hart sie nach außen hin auch wirken mögen, jede Kellnerin hat einen weichen, fürsorglichen Kern. Gleichgültig, wie schwer sie vom Schicksal gebeutelt wurden oder in welcher Notlage sie sich befinden, sie sind ihren Gästen gegenüber durchweg freundlich, ja mütterlich. Frankie erinnert ihre Gäste an deren Medikamente. Yvonne muntert einen Gast auf, der an AIDS erkrankt ist. Dies sind nur zwei Beispiele von vielen. Jeder der hier erwähnten Filme hat mindestens eine Szene, in der die selbstlose Güte und Sanftheit dieser Frauen hervorgehoben wird.

Und dieser Aspekt der Kellnerin ist es auch, der ihren größten Reiz ausmacht. Denn ohne diese Eigenschaft wird die Kellnerin nicht nur nutzlos, sondern lästig. Betrachten wir beispielsweise jene berühmte Restaurantszene in *Ein Mann sucht sich selbst*. So ungefällig, unflexibel und ruppig wie die Kellnerin auftritt, wirkt sie beinahe abstoßend und wird nicht nur für Dupeau eine Zielscheibe des Spottes, sondern auch für uns Zuschauer. Wir jubeln Dupeau zu, als er angeödet von dieser Person die Wassergläser vom Tisch fegt. Schließlich will er nichts weiter als einen Toast. Ist das denn zu viel verlangt? Vielleicht wurde diese Szene, die nur eine von vielen brillanten Momenten des Films ist, deshalb so berühmt. Es spielt offenbar keine Rolle, in welcher Dekade wir uns befinden oder welche Veränderungen die Rolle der Frau erfahren hat, ob nun auf der Leinwand oder im wirklichen Leben. Wir brauchen nach wie vor unsere Kellnerinnen, die uns ernähren, uns umsorgen und sich mit all der Kraft ihrer achtzehnkarätigen Herzen für uns aufopfern.

Ehrlich gesagt, habe ich mich selbst nie in einer dieser

Film-Kellnerinnen wieder gefunden. Obwohl vermutlich die Mehrzahl der Leute, die ich bedient habe, diese Filme gesehen hat. Es ist möglich, wenn nicht sogar wahrscheinlich, dass wir alle auf die eine oder andere Weise von diesem Klischeebild einer Kellnerin beeinflusst sind. Lange, bevor ich daran dachte, das Bild der Kellnerin in unserer Kultur zu untersuchen, habe ich am eigenen Leib Beispiele für diesen Einfluss erfahren.

Erst kürzlich hatte ich mit einer Freundin, die ich kenne, seit wir beide neunzehn Jahre alt waren, folgendes Gespräch:

»Ich habe gerade einen klasse Film gesehen«, sagte sie. »Den musst du dir unbedingt ansehen. Da ist eine Figur, die mich total an dich erinnert. Das könntest wirklich du sein.«

»Was war das für ein Film?«

»Besser geht's nicht«, sagte sie.

»Und warum ist mir diese Figur so ähnlich?«

»Sie ist alleinerziehende Mutter, genau wie du«, sagte meine Freundin. »Und sie liebt ihren Sohn abgöttisch – genau wie du.«

»Und?«

»Na ja, ihr Sohn ist oft krank. Er hat Asthma, genau wie dein Sohn.«

»Mein Sohn ist nicht oft krank.«

»Jedenfalls ist die Frau auch Kellnerin. Du musst dir den Film wirklich ansehen. Dann wirst du verstehen, was ich meine.«

Das Einzige, was ich nach diesem Film wirklich verstanden habe, war, dass ich einzig und allein, weil ich Kellnerin und zufällig auch alleinerziehende Mutter bin, für diese Freundin, die mich seit fast zwanzig Jahren kennt, mit einem fiktiven Charakter identisch bin, mit dem ich, abgesehen von jenen beiden Äußerlichkeiten, absolut nichts gemein habe.

Da meine Identität sogar für eine Freundin eng mit diesem Vorstellung von einer Kellnerin verknüpft ist, liegt der Schluss nahe, dass diese Vorstellung noch stärker bei den Leuten wirksam ist, die ich bediene – bei jenen Menschen also, die mich überhaupt nicht kennen. Oder kennen sie mich doch?

Rein äußerlich betrachtet, erfülle ich tatsächlich einige dieser klischeehaften Kellnerinnen-Eigenschaften. Ich habe einige Beziehungen hinter mir. Und wie bei den meisten Film-Kellnerinnen, haben diese Beziehungen am Tisch oder im Dunstkreis des Restaurants begonnen. Bin ich diese Verbindungen eingegangen, weil sie mir entsprachen, oder wurde die Qualität der Beziehungen durch meinen Kellnerinnen-Status diktiert? Ich kann jedenfalls von mir behaupten, dass ich nie danach trachtete, errettet zu werden. Ich hatte nie Al Pacino zur Seite. Dafür hatte ich Leo. Und Kris Kristofferson ist nie an meinem Tisch gesessen und hat mir seine Dienste als edler Retter angetragen. Dafür hatte ich Steve, den Ritter der schnippenden Vierteldollarmünzen und Bungalow-Küsse. Auch Jack Nicholson ist noch nie an meinen Tisch gekommen und hat mir medizinische Hilfe für meinen Sohn angeboten. Nein, ich hatte Dominic, der genau wusste, wann mein Sohn sauber zu sein und wie seine Ernährung auszusehen hatte. Ein Film will mir weismachen, ich könnte, mit etwas Glück, in den Genuss eines Millionen-Dollar-Trinkgeldes gelangen. Wohl kaum.

Wie etliche meiner Film-Kolleginnen bin auch ich alleinerziehende Mutter und habe meinen Sohn und mich jahrelang ausschließlich durch Bedienen ernährt. Allerdings fühlte ich mich niemals gezwungen, als Kellnerin zu arbeiten. Ich stellte einfach nur fest, dass mir dieser Job die meiste Freizeit bot, um mit meinem Kind zusammen zu sein, das ohnehin schon auf einen Elternteil verzichten musste. Und was den nährenden, mütterlichen

Aspekt der Kellnerin betrifft, so habe ich, bis auf die Reaktionen meiner Gäste, keine Möglichkeit nachzuprüfen, inwieweit ich diese Eigenschaft verkörpere. Ich hatte zufriedene Gäste und Gäste, die mich wirklich mochten. Doch ich habe auch Leute bedient, die mich schon beim ersten Blick zu hassen schienen. Leider hatte ich nie Gäste, die mich zur Hälfte an ihrem Lotterielos beteiligt haben. Andrerseits habe ich es auch nie abgelehnt, einen Toast und ein Omelett zu servieren. Und bis zum heutigen Tag hat mir auch noch niemand gesagt, ich solle mir mein Essen sonst wohin schieben.

Mein Erfolg beim Bedienen war in erster Linie davon bestimmt, wie persönlich ich mit meinen Gästen umgegangen bin. Und mit persönlich meine ich nicht Auskünfte über Schulbildung, Kinder, Familienstand, sondern auch meine eigene Bereitschaft, am Leben der Gäste, solange sie an meinem Tisch sitzen, ein Interesse zu zeigen. Dieses Verhalten entspricht meiner Art der Fürsorge und befriedigt gleichzeitig die Erwartungen, die ein Gast an seine Bedienung hat.

Wenn mir eine Frau zuflüstert: »Um mich brauchen Sie sich keine Gedanken zu machen, ich habe früher als Kellnerin gearbeitet«, dann bezieht sie sich damit auf weit mehr als nur auf besagten Job. Sie gibt mir zu verstehen, dass sie mich, ihre Kellnerin, auf eine sehr tiefgreifende Art kennt. Und deshalb hatten die Gäste, die ich im Kaufhauscafé traf, keine Ahnung, wer ich war. Außerhalb des Restaurants hatte ich keine Identität. Ich war aus meinem Umfeld und vor allem aus meiner Rolle herausgelöst.

Ich erklärte dem Paar nie, wer ich war. Aber ich bediente sie wieder und sie gaben durch nichts zu erkennen, dass sie mich an einem anderen Ort getroffen hatten. Als ich mich ihrem Tisch näherte, lächelte der Mann mich an und sagte: »Werden Sie uns heute Abend bedienen?«

»Ja«, antwortete ich, »ich bin Ihre Kellnerin.«

11

Immer noch dabei

Als ich im Baciare anfing, hatte ich keine Ahnung, dass dies für mich die längste Zeitspanne in einem Restaurant werden würde. Am Anfang hatte ich nur das Ziel, den chaotischen Verhältnissen im Hoover's zu entfliehen und mir ein stabileres Arbeitsumfeld und ein geregelteres Einkommen zu verschaffen. Das Baciare erfüllte diese Ansprüche so perfekt, dass ich dort bald meinen ersten Jahrestag feierte, dann den zweiten und schließlich den dritten. Dies war das erste Mal, dass ich in einem Kellnerjob eine Art von Beständigkeit erfuhr.

Vor dem Baciare war ich nie sehr lange in einem Restaurant geblieben. Die Gründe hierfür waren so vielfältig wie die Restaurants selbst. Jedenfalls habe ich jeden Kellnerjob mit dem Gefühl begonnen, es sei nur vorübergehend. Wie so viele meiner Kollegen habe ich Bedienen nie als das Ziel selbst angesehen, sondern als ein Mittel, um ans Ziel zu gelangen.

Da ich vor dem Baciare so oft gewechselt hatte, empfand ich die Stabilität, die mir die Arbeit bot, zunächst als außerordentlich beruhigend. Doch als die Monate zu Jahren wurden, fühlte ich mich in meinem Job zunehmend unbehaglich und festgefahren. An die Stelle des Unbehagens trat bald Unzufriedenheit und schließlich Depression. Kurzum, ich wurde von einer bei Bedienungen verbreiteten Krankheit befallen, dem Burn-out-Syndrom.

Ich habe viele Kellnerinnen und Kellner gesehen, die »ausgebrannt« waren. Obwohl sich die Anzeichen auf verschiedene Weise äußern, sind sie, vor allem für Kollegen und Geschäftsführer, klar erkennbar. In der Regel hat das Opfer des Burn-out einfach zu lange bedient oder ist in einem bestimmten Restaurant länger als erwünscht geblieben. Sobald das Burn-out-Syndrom ausgebrochen ist, kann ein Kellner kaum noch etwas tun, um seinen Zustand zu verbessern. Gute Ratschläge helfen genauso wenig wie ein Urlaub. Solange die Arbeitsuniform im Schrank hängt und darauf wartet, für die nächste Schicht getragen zu werden, solange wird die Bedienung weiter innerlich kochen und verbrutzeln.

Alle Bedienungen werden aus ähnlichen Gründen vom Burn-out-Syndrom heimgesucht. Vielen ergeht es so, wie es damals mir ergangen ist: Sie fragen sich plötzlich, wo all die Zeit geblieben ist und warum sie noch immer in einem Job arbeiten, der nur als vorübergehende Einnahmequelle gedacht war. Manche entwickeln eine ablehnende Haltung gegenüber der Geschäftsleitung und beginnen über ungerechte Behandlung zu klagen. Oft sind diese Beschwerden berechtigt, doch wenn die Bedienung eine immer größere Unzufriedenheit entwickelt, wird schließlich alles zu einer persönlichen Beleidigung. Zum Beispiel beschwerte sich ein Kellner, mit dem ich arbeitete, darüber, dass er absichtlich Gäste zugeteilt bekäme, die miese Trinkgelder gaben. Als der Geschäftsführer den Kellner fragte, welche Gäste seiner Meinung nach miese Trinkgeldgeber seien, wartete der Kellner mit folgender Liste auf: alte Leute, junge Leute, Paare mit Kindern, Frauengrüppchen, Geburtstagsrunden und Familien. »Und die sind alle in meinem Bereich«, fügte er mit ungerührter Miene hinzu.

Andere Kellner und Kellnerinnen können irgendwann die servile Seite des Jobs nicht mehr ertragen und fühlen sich plötzlich außerstande, den Wünschen und Forderungen der Gäste noch länger nachzukommen. Im Verlauf einer Schicht hört man so eine Bedienung dann mehrmals klagen: »Ich hasse Menschen.« Ein Kollege im Endstadium des Burn-out-Syndroms drückte das einmal auf eine sehr anschauliche Art aus.

»Ich habe es so satt, den Leuten ständig beim Essen zuzusehen«, sagte er. »Ich kann es nicht mehr ertragen, sie kauen zu sehen und zu beobachten, wie sie sich das Essen in den Mund schieben und hinunterschlucken. Wenn ich in den Speiseraum blicke, sehe ich nur noch ein Meer aus offenen Mündern, die sich ständig bewegen, während Essen in sie hineingeschoben wird.«

Das Verhalten der ausgebrannten Bedienung ist ein entscheidender Punkt. Schlechtes Benehmen ist mehr oder weniger eine Garantie für ein mieses Trinkgeld. Dann werden die Beschwerden der Bedienung über ihre Gäste zu einer sich selbst erfüllenden Prophezeiung. So weigerte sich ein mir bekannter Kellner beispielsweise, an einem Tisch auch nur eine Sekunde länger als unbedingt nötig zu bleiben, weil die Gäste weißen Zinfandel bestellt hatten. So eine Bestellung verrate die fehlende Bildung, behauptete er, und ungebildete Leute würden auch ein schlechtes Trinkgeld geben. Warum sollte er sich abhetzen, fuhr er fort, die Leute würden ihn nur wegen Nichtigkeiten herumscheuchen. »Weißer Zinfandel!«, schnaubte er. »Warum haben sie nicht gleich einen Eimer als Weinkühler mitgebracht?«

Natürlich merkten seine Gäste die ablehnende Haltung. Sie fühlten sich gekränkt, auch wenn sie den Grund der Ablehnung nicht kannten, und hinterließen ein schlechtes Trinkgeld. »Siehst du?«, sagte er, während er anklagend auf die acht oder zehn Prozent Trinkgeld deutete. »Ich habe es ja gleich gesagt.«

Mitunter verärgert eine ausgebrannte Bedienung die Gäste nicht allein durch ihr Verhalten. Manche Bedienungen lassen Dampf ab, indem sie sich auf subtile Art an ihren Gästen rächen. Jener Kellner, der den Leuten nicht mehr beim Kauen zusehen konnte, begann seine Gäste tatsächlich zu quälen. Er weigerte sich, Wasser an einen bestimmten Tisch zu bringen, obwohl die Gäste mehrfach danach verlangt hatten. Er mied den Tisch einfach und beobachtete aus der Ferne, wie die Gäste verzweifelt in ihre leeren Gläser starrten und sich die Hälse nach ihm verrenkten. Es bereitete ihm ein sadistisches Vergnügen, seine Gäste so lange warten zu lassen, bis sie vor Durst förmlich schrien. »Warum sollen sie nicht auch leiden?«, bemerkte er lapidar.

Als der Kellner mit diesen Kapriolen begann, war sein Syndrom natürlich schon relativ fortgeschritten. Andere Kollegen achten während ihres Rachefeldzugs gegen die Menschheit darauf, ihr Einkommen nicht darunter leiden zu lassen. In diesen Fällen wird besonders gern an den Resten herumgepfuscht, die zum Mitnehmen eingepackt werden sollen. Dann wird in diesen Gerichten herumgestochert, bis sie »zufällig« herunterfallen, ehe sie endlich in Behältern zum Mitnehmen landen.

Ähnlich verhält es sich mit dem Verfahren, Gerichte unter den Gästen aufzuteilen. Im Baciare galt die Regel, dass Gerichte nicht von den Köchen geteilt wurden. Wenn man Gerichte veränderte, lautete die These, dann zerstörte das die Gesamtkomposition und die Präsentation. Sollte ein Gast den Wunsch haben, sein Gericht mit anderen Leuten zu teilen, so sollte der Kellner diese Teilung am Tisch vornehmen. Rein theoretisch war das eine sinnvolle Politik. Der Kellner konnte sich vorteilhaft in Szene setzen und sich mit seinen Gästen verbünden, indem er ihren Restaurantbesuch entspannt und angenehm gestaltete. Diese Politik ließ sich jedoch nicht mit einem weiteren, dringlicheren Gesetz vereinbaren, das darin bestand, das Restaurant mit so vielen Tischen wie möglich voll zu stopfen und diese in Lichtgeschwindigkeit zu bedienen, abzukassieren und neu zu decken.

Im Grunde versuchte das Restaurant, einen gehobenen kulinarischen Standard in das Zeitschema eines Fast-Food-Restaurants zu zwängen. Das verursachte für die Bedienungen Stress, der sich unvermeidlich auf die Gäste übertrug. Viele Gäste begehrten auch offen gegen diese Praxis auf und bestanden darauf, dass ihre Gerichte bereits in der Küche geteilt wurden. Für frustrierte Kellner und Kellnerinnen war das immer eine ausgezeichnete Gelegenheit, ein wenig Dampf abzulassen. Also wurden Salate, Fisch und sogar Pasta in der Küche per Hand geteilt. Und das meine ich wörtlich. Die Kellnerin griff dann mit der Hand in die Speisen und verteilte sie auf zwei oder mehr Teller. Wenn sie das Gefühl hatte, es sei mehr als genug da, so verabreichte sie sich gelegentlich auch selbst die eine oder andere Portion.

»Wenn schon«, wurde dann argumentiert. »Denen ist doch egal, was ich für sie tue. Die werden mich sowieso um mein Trinkgeld betrügen.«

Für eine Kellnerin gibt es noch weitere passiv-aggressive Möglichkeiten, um es den Gästen, von denen sie sich drangsaliert fühlt, heimzuzahlen. Rache ist süß, heißt es. Oder auch glühend heiß – wie beispielsweise eine Suppe, wenn ein Gast die Bedienung angeschnauzt hat, sie noch einmal aufzuwärmen. Dieser Gast wird einen neuen Teller Suppe erhalten, die ausschließlich zu dem Zweck, ihm die Haut von der Zunge zu brennen, extrem erhitzt wurde.

»Ist Ihnen die Suppe jetzt heiß genug, mein Herr?«, wird die Kellnerin säuseln. »Falls nicht, kann ich sie in der Küche noch weiter erhitzen lassen.«

Auch der Kaffee hat es in sich. In jedem Restaurant, in dem ich gearbeitet habe, galt folgende Faustregel: Je mehr ein Gast auf koffeinfreiem Kaffee besteht, desto größer ist die Wahrscheinlichkeit, dass er normalen Kaffee erhält. Sehr beliebt bei den Gästen ist folgender Satz: »Bringen Sie mir auch wirklich koffeinfreien? Ich werde mir nämlich Ihre Telefonnummer aufschreiben, und wenn der Kaffee nicht koffeinfrei ist und ich nicht schlafen kann, werde ich Sie nachts anrufen.«

Die aufrichtige Antwort wäre gewesen: »Nein, wahrscheinlich ist er nicht koffeinfrei.« Im Baciare waren die Hilfskellner für das Kaffeekochen verantwortlich und dafür, dass sowohl koffeinfreier als auch normaler Kaffee in gleichen Mengen vorhanden war. In der Praxis hat das nie funktioniert. Wenn ich mir eine Kanne schnappte und den Hilfskellner fragte: »Ist das normal oder ohne?«, erwiderte dieser meistens: »Ja.«

Dies war ein Gebiet, das die Ausgebrannten von jenen trennte, die noch mit Schwung bei der Sache waren. Eine ausgebrannte Kellnerin versichert ihrem Gast, ohne mit der Wimper zu zucken, dass sein Kaffee, je nach Wunsch, hundertprozent koffeinfrei oder normal ist. Die frische Kellnerin weist ihren Gast darauf hin, dass er, wenn er Koffein tatsächlich nicht verträgt, vielleicht ganz auf einen Kaffee verzichten sollte, da eine Bestellung immer ein gewisses Risiko bedeute.

Ich habe diese Beispiele aus Gründen einer fairen Berichterstattung beigefügt. Diese Dinge sind zwar nicht an der Tagesordnung, doch sie kommen vor. Jeder, der regelmäßig im Restaurant speist, hat sehr wahrscheinlich schon einmal die Bekanntschaft mit einer ausgebrannten Bedienung gemacht und die Folgen am eigenen Leib erfahren, ob nun wissentlich oder unwissentlich. Noch wahrscheinlicher ist es aber, dass die Bedienung mit einigen sehr unangenehmen Gästen beschäftigt war und ihr Pensum einfach nicht mehr bewältigt hat. Damit möchte ich Folgendes sagen: Ich habe niemals Kellner oder Kellnerinnen erlebt, die einen Gast strafen, der sie anständig und respektvoll behandelt und ihre Dienste irgendwie, und sei es noch so bescheiden, anerkennt. Merke: Freundlichkeit gegenüber Ihrer Bedienung zahlt sich aus.

Ich selbst habe auch in der schlimmsten Phase meines Burn-out-Syndroms niemals diese Form der Sabotage an Gästen verübt. Bei mir äußerte sich der Zustand so, dass ich einfach kein Interesse mehr an meinen Gästen hatte, mich ständig über mein schweres Los beklagte und allgemein eine negative Aura verbreitete. Ich lächelte den Gästen nicht mehr zu und nahm es wirklich übel, wenn jemand meinen Mangel an Herzlichkeit beanstandete. Wenn ich das Gefühl hatte, dass mich meine Gäste wie eine Idiotin behandelten (»Können Sie sich meine Bestellung wirklich merken, ohne sie aufzuschreiben?«), begann ich mit gewichtigen Wörtern um mich zu werfen, wie Eklektizismus oder Glukosestoffwechsel. Das kam nie besonders gut an, muss ich sagen.

»Was war das für ein Wort, das Sie vorhin benutzt haben?«, fragte mich einmal ein Gast, während er zehn Prozent Trinkgeld auf seine Kreditkarten-Quittung kritzelte. »Wiederholen Sie es doch bitte, damit ich es aufschreiben kann. Ich bin nämlich ganz scharf darauf, von meiner Kellnerin belehrt zu werden, wenn ich essen gehe.«

Unweigerlich entschlüpfte mir am Tisch auch die eine oder andere sarkastische Bemerkung, obwohl ich wusste, dass ich mir damit nur selbst schadete. Allerdings ist mir nur einmal ein wirklich dummer Spruch herausgerutscht.

»Wie ist heute Abend die Ente?«, fragte mein Gast.

»Tot«, erwiderte ich wie aus der Pistole geschossen.

Ich weiß nicht, wer von uns beiden über meine Antwort erschrockener war.

Es wäre möglich gewesen, auf diese Art noch jahrelang weiterzumachen und die fortschreitende Erosion meines Benehmens und meines Selbstwertgefühls zu beobachten, gäbe es nicht jene unerbittlichen Mahner an die Vergänglichkeit des Lebens – die Feiertage.

Die Feiertage mit Bedienen zu verbringen, ist eine bittersüße Erfahrung im Arbeitsleben eines jeden Kellners und einer jeden Kellnerin. Bitter deshalb, weil Feiertage als die »Zeit der Amateure« gelten, als eine Zeit, in der Leute, die sonst nie zum Essen gehen, plötzlich mit unmöglichen Forderungen und Erwartungen hereinschneien. Und süß, weil allein die Tatsache, dass so viele Leute zum Essen gehen, für die Bedienung beinahe schon eine Garantie für guten Verdienst bedeutet. Jeder Feiertag hat in einem Restaurant sein eigenes unverwechselbares Flair, und man erfährt viel über die menschliche Natur, indem man das Verhalten der Menschen an diesen Tagen beobachtet.

Zum Beispiel der Valentinstag. An diesem Tag der Liebenden ist so wenig an Liebe spürbar, dass sich auch im romantischsten aller Herzen Zynismus regen muss. Die Paare schleppen sich aus einer Art von Pflichtgefühl zum Mittag- oder Abendessen, um dem falsch verstandenen Ideal einer Partnerschaft zu entsprechen. Sollte dies zu bissig klingen, möchte ich Folgendes zu bedenken geben: Ich habe am Valentinstag mehrmals verheiratete Männer gesehen, die ihre Geliebten zum Mittagessen ausführten. (Woher ich weiß, dass eine Frau die Geliebte und nicht die Ehefrau oder Freundin ist? Bitte, seien Sie versichert, dass Ihre Bedienung so etwas sieht.) Diese Mittagessen beinhalten in der Regel Champagner und üppige Desserts. Die Geliebte bekommt als Valentinsgeschenk immer Dessous. Die Ehefrau hingegen erhält meist Schmuck. Und dieselben Männer haben dann am selben Tag ihre Ehefrauen in dasselbe Restaurant zum Dinner ausgeführt.

Sollte dies noch nicht genügen, um das Herz zu verhärten, dann wären da noch die Paare zu erwähnen, die den Valentinstag wählen, um sich beim Abendessen heftig zu streiten. An jedem beliebigen Valentinstag – und ich habe als Bedienung mindestens ein Dutzend erlebt – sind in meinem Bereich gut die Hälfte der Paare mit Streiten beschäftigt. Dies allein erschwert natürlich schon die Arbeit der Kellnerin, weit schlimmer ist jedoch, dass diese Paare durch nichts zufrieden zu stellen sind. Und ganz gleich, worum der Streit geht, zu guter Letzt wird alles die Schuld der Bedienung sein.

Am meisten wird eine Bedienung allerdings durch jene Paare gefordert, die sich im Zustand eisiger Erstarrung befinden. Sie wechseln während des gesamten Essens kein Wort miteinander, schaffen es aber, gehässige Spitzen auf ihre Bedienung loszulassen, wann immer diese an ihren Tisch kommt.

Des Weiteren gibt es die Paare, die den Valentinstag für ihren Heiratsantrag auswählen. Das ist eine Situation, die eine gewaltige Sprengkraft in sich birgt. Was, wenn sie ablehnt? (Ich würde an dieser Stelle gern ein, zwei Frauen als Beispiel anführen, die den Männern einen Antrag machten, aber ich habe keine erlebt.) Ich habe Verlobungsringe in Champagnergläsern und auf der Spitze von Desserts serviert und musste daneben stehen bleiben, um sicherzugehen, dass die arglose Empfängerin nicht das Zweimonatsgehalt ihres potenziellen Verlobten hinunterschluckte.

Offen gesagt, spielt sich diese kleine Szene niemals so ab wie im Kino. Unglückseligerweise wird im Restaurant die Umgebung nicht ausgeblendet, so dass ein glückliches Paar im Scheinwerferlicht der Liebe zurückbleibt. Nein, die Szene ist eher von Lärm, Verlegenheit und mitunter auch Enttäuschung geprägt. Ich werde nie den zutiefst erschrockenen Ausdruck der Frau vergessen, die ihren Diamantring in einem Glas Dom Pérignon erhielt. Sie erbleichte, wurde nervös und etwas verstört. Als ihr Möchtegern-Verlobter auf die Toilette ging, nahm sie mich beiseite und wisperte panisch: »Er möchte, dass ich ihn heirate. Was soll ich nur tun?«

Wie vorhin erwähnt, stehen Bedienungen am Valentinstag unter einem enormen Druck, da die Erwartungen der Gäste an diesem Abend besonders hoch sind. Verläuft das Essen nicht wie geplant, wird oft die Bedienung dafür verantwortlich gemacht. Und da an diesem Abend natürlich alle Welt einen Tisch reserviert hat, müssen die Bedienungen obendrein für einen raschen Wechsel sorgen. Das ist keine leichte Aufgabe, da die meisten Paare so lange wie möglich über ihren herzförmigen Gerichten verweilen möchten. Trotzdem haben die meisten Bedienungen, die ich kenne, nichts dagegen, am Valentinstag zu arbeiten. In der Regel haben sie aufgrund ihrer Feldstudien jene soeben beschriebene zynische Haltung angenommen. Und wenn es diesem Feiertag schon an wahrer Liebe mangelt, so tröstet doch nichts so sehr darüber hinweg wie ein dicker Batzen Geld.

Dieser Trost lässt sich freilich nicht auf den Muttertag anwenden, die Mutter aller Restaurant-Feiertage, ein Tag, der von Bedienungen auf der ganzen Welt gefürchtet, geschmäht und gehasst wird. Kellner und Kellnerinnen rüsten sich für den Muttertag wie Soldaten für den Krieg. Schon Wochen vor jenem speziellen Sonntag im Mai denken sich Bedienungen irgendwelche Lügenmärchen aus, um sich vor der Arbeit an diesem Tag zu drücken. Ihre Autos gehen kaputt, sie sind todkrank, sie müssen nach Hause fliegen und haben bereits die Tickets gekauft, es tut ihnen wirklich Leid, aber sie können unmöglich an diesem Tag arbeiten.

Bevor ich Blaze hatte, fand ich die Arbeit am Muttertag schon reichlich schwierig. Doch nachdem ich selbst Mutter geworden war, fand ich es nur noch widerwärtig. »Warum muss ich arbeiten«, pflegte ich die Geschäftsleitung zu fragen. »Schließlich bin ich von allen Angestellten die einzige Mutter. Steht mir da nicht ein freier Tag zu?« Die Antwort war jedes Mal ein klares Nein.

Im Baciare machte die Geschäftsleitung sogar jedes Jahr Anfang April einen Aushang in der Küche mit folgendem Wortlaut: »Alle Restaurantangestellten arbeiten am Muttertag, ganz gleich, ob sie Schicht haben oder nicht. Ausreden werden nicht toleriert.« Jedes Restaurant, in dem ich arbeitete, hat den Muttertag als den lukrativsten Tag des Jahres betrachtet, an dem unablässig Gäste hereinströmen und der gute Umsatz quasi gesichert ist. Warum also arbeiten Kellner und Kellnerinnen so ungern an diesem Tag? Ich werde Ihnen die Gründe aufzählen.

M steht für das Menü, das schwierig anzurichten und unmöglich zu servieren ist. Keine Küche ist in der Lage, hundert Eier gleichzeitig zuzubereiten. Brunch-Speisen zählen zu den heikelsten Gerichten eines Restaurants, da sie sehr leicht danebengehen können. Jeder, der schon einmal verklumpten Haferbrei, kalte Omeletts oder verbrannte Toasts erhalten hat, wird dem beipflichten. Am Muttertag muss sich jedes Restaurant schlagartig in eine Frühstücks-Oase verwandeln, ob es in diesem Bereich nun sonderlich beschlagen ist oder nicht. Und in den letzten Jahren ist das Frühstück obendrein zu einer komplizierten Angelegenheit geworden. Eier müssen frei von Cholesterin sein, Pfannkuchen aus Vollkornmehl, Orangensaft frisch gepresst. Doch es ist Muttertag, der Gast ist der einzige Mensch im ganzen Restaurant, der von einer Frau geboren wurde – niemand sonst hat hier eine Mutter –, und er möchte sein cholesterinfreies Omelett mit einer Portion extra knusprigem, heißem Speck, und er möchte es jetzt. Im Baciare haben mehr Köche am Muttertag gekündigt als zu jeder anderen Zeit des Jahres.

U steht für unerträgliches Verhalten der speisenden Söhne und Töchter. Am Muttertag scheinen etliche Leute wieder zu Kleinkindern zu regredieren. Das heißt, sie sind fordernd, ungeduldig und quengelig. Da sie sich ihren Müttern gegenüber nicht so verhalten dürfen, obwohl sie das gern tun würden, ist wieder einmal die Bedienung das Opfer.

T steht für Trinkgeld, und zwar für miserables. Zweifellos wäre der Schrecken des Muttertags beträchtlich geringer, wenn er mehr Geld bringen würde. Aber man schuftet noch mehr als sonst und verdient weniger. Kaum jemand will den Muttertag tatsächlich im Restaurant im Kreise der Familie verbringen und entsprechend fallen die Trinkgelder aus. Es ist die Hölle, daran besteht kein Zweifel.

T steht außerdem für den Terror, der innerhalb der Familien herrscht. Es ist eine hasserfüllte Stimmung, die auch auf die Restaurantangestellten übergeht. Tolstoi hätte seine Meinung, dass alle unglücklichen Familien einzigartig sind, schlagartig revidiert, wenn er jemals am Muttertag in einem Restaurant gearbeitet hätte. Ich habe ungezählte Male denselben Streit, dieselben Beschuldigungen und Gegenbeschuldigungen erlebt und dieselben Spannungen in den Familien gespürt, die offenbar alle unter ihrem erzwungenen Zusammensein litten. Einige Mütter habe ich sogar sagen hören, dass sie diesen Tag hassten, da er sie nur an ihren Fehler erinnerte, überhaupt ein Kind zur Welt gebracht zu haben.

E steht für die Energie, die man braucht, um so eine Muttertagsschicht durchzuhalten, die weit mehr verlangt, als ein Mensch normalerweise leisten kann. An einem Muttertag arbeitete ich in einem Bereich mit fünf Tischen, die viermal neu besetzt wurden. Das ergibt zwanzig Tische, an denen immer vier bis fünf Gäste saßen – insgesamt also an die hundert Gäste und deren Mütter, die alle von mir erwarteten, dass ich ihnen den perfekten Tag bereitete. Ganz gleich, wie frisch man sich zu Beginn der Schicht fühlt, am Ende ist man psychisch und physisch ein Wrack.

Energie wird einem aber auch durch die Geschäftsleitung entzogen, die alles tut, um einer Bedienung während besagter Schicht das Leben so schwer wie möglich zu machen. Der vertraute Schlachtruf: »Ich will den Geschäftsführer sprechen!«, klingt an diesem Tag am lautesten. Deshalb befinden sich am Muttertag alle Geschäftsführer von vornherein in Krisenstimmung. Natürlich gibt es oft guten Grund zur Beschwerde. Im Verlauf der Jahre habe ich einige Katastrophen miterlebt. Eine Mutter wurde von einem Stuhl, den eine Kellnerin rasch zu einer anderen Gruppe tragen wollte, schwer am Kopf getroffen. Eine andere Mutter rutschte auf einer Olivenölspur neben ihrem Tisch aus und landete auf ihrem Hintern. Und wieder eine andere Mutter erhielt zu ihrem gesunden Salat eine Gratis-Beilage: einen Skorpion. Während der Geschäftsführer noch überlegt, wie er unbeschadet aus all den potenziellen Gerichtsverfahren herauskommt, kreist ihm ein Gedanke unentwegt im Kopf herum: Sobald die Schicht vorbei ist, werden alle Bedienungen gefeuert.

R steht für Reue, denn wenn man je den Tag bereut und verflucht, an dem man als Bedienung anfing, dann am Muttertag, der bei Bedienungen auch entscheidend zu einer misanthropen Grundhaltung und einem Gefühl von Hoffnungslosigkeit beiträgt. Doch da wir hier über Mutters Tag sprechen, möchte ich mein Klagelied nicht mit einem Missklang enden lassen. Es hat auch andere Beispiele gegeben. Ich habe einige glückliche Familien bedient und so manches gute Trinkgeld erhalten. In einem Jahr bediente ich zwei Frauen und deren Töchter, die mir auf die Rechnung eine längere Notiz schrieben: Ich sei die freundlichste, aufmerksamste Bedienung, die sie je kennen gelernt hätten. Ich hätte ihren Muttertag zu einem absoluten Festtag gemacht und sie würden immer gern daran zurückdenken. Sie gingen sogar so weit, dass sie mich auf ihrem Familienfoto dabeihaben wollten.

Die Feiertage zwischen Mai und Oktober sind bei weitem nicht so anstrengend wie der Muttertag, aber haben es auch manchmal in sich. Der Vatertag und die Abschlussprüfungen an der High School und dem College folgen im Juni dicht aufeinander, was im Restaurant zu mindestens einem hektischen Wochenende führt. Die Familienfeiern sind ähnlich spannungsgeladen wie am Muttertag, wenn auch für Bedienungen nicht annähernd so stressig. Darauf folgt der Unabhängigkeitstag am vierten Juli. Das ist in der Regel ein ruhiger Tag in einem Restaurant, da es einer der wenigen Feiertage ist, an dem die Leute traditionell eher zu Hause bleiben und grillen, statt auswärts zu essen. Ich habe allerdings in einer Stadt gearbeitet, die Touristen aus der ganzen Welt anzieht. Die meisten von ihnen hatten von der amerikanischen Unabhängigkeitsfeier genauso wenig Ahnung wie davon, wie viel Trinkgeld man gibt. Sie tauchten dann am vierten Juli auf und wunderten sich über den Trubel in der Stadt. Die Geschäftsleitung des Baciare, die eisern an allem Italienischen festhielt, weigerte sich, irgendwelche ausschließlich amerikanischen Feiertage anzuerkennen. Als Arbeitstag war der vierte Juli eher deprimierend. Oft konnte man vor dem Restaurant eine Gruppe Kellner sehen, die nach Feuerwerken Ausschau hielten und sich über ihren eigenen Mangel an Unabhängigkeit beklagten.

Halloween gilt zwar nicht als Feiertag, ist aber wegen der eigenwilligen Verhaltensweisen, zu denen der Tag inspiriert, eine Erwähnung wert. Ich habe schon seit langem die Theorie, dass Erwachsene Halloween als Ausrede benutzen, um sich so zu verkleiden, wie sie sich unbewusst fühlen. Deshalb fand ich es immer erheiternd, zu beobachten, welche Kellner sich an Halloween verkleideten und welche ihre Uniformen anbehielten. Die Italiener im Baciare kostümierten sich nie (in Italien gibt es kein Halloween), liebten es aber, wenn ihre nicht italienischen Kollegen in bizarrer Aufmachung erschienen. Was die Gäste betrifft, so habe ich die Erfahrung gemacht, dass sie auf seltsam verkleidete Kellner und Kellnerinnen in der Regel nicht sehr positiv reagieren. Nachdem ich ein einziges Mal kostümiert gearbeitet und von meinen Gästen nur verdrießliche Seufzer geerntet hatte, beschloss ich, das Kostümieren bleiben zu lassen.

Manche Gäste reagieren auch extrem gekränkt. Ein Kellner, mit dem ich arbeitete, verkleidete sich einmal als chassidischer Jude (aus Gründen, die nur ihm bekannt waren). Ein Paar, das regelmäßig in dem Restaurant speiste, beklagte sich beim Geschäftsführer bitter über die ihrer Meinung nach verunglimpfende Verkleidung und verkündete, sie würden das Restaurant nie wieder betreten. Der Kellner wurde aufgefordert, in seinem Reserve-Anzug, quasi als Kellner verkleidet, weiterzuarbeiten. In einem anderen Jahr verkleidete sich ein Kellnerkollege als Frau, mit hohen Hacken, Minirock und Bustier. In den ersten ein, zwei Stunden seiner Schicht stolzierte er noch heiter herum, doch dann wurde seine Laune zunehmend düster, da er jedes Mal, wenn er die Küche betrat, Pfiffe, Klapse und Zurufe erntete. Als der Kellner sagte, er werde eine Klage wegen sexueller Belästigung einreichen, sah ihn der Geschäftsführer verdutzt an und meinte: »Sie machen Scherze, nicht wahr?«

Ich war zum Glück nie in einem Restaurant beschäftigt, das an Thanksgiving offen hatte, dafür habe ich jedoch an ebenso vielen Weihnachts- wie Valentinstagen gearbeitet. Weihnachten ist eine interessante Schicht. In der Regel ist das einer der wenigen Tage im Jahr, an denen der Gast seiner Bedienung wahrhaft menschenfreundliche Gefühle entgegenbringt. Die Religion des Gastes spielt dabei anscheinend keine Rolle. Vielleicht sind es die Geister vergangener Weihnachtstage, jedenfalls empfindet der Gast Mitleid mit der Bedienung, die arbeiten muss, statt mit der Familie zu feiern, und verhält sich großzügig und aufmerksam. Aus diesem Grund habe ich immer gern an Weihnachten gearbeitet. Und ich gebe zu, ich habe die Situation, falls sich die Gelegenheit dazu bot, schamlos zu meinen Gunsten ausgenutzt. So wünschte ich dem Gast gegen Ende der Mahlzeit frohe Weihnachten und erwähnte dann beiläufig, wie sehr ich mich danach sehnte, endlich nach Hause zu meinem Sohn zu kommen (das war immerhin keine Lüge). Jedenfalls brachte mir das fast immer zusätzliche fünf, zehn, sogar zwanzig Dollar ein.

Der letzte Feiertag auf dem Kalender ist Silvester. In puncto Geldverdienen ist das der beste Arbeitstag des Jahres. Das Geld sitzt locker, die Atmosphäre ist festlich, der Sekt fließt in Strömen. Das bedeutet aber nicht, dass dies eine einfache Schicht wäre. Zum einen ist immer sehr viel Betrieb, zum anderen werden viele Gäste zu fortgeschrittener Stunde immer betrunkener und damit immer schwieriger im Umgang. Allerdings versuchen die meisten Gäste, ihre Bedienung an der Party-Stimmung teilhaben zu lassen – schließlich beginnt für alle ein neues Jahr –, und geben sehr gute Trinkgelder. An Silvester habe ich immer einige hundert Dollar gemacht. In einem Jahr wollte ich inmitten von Papierschlangen, Luftballons, knallenden Sektkorken und herumfliegendem Konfetti meine Abrechnung machen und merkte, dass ich tatsächlich mehr Geld verdient hatte, als ich zählen konnte. Ich musste mich in ein Hinterzimmer zurückziehen und das Geld, nach seinem Wert sortiert, vor mir stapeln. Ich hatte an einem Abend meine halbe Monatsmiete eingenommen.

Sobald die Gäste gegangen sind, feiert das Restaurant meist seine eigene Silvesterparty. Im Baciare wurden an Silvester immer sämtliche Register gezogen; es gab für alle Angestellten Champagner, es wurde tanzbare Musik gespielt und mindestens zwei Stunden lang ausgelassen gefeiert.

Trotz der unübersehbaren Vorteile, die die Arbeit an Silvester mit sich bringt, laugte mich genau diese Schicht jedes Mal restlos aus. Kein anderer Feiertag hat diese Endgültigkeit. Jedes Mal, wenn ich an Silvester arbeitete, wurde mir bewusst, dass ich wieder ein Jahr inmitten dieser engen Restaurantmauern verbracht hatte und dass ich mich aller Wahrscheinlichkeit nach auch am nächsten Silvester an exakt demselben Ort wiederfinden würde. An Silvester 1993 befand ich mich auf dem Höhepunkt meines Burn-out-Elends. Ich betrachtete die goldenen, silbernen und schwarzen Luftballons, die jede Ecke des Restaurants schmückten, und fühlte mich zum Heulen. Ich näherte mich meinem fünften Jahrestag im Baciare. Es war höchste Zeit, eine Bestandsaufnahme meines Lebens vorzunehmen. Was hatte ich eigentlich all die Jahre über getan? Was war das Wesentliche an diesem Abschnitt meines Lebens? In erster Linie Stabilität, wie mir in meiner Rückschau bewusst wurde.

Seit ich im Baciare angefangen hatte, war mein Leben mehr verankert als je zuvor und meine Zukunft zumindest in manchen Bereichen klarer geworden. Diese Bereiche betrafen meinen Sohn. Ich wollte ihm eine möglichst sichere und intakte Umgebung bieten. Dazu war eine gewisse Alltagsroutine ebenso nötig wie finanzielle Sicherheit. Im Baciare verdiente ich sehr viel mehr Geld als in jedem anderen Restaurant zuvor. Allein das war für mich genügend Anreiz, um auch dann noch auszuharren, als ich das Bedienen gründlich satt hatte.

Zudem versorgte das Baciare seine Angestellten mit einer erschwinglichen Krankenversicherung, was eine absolute Ausnahme in der Gastronomiebranche darstellt. Die meisten Restaurants gehen – ganz zu Recht – davon aus, dass sie eine beträchtliche Personalfluktuation haben werden. Außerdem arbeiten die meisten Bedienungen auf Teilzeit-Basis. Deshalb gibt es für ein Restaurant kaum einen Grund, Geld für die Krankenversicherung seiner Angestellten auszugeben. Die Tatsache, dass das Baciare eine Krankenversicherung anbot, war für mich ein wesentlicher Grund, um dort zu arbeiten. Knapp ein Jahr nach meiner Einstellung wurde ich tatsächlich überraschend krank und musste mich einer Operation und einem kurzen Krankenhausaufenthalt unterziehen. All das wurde durch diese Versicherung abgedeckt. Wäre das nicht der Fall gewesen, würde ich vermutlich noch heute meine Schulden abbezahlen.

Abgesehen von den finanziellen Vorteilen, war das Baciare wie gesagt ein aufregender Ort, und seine Gäste waren sicher die vielfältigsten, buntesten und unterhaltsamsten, die ich je erlebt habe.

Da gab es zum Beispiel ein Paar, das Drehbücher für Sitcoms schrieb. Die beiden aßen niemals mit Besteck, sondern zogen es vor, ihre (mutmaßlich saubereren) Hände zu benutzen, und sie verdrückten zu jeder Mahlzeit mindestens vier Körbe voll Brot. Dann war da eine Familie, die das Abendessen als Mittel benutzte, um ihren Sohn wegen seiner Tischmanieren zu quälen. Ich habe den Jungen beobachtet, wie er unter dieser Knute vom Kind zum Jugendlichen heranwuchs. Eine andere Familie war aus New York hierher gezogen und hatte so manchen Sommer in Bungalow-Feriendörfern verlebt. Sie erinnerten sich an die schrecklichen Komiker und die schlechten Witze, die die Vorstellungen an Orten wie Maxman's kennzeichneten. Jedes Mal, wenn diese Familie kam, schwelgten wir in nostalgischen Erinnerungen an jene Zeit. Ein Stammgast war Deepak Chopra, der einmal in Begleitung von George Harrison und ein anderes Mal mit Olivia Newton-John aufkreuzte. Während des America's Cup schneite die gesamte italienische Mannschaft herein und verlangte Pizza, Bruschetta und Pellegrino.

Langsam, aber sicher wurde das Baciare für mich Job und gesellschaftliches Leben zugleich. Das mag sich ganz normal anhören, da für viele Menschen die Arbeitsstelle mit einem gewissen Maß an sozialen Kontakten verknüpft ist. Doch bei mir verhielt es sich ein wenig anders. Wenn ich arbeiten ging, ging ich gleichzeitig auch aus. In gewisser Weise konnte ich mir für jeden Abend eine neue Identität zurechtzimmern. Meine Gäste wussten nicht, dass ich ein Kind hatte oder eine College-Ausbildung. Was sie betraf, so konnte ich alles Mögliche sein. Ich schloss auch Freundschaft mit einigen Kollegen. Manche Abende hatten für uns weniger den Charakter von Arbeit als den von geselligem Miteinander. Ich musste nie irgendwohin gehen, um jemanden kennen zu lernen, die Leute kamen zu mir.

Gleichzeitig war ich in der Lage, tagsüber mit Blaze zusammen zu sein und jedes Stadium seiner Entwicklung mitzuerleben. Da meine Familie ganz in der Nähe lebte, musste ich Blaze nie, wie so viele alleinerziehende Mütter, in die Kinderkrippe geben und mir über die Kosten so einer Krippe Gedanken machen.

Es war tatsächlich ein wunderbares Leben. In gewisser

Weise wurde ich sehr verwöhnt. Doch obwohl es mir damals nicht bewusst war, bewegte ich mich auf einem sehr rutschigen Abhang. Letztlich konnte dieser Zustand nicht andauern. Bis zu einem bestimmten Punkt war für mich die Zeit sehr langsam vorangeschritten. Nach ein paar Jahren im Baciare nahm beinahe unmerklich alles eine schnellere Gangart an. Ich stehe sicher nicht allein mit der Erkenntnis, dass das Leben immer schneller vergeht, je älter man wird. Allerdings dämmerte mir diese Erkenntnis erst reichlich spät.

Anfangs fielen mir nur Kleinigkeiten auf. Im Lauf der Zeit hatte ich einige Stammgäste angesammelt. Und so sah ich zu, wie Paare heirateten, Frauen schwanger wurden und ein Kind bekamen. Dann sah ich zu, wie dieses Kind heranwuchs. Kinder, die ich als Embryos gekannt hatte, bestellten nun ihr Abendessen bei mir. Ich sah andere Paare, die sich verliebten, heirateten, scheiden ließen und danach mit neuen Partnern wieder auftauchten. Dann gab es die älteren Paare, die im Lauf der Zeit ihre Partner verloren. Es war eine völlig neue Lektion für mich, einem überlebenden Partner mein Beileid auszusprechen, während ich ihn gleichzeitig bediente.

Viele Gäste begannen sich an mich zu erinnern. Es kam häufig vor, dass ich neue Gäste begrüßte, die mir dann erzählten, sie seien schon im letzten Jahr einmal hier gewesen und hätten sich von mir so gut betreut gefühlt, dass sie um einen Tisch in meinem Bereich gebeten hätten. »Wie geht es Ihrem Jungen?«, fragten sie weiter. »Er muss ordentlich gewachsen sein.« Und wenn ich sie dann verdutzt anstarrte, sagten sie: »Sie sind doch die mit dem Kind, nicht wahr?«

Ich verlor einen Teil der Anonymität, die mir das Bedienen früher gewährt hatte. Ich hatte mir immer überlegt, dass es höchste Zeit für einen Ortswechsel wäre, wenn ich plötzlich lauter Stammgäste bediente. Und jetzt war ich auf dem besten Weg, eine »Lebenslange« zu werden, eine jener im Fernsehen und Kino so oft porträtierten Kellnerinnen, die genau wissen, wie man seine Kartoffeln mag, gegen welche Nahrungsmittel man allergisch ist, wie viele Kinder man hat und wo man aufgewachsen ist … Mit anderen Worten, eine Kellnerin, die außerhalb des Restaurants kein eigenes Leben hat.

Dieser Gedanke kam mir vor allem dann mit unerbittlicher Klarheit zu Bewusstsein, wenn ein ehemaliger Kellner ins Baciare zum Essen kam, mit seiner neuen Karriere prahlte und zu mir sagte: »Hey, ich kann kaum glauben, dass du immer noch hier bist!«

Mit den Jahren häuften sich diese Szenen. Das verblüffendste Beispiel war Daniel, ein großer, rothaariger Hilfskellner. Ich erlebte, wie er vom Hilfskellner zum Barmann aufstieg. Er beendete während seiner Arbeit im Baciare das College und kündigte. Als er das nächste Mal hereinschaute, hatte er eine Stelle als Meeresbiologe. Bald darauf kam er mit seiner Verlobten vorbei. Und danach mit der Ehefrau und den Schwiegereltern. Schließlich tauchte er dann mit seinem neugeborenen Sohn auf.

Wahrscheinlich hätte ich all diese Hinweise noch sehr viel länger ignorieren können. Wie es mir ja auch mühelos gelungen war, etliche Geburtstage unbeachtet verstreichen zu lassen. Bei der Frage nach meinem Alter kam ich bei dem koketten Wie-alt-schätzen-Sie-mich-denn-Spiel nach wie vor gut weg und verschwendete deshalb nicht viele Gedanken daran. Seit der Zeit im Speisesaal hatten mich Gäste immer wieder nach meinem Alter gefragt, wenn auch meist in einer politisch korrekten Umschreibung. Zum Beispiel: »Sind Sie auch wirklich schon alt genug, um Alkohol servieren zu dürfen?« oder »Wenn Sie in meinem Alter sind, meine Liebe, werden Sie das verstehen.« Und das von Leuten, die in meinem Alter waren! Und so gewöhnte ich mir an, die

Gäste mein Alter schätzen zu lassen, wobei ich hinzufügte, dass sie völlig aufrichtig sein könnten, da ich ganz sicher nicht beleidigt wäre. Ich wurde durchweg jünger geschätzt, als ich war. Am meisten Spaß hatte ich, wenn ein Paar um mein Alter wettete. Jedes Mal gewannen die Frauen, da sie immer eine höhere Zahl nannten als die Männer. Ich ließ mich durch diese schmeichelhaften Schätzungen einlullen und glaubte selbst daran, dass für mich die Zeit überhaupt nicht verging. Wenn ich für meine Gäste wie einundzwanzig oder zweiundzwanzig aussah, dann konnte ich auch ganz gut verdrängen, dass ich seit Jahren denselben Job hatte und mir keine Gedanken um irgendwelche neuen Perspektiven machte.

Blazes Geburtstage waren ein anderes Thema. Nichts verdeutlicht einem das Vergehen der Zeit so eindringlich wie ein eigenes Kind. »Wie geht es dem Baby?«, pflegten die Leute zu fragen und ich musste gezwungenermaßen eingestehen, dass er kein Baby mehr war, sondern ein Kleinkind und dann ein kleiner Junge. Und ganz plötzlich, wie es mir vorkam, war ich dann über dreißig und mein Sohn ein Schulkind. Er hatte seine eigene Persönlichkeit, eigene Bedürfnisse und ein eigenes soziales Umfeld aus Schule, Klassenkameraden und Lehrern.

Als er in die Schule kam, hatte ich erstmals seit sechs Jahren tagsüber wieder mehrere Stunden Freizeit, was völlig ungewohnt war. Im grellen Tageslicht dieser Stunden gelangte ich bald zu der Erkenntnis, dass ich mit meinem eigenen Leben nichts Produktives anfing. Und zum ersten Mal seit nahezu zehn Jahren begann ich, über meine Talente nachzudenken und weshalb ich kein einziges vorzuweisen hatte.

Noch deprimierender war es, wenn ich mich mit meinen Altersgenossen verglich. Ich hatte zu einigen Freundinnen und Freunden aus der College-Zeit, die verstreut an der West Coast lebten, wieder Kontakt aufgenommen und erfahren, dass sie die Zeit nach dem Abschluss dazu genutzt hatten, an ihren Karrieren zu basteln. Einige unter ihnen waren recht erfolgreich. Viele hatten sich ein Haus gekauft. Fast alle waren verheiratet, doch niemand von ihnen dachte auch nur daran, in naher Zukunft Kinder zu haben. Ein Kellner oder eine Kellnerin befand sich nicht darunter.

Ich besaß nicht nur kein eigenes Haus; allein schon die Vorstellung, ich könnte genügend Geld verdienen, um mir eines zu kaufen, war völlig abwegig. Und wegen Blaze war es auch ausgeschlossen, in eine preisgünstigere Wohngegend zu ziehen. Wie so viele andere Eltern wohnte ich aufgrund der Schule in einer Gegend, die über meine finanziellen Verhältnisse ging. Von früh an hatte Blaze einige spezielle Bedürfnisse bekundet, und ich war überzeugt, dass außer einer Privatschule, die absolut unerschwinglich war, diese bestimmte Grundschule die einzige Alternative darstellte.

Eine Ehe stand gleichfalls nicht zur Debatte. Meine letzte Beziehung war zu Ende gegangen, als Blaze in die Schule gekommen war. Die ganze Geschichte hatte für mich in einem schrecklichen emotionalen Chaos geendet und unauslöschliche Narben hinterlassen. Und so gelangte ich im Alter von Anfang dreißig, weit davon entfernt, alt oder verbraucht zu sein, zu der Erkenntnis, dass ich mit Beziehungen einfach nicht zurechtkam. Es würde noch eine Weile dauern, ehe dieser Gedanke seinen fatalistischen Beigeschmack verlor und zu einem schlichten Sachverhalt für mich wurde. Doch ich akzeptierte die Tatsache, in Beziehungsangelegenheiten eine Niete zu sein. Jede Verbindung war zum Schluss eine Art von emotionaler Achterbahnfahrt gewesen, die mich mit weichen Knien und lädierter Psyche zurückgelassen hatte. Ich wusste nicht, ob das irgendwelchen charakterlichen Schwächen, unrealistischen Erwartungen oder einfach nur bloßem Pech zuzuschreiben war. Was immer auch der Grund war, das Ergebnis blieb dasselbe. Abgesehen davon, hatte Blaze nur ein Elternteil. Und es war meine Verantwortung, dafür zu sorgen, dass wenigstens seine Mutter eine Konstante blieb und nicht wegen irgendeines Mannes emotional ausfiel. Diese Zeiten waren eindeutig vorbei.

Und wie stand es mit meiner Karriere, falls man sie als solche bezeichnen wollte? Es war zehn Jahre her, seit ich einen »vorübergehenden« Job als Kellnerin im Klub angenommen hatte. Ich war schließlich eine gerade erst flügge gewordene Schriftstellerin gewesen und hatte für mein künstlerisches Wachstum die Zeit, den Raum und die Lebenserfahrungen benötigt. Seit Blazes Geburt hatte ich nichts mehr geschrieben. Ich hatte sogar aufgehört, Tagebuch zu führen, was mir seit meinem elften Lebensjahr eine liebe Gewohnheit gewesen war. Ich war also eine Schriftstellerin, die nicht schrieb. Konnte es etwas Jämmerlicheres geben? Sicher, es gab Ausreden. Ich unterzog sie einer kritischen Prüfung und wies sie allesamt zurück: Meine ganze kreative Energie war in die Erziehung von Blaze geflossen. Ich war damit beschäftigt gewesen, eine Lösung für diese oder jene Beziehung zu finden. Ich hatte alle Hände voll damit zu tun gehabt, mich finanziell über Wasser zu halten. Und so weiter und so weiter. Letztlich lief alles darauf hinaus, dass ich mich nicht bemüht hatte, eine Sache, die mir vor Blazes Geburt das Wichtigste im Leben war, weiterzuverfolgen.

Schließlich war da noch die Frage des Jobs. Der Kellnerjob hatte mich lange Zeit gut ernährt. Sogar so lange, dass ich keinen Versuch unternommen hatte, mich beruflich zu verändern. Kleine Bargeldhäufchen können tatsächlich sehr verführerisch sein. Warum sich über einen Jobwechsel Gedanken machen, wenn man in seinem Job mit durchschnittlich hundert Dollar am Abend rechnen kann und gelegentlich nach sechs Stunden Arbeit mit über zweihundert Dollar nach Hause kommt? Zumal die Arbeit, die nötig war, um diese kleinen Bargeldhäufchen zu erlangen, in der Regel so interessant war, dass sie die Mühe lohnte.

Im Lauf der Zeit kam es jedoch auch im Baciare zu dauerhaften Veränderungen. War das Geschäft in den frühen Anfängen des Restaurants noch überdurchschnittlich gut gelaufen, so pendelte es sich nach und nach auf ein Normalmaß ein, da der Reiz des Neuen mit der Zeit verflogen war und wie in allen Sparten auch hier die Konkurrenz nicht schlief. Danach veränderte sich die Höhe des Umsatzes entsprechend den Jahreszeiten. Frühling und Sommer waren nach wie vor recht lukrativ, doch die Winter wurden zunehmend härter. Jedes Mal, wenn es regnete, musste die Terrasse geschlossen werden, wodurch ein Drittel der Sitzplätze und mindestens vier Kellner wegfielen. Es kam zu Streitereien, wer die meisten Absagen erhielt, und Diskussionen mit der Geschäftsleitung über Fairness waren an der Tagesordnung. Manche von uns sahen nach dem Wetter wie Bauern, die um ihre Ernte bangten. War es zu kalt, zu nass, zu windig? Falls ja, würde man uns vielleicht auffordern, zu Hause zu bleiben. Oder man würde uns, was noch schlimmer war, den ganzen Weg kommen lassen und uns dann lediglich einen oder zwei Tische auf der eiskalten Terrasse zuweisen, wo Gäste in Parkas saßen, die über das Wetter schimpften und sich weigerten, Trinkgeld zu geben. Und nach einigen dieser Tische würde man uns mit einem so geringen Verdienst, dass nicht einmal die Benzinkosten abgedeckt wären, nach Hause schicken. Doch damit nicht genug: Die Geschäftsleitung würde behaupten, die unglückliche Bedienung, die zur Arbeit in dieser Tundra verdonnert worden war, sollte dankbar für die Gnade dieser Schicht sein. Und wenn es das nächste Mal regnete, sollte diese Bedienung zu Hause bleiben.

»Aber ich habe überhaupt nichts verdient!«, jammerte die verarmte Bedienung dann.

»Das ist nicht mein Problem«, pflegte der Geschäftsführer zu erwidern. »Sie sind zur Arbeit angetanzt, oder? Sie haben einen Bereich bekommen, oder?«

Verschiedene Bereiche des Restaurants erhielten ihre eigenen inoffiziellen Namen. So wurde beispielweise die Terrasse in den Nordpol und den Südpol unterteilt, wobei die nördliche Hälfte die kühlere und windigere war. Neben der Tür war der Windtunnel. Die Tischgruppe neben dem Tresen der Platzanweiserin hieß das Rollfeld, weil es dort so leer war, dass ein Flugzeug Platz zum Landen gehabt hätte.

Die Wintergespräche zwischen Bedienungen begannen allmählich, nach vertrautem Muster abzulaufen:

»Wo bist du heute Abend?«

»Wieder am Nordpol. Diesmal werde ich den Küchenchef bitten, einen Eimer mit rohen Fischen für mich bereitzustellen, weil meine einzigen Gäste Pinguine sein werden. Wo bist du?«

»Nicht viel besser. Im Rollfeld.«

»Aber wenigstens bist du drinnen. Worüber beschwerst du dich also?«

»Warum sollte ich nicht drinnen sein? Ich fahre täglich dreißig Meilen, um hier zu arbeiten.«

»Na und, meinst du, deshalb müsste ich keine Miete bezahlen? Du kriegst nie eine Absage, fällt mir gerade auf.«

»Rede mit der Geschäftsleitung, wenn du ein Problem hast. Ich habe keine Lust, mir deinen Scheiß anzuhören.«

»Leck mich.«

»Leck dich selbst, Arschloch.«

Die Antwort der fest angestellten Geschäftsleitung auf

entnervte Kellnerinnen und Kellner, die sich über ihre finanzielle Notlage beschwerten, war alles andere als tröstlich: »Beschweren wir uns, wenn Sie im Sommer hunderte von Dollar verdienen? Das ist eine Touristenstadt, da geht der Umsatz im Winter nun mal zurück.« Mein ganz persönlicher Lieblingsspruch war folgender: »Wenn es Ihnen nicht passt, können Sie sich jederzeit nach einem neuen Job umsehen.«

Mit Ausnahme von ein paar hektischen Feiertagen wurden die Monate zwischen November und März immer mehr zu einem Glücksspiel. War der Winter besonders kalt oder verregnet, musste ich auf mehr als nur ein paar Schichten verzichten. Der Lotterieaspekt des Bedienens begann für mich viel von seinem Glanz zu verlieren.

Zu allem Übel beschlossen die Besitzer des Restaurants plötzlich, sie würden zu viel Geld für die Krankenversicherung ihrer Angestellten aufwenden. Bisher hatte jeder, der mehr als zweiundzwanzig Stunden in der Woche arbeitete, Anspruch auf eine Krankenversicherung gehabt. Die Besitzer entledigten sich etlichen Zahlungsverpflichtungen auf elegante Weise, indem sie die erforderliche Stundenzahl auf siebenundzwanzig hoch setzten. Die Geschäftsleitung half nach und stutzte die Stundenzahl etlicher Kellner und Kellnerinnen. Kurz darauf wurde meine Krankenversicherung gekündigt.

Einzeln betrachtet, waren die fehlende Krankenversicherung, die zähen Wintermonate und das nagende Gefühl, nicht weiterzukommen, durchaus Dinge, mit denen ich umgehen und die ich vielleicht sogar ignorieren konnte. Zusammen verursachten sie mir jedoch ein Gefühl der Angst und Verzweiflung. Ich spürte, dass sich etwas verändern musste, war jedoch außerstande, diese Veränderung zu bewerkstelligen oder die Richtung zu bestimmen.

An besagtem Silvesterabend war die Schmerzgrenze

erreicht. Ich musste aufhören, mein Schicksal zu beklagen, und es stattdessen selbst in die Hand nehmen. Ich gelobte mir, mich nach besten Kräften zu bemühen, bis Ende des nächsten Jahres den Absprung aus der Gastronomie geschafft zu haben.

Zu diesem Zeitpunkt hatte ich bereits einige zögernde Schritte aus der totalen Abhängigkeit vom Kellnern unternommen. Mithilfe von Kontakten, die ich im Restaurant knüpfen konnte, hatte ich begonnen, auf freiberuflicher Basis zu schreiben und Texte zu redigieren. Ich grub den Roman wieder aus, den ich vor langer Zeit geschrieben hatte, und nahm einige Veränderungen daran vor. Ein befreundeter Rechtsanwalt, der regelmäßig in meinem Bereich speiste, bot mir einen Teilzeitjob an, der im Wesentlichen darin bestand, das Layout für seine monatlichen Rundschreiben zu machen. Dass ich das Restaurant benutzte, um dem Restaurant zu entfliehen, barg eine gewisse Ironie, die mir nicht entging.

Bis Mitte 1994 war ich Tag und Nacht beschäftigt. Ich befand mich mitten in der Arbeit als Ghostwriter für eine Autobiographie, arbeitete Teilzeit für den Anwalt und Vollzeit im Restaurant. Die Arbeit im Restaurant war allerdings die einzige, mit der ich meinen Lebensunterhalt bestreiten konnte. Ich konnte den Job unmöglich aufgeben.

Wie ich rasch entdeckte, war freiberufliche Arbeit eine knallharte Sache – vor allem für einen Neuling wie mich. Der Kunde, der seine Autobiographie herausgeben wollte, war enttäuscht über die zögerliche Reaktion des Verlags und legte sein Projekt vorerst auf Eis. Auch ich hatte nicht das Glück, Interesse an meinem Roman zu erwecken. Und obwohl mein Anwalt-Freund sehr großzügig war, hatte er nur begrenzt Arbeit für mich. Der Winter rückte immer näher, und ich war wieder da, wo ich begonnen hatte.

Im Juli 1995, etwas später also als der Stichtag, den ich mir gesetzt hatte, legte ich schließlich meine Schürze endgültig ab. Ich schmiss alle meine schwarzen, gummibesohlten Schuhe weg und warf meinen Korkenzieher in die Besteckschublade. Ich hatte genug. Keine Samstagabende mehr, an denen ich irgendwelchen Menschen beim Essen der von mir servierten Speisen zusah. In verregneten Wintermonaten kein Bangen mehr, ob ich genügend Geld für die Miete zusammenbekäme. Ich hatte einen richtigen Job mit einem richtigen Gehalt angeboten bekommen. Wieder verdankte ich das Angebot einem Gast, den ich bedient hatte, und in diesem Fall handelte es sich um eine Arbeit im Verlagswesen. Ein Volltreffer, wie ich dachte.

Mein letzter Abend im Restaurant war merkwürdig gedämpft. Wenn ich mich früher über die Grausamkeit der Menschheit erregte, hatte ich mir immer vorgestellt, ich würde einmal einen großartigen Abgang vom Schauplatz der Restaurantbühne haben. Ich würde jedem Gast erzählen, was ich von ihm hielt, und jedem Holzkopf von Geschäftsführer meine Meinung sagen. Unter den geeigneten Umständen würde ich sogar das tun, wovon alle langjährigen Kellner und Kellnerinnen träumen: Ich würde mitten in einer hektischen Schicht ohne ein Wort aus der Tür hinausgehen. Nun, mein letzter Abend verlief völlig anders.

Obwohl ich sechseinhalb Jahre in demselben Restaurant gearbeitet hatte, fühlte sich niemand aus der Geschäftsleitung dazu bemüßigt, mir irgendeine Art von Abschied zu bereiten. Meine Kollegen waren neidisch. Meine Gäste waren alle extrem freundlich und einige Stammgäste wünschten mir alles Gute und meinten, sie würden mich vermissen. Mein einziger Akt der Auflehnung, der darin bestand, dass ich dem Geschäftsführer mitteilte, ich werde keinesfalls die Endschicht übernehmen, war nicht gerade die flammende Rede, die ich mir vorgestellt hatte. Als ich das letzte Mal meine Karte in die Stechuhr steckte, fühlte ich mich seltsam enttäuscht.

Mein neuer Job hatte so viele Aspekte, die ich liebte. Ich wurde dafür bezahlt, Manuskripte zu lesen und zu bewerten, ich traf bekannte Autoren, die ich bewunderte, und ich war von Menschen umgeben, die alle die Liebe zur Literatur verband. Mehr noch, ich bastelte an einer Karriere. Natürlich, wenn ich es hochrechnete – was ich tunlichst vermied –, verdiente ich weniger, als wenn ich die Hälfte der Zeit im Restaurant gearbeitet hätte. Zudem hatte ich überhaupt keine Zeit mehr, irgendetwas für mich selbst zu schreiben. Ich nahm mir Arbeit mit nach Hause und saß nächtelang darüber. Zum ersten Mal meldete ich Blaze in einem Kinderhort an, für die Tage, an denen Maya ihn nicht abholen konnte. Überhaupt: Blaze. Ich sah ihn drei hektische Stunden, bevor er ins Bett ging, und an den Wochenenden. Durch das Kellnern war ich gut in Form geblieben. Doch nach wenigen Monaten im Büro sah mein Körper aus, als gehörte er zu einer anderen Person – einer Person, die sich nicht viel bewegte. Trotz meiner neuen sitzenden Lebensweise war ich die meiste Zeit über völlig erschöpft. Ich nahm an, dies seien die notwendigen Opfer, die man im Namen des Fortschritts und der Karriere zu bringen hatte. Warum man überhaupt Opfer bringen sollte, war eine Frage, über die ich lieber nicht nachdachte.

Aus diesen und einigen anderen Gründen geriet ich langsam in einen Zustand tiefer Niedergeschlagenheit. Und dieses Elend wurde durch den Gedanken, ich hätte irgendwie versagt, noch schlimmer. Rein theoretisch sollte dies für mich eine Zeit großen persönlichen Fortschritts sein. Wenn also absolut kein äußerer Grund bestand, so unglücklich zu sein, musste etwas mit meinem Charakter nicht stimmen. Warum sonst empfand ich ein brennendes Gefühl von Neid, wenn ich am Schreibtisch saß und die Kellner beobachtete, die zu ihrer Mittagsschicht in das Restaurant unter dem Büro gingen? Wenige Stunden später sah ich dieselben Kellner wieder nach Hause gehen, die Taschen voller Geld und den ganzen Tag und den ganzen Abend noch vor sich. »Bin ich froh, dass ich das nicht mehr mache«, redete ich mir ein. Endlich nutzte ich meine Ausbildung sinnvoll und gestaltete für mich eine Zukunft, sagte ich mir.

Zur Unterstützung dieser Meinung ging ich hin und wieder auf einen Kaffee ins Baciare und hielt einen Plausch mit meinen ehemaligen Kolleginnen und Kollegen. Sie wieselten dann um mich herum, erkundigten sich nach Blaze und fragten, wie es mir erginge. Wenn ich ihnen von meinem Job erzählte, gaben sie sich Mühe, ihre Langeweile zu verbergen. Der Barmann sagte, ich sähe toll aus in »Zivil«. Der Küchenchef teilte mir mit, das Geschäft gehe in letzter Zeit ausgezeichnet. »Vermisst du uns?«, fragte er.

»Klar doch«, lachte ich und fügte im Stillen hinzu: Nein, nein, nein. Ich vermisse weder euch noch das Restaurant.

Ich hätte ewig so weiterleben können und mich vielleicht irgendwann in eine verbitterte, unzufriedene Person verwandelt, die ihrer so hart erkämpften Arbeit die alleinige Schuld an ihrem Unglück gab. Denn ich war nicht mehr in der Lage, mein Leben einer kritischen Prüfung zu unterziehen. Mit anderen Worten: Ich sah den Wald vor lauter Bäumen nicht. Schließlich war es Blaze, der mich (und sich) errettete.

Während ich monatelang ganz mit mir selbst und meiner Arbeit beschäftigt gewesen war, hatte Blaze seine eigene Reise in das Reich der Traurigkeit angetreten und sich von mir entfernt. Er hatte Probleme in der Schule, mit anderen Kindern und mit dem Unterricht und reagierte, indem er sich immer tiefer in die Mauern seiner kleinen Welt zurückzog. Es gelang mir jedoch mühelos, über seine Schwierigkeiten hinwegzusehen. Ich traf nie seine Lehrer und hatte auch nicht die Zeit, ihn im Unterricht zu beobachten. Er hat eben gerade eine schwierige Phase, beruhigte ich mich; er hat das Vorjahr problemlos bewältigt und wird sich gewiss wieder fangen.

Doch eines Nachmittags, als ich an meinem Schreibtisch saß und über meine Zukunft nachsann, machte sich Blaze nach der Schule einfach davon, statt in den Hort hinüberzugehen und darauf zu warten, dass Maya ihn abholte. Obwohl eine aufmerksame Betreuerin ihn erspähte und rechtzeitig einholte, ehe etwas Schlimmes passieren konnte, erlebte ich den Schrecken meines Lebens. Mein Sohn hatte für sein Handeln kaum eine Erklärung. Doch auch wenn er es nicht in Worte fassen konnte, war die Botschaft unmissverständlich: Ich schenkte ihm nicht genügend Aufmerksamkeit.

Es war mein Glück, dass mir meine Prioritäten auf diese so deutliche Weise aufgezeigt wurden. Vor allem wurde mir wieder bewusst, dass ich eine wirkliche Verantwortung hatte, an der es nichts zu deuten gab: die Verantwortung für mein Kind. Ich konnte nicht beurteilen, ob meine Entscheidungen immer richtig gewesen waren, und ich konnte auch nicht in die Zukunft blicken. Aber eines wusste ich gewiss: Niemand konnte mir diese Verantwortung abnehmen. Ich musste für Blaze da sein. Ich wollte für ihn da sein. Und das bedeutete keineswegs ein Opfer. Deshalb fiel mir die Entscheidung, meinen Job zu kündigen, auch leicht. Die eigentliche Kündigung war schwieriger.

Meine Chefin verstand meinen Wunsch, mehr Zeit mit Blaze zu verbringen. Sie verstand jedoch nicht, weshalb ich dafür meine Stelle aufgeben musste. Was würde ich tun? Wo würde ich arbeiten? Als ich ihr mitteilte, ich würde mir wahrscheinlich wieder einen Kellnerjob suchen, war sie entsetzt. Ich sei so begabt, meinte sie. Wollte ich denn wirklich den Rest meines Lebens als Kellnerin verbringen? Was für eine Verschwendung!

Es war nicht so, dass ich mir das früher nicht auch selbst oft gedacht hätte. Aber jetzt war mein Gefühl dabei völlig anders. Als Kellnerin zu arbeiten würde kein Zeichen für Versagen sein. Es würde mir vielmehr die Möglichkeit bieten, bei der wichtigsten Aufgabe, die ich hatte, ein Versagen zu vermeiden. Die Erziehung von Blaze durfte ich keinesfalls anderen Dingen unterordnen. Dafür würde es keine zweite Chance geben. Wenn es schief ginge, könnte ich nicht noch einmal von vorne anfangen und es wieder einrenken. Das war mir bereits klar gewesen, als Blaze ein Baby war, aber irgendwie hatte ich es geschafft, diesen Punkt aus den Augen zu verlieren.

Also holte ich meinen Korkenzieher wieder aus der Besteckschublade. Ich kaufte mir ein Paar bequeme, derbe Schuhe. Und innerhalb kurzer Zeit fand ich eine Stelle in einem anderen italienischen Restaurant. In meiner ersten Schicht machte ich hundert Dollar in vier Stunden. Ich war wieder da.

Offenbar musste ich die Gastronomie erst verlassen, um zu erkennen, wie viel freie Zeit es einem ließ. Und wenn ich »draußen« überhaupt etwas gelernt hatte, dann wie ich diese freie Zeit effektiv nutzen konnte. Da meine Arbeitszeit außer Haus nun kürzer war, konnte ich mich als freiwillige Aufsicht an Blazes Schule melden. Dadurch erfuhr ich quasi aus erster Hand, was wirklich in diesem Klassenzimmer vor sich ging, und konnte Blaze direkt auf seine Probleme ansprechen. Blaze wiederum war sehr glücklich über diese Veränderung und schien wirklich erleichtert zu sein, dass ich so viel Zeit mit ihm verbrachte. Im Verlauf des folgenden Jahres war ich so regelmäßig an der Schule, dass der Direktor für Sonderpädagogik mir einen bezahlten Job als Erziehungshilfe anbot, den ich gerne annahm.

Trotz meiner Vollzeitstelle im Restaurant und der freiwilligen Mitarbeit an der Schule hatte ich Zeit zum Schreiben. Ich schrieb sogar mehr als jemals zuvor. Gelegentlich bekam ich auch von Verlagen einen Job als freie Mitarbeiterin, was eine nette Ergänzung zu meinem Einkommen darstellte. Ich begrub endlich meinen Dinosaurier von Roman und schrieb einen neuen. Und als der beendet war, schrieb ich einen dritten. Wenn ich nun im Restaurant arbeitete, betrachtete ich das als Unterbrechung von der »wirklichen« Arbeit, die ich zu Hause machte. Und obendrein kehrte ich immer mit einer Tasche voller Geld zurück. Endlich machte ich nicht mehr nur das, was ich tun musste, sondern was ich tun wollte.

Doch bevor ich hier in wohliger Selbstzufriedenheit versinke, möchte ich noch einwerfen, dass das Kellnern dieselben Frustrationen und dieselben kleinen Ärgernisse barg wie zuvor. Es war nach wie vor eine Herausforderung. Es konnte mir nach wie vor passieren, dass ich nach einer ganzen Serie von nervenaufreibenden Gästen und schlechten Trinkgeldern in eine negative Haltung verfiel. Und zudem spürte ich nun mehr denn je mein Alter. Früher war ich entweder im gleichen Alter wie meine Kolleginnen oder jünger gewesen. Jetzt, Mitte dreißig, gehörte ich zur älteren Truppe. Die meisten Geschäftsführer waren jünger als ich und hatten weniger Zeit in Restaurants verbracht.

Ich hatte nach wie vor jene Phasen, in denen ich das neue Millennium heraufdämmern sah und bei dem Gedanken, ich würde womöglich auch noch am Ende des zwanzigsten Jahrhunderts den Partygängern Champagner servieren, in tiefe Depression verfiel. Und was würde geschehen, überlegte ich, wenn mir das Schreiben – das nun als Priorität direkt neben Blaze stand – niemals den Lebensunterhalt sichern würde? Wie groß war die Chance, dass ich mit vierzig noch einen anderen Job als den einer Kellnerin finden würde? Oder mit fünfundvierzig?

Diese Fragen tauchten mehrmals in der Woche auf, versetzten mich für ein, zwei Stunden in Panik und verschwanden wieder. Doch in dem einen Jahr fernab vom Restaurant hatte ich die Fähigkeit erworben, mich auf die vor mir liegenden Aufgaben zu konzentrieren, statt mich nebulösen Gedanken an eine Zukunft hinzugeben, über die ich viel weniger Kontrolle hatte. Außerdem wurde mir bewusst, dass man gar nicht immer wissen muss, in welche Richtung sich die Dinge entwickeln werden. Und die vielleicht wertvollste Lektion dieser Zeit war, dass der Akt des Wartens eine aktive Handlung darstellt. Die Zeitspanne zwischen der Erwartung eines Ereignisses und dessen Beginn ist die Spanne, in der alles geschieht – die Zeit, in der das wirkliche Leben stattfindet.

Ich hatte so viel Zeit damit verbracht, mir Sorgen über meinen Lebensunterhalt zu machen, dass ich darüber ganz vergessen hatte, wie man lebt. Ich musste auch erst lernen, dass nicht alles mit einer gewichtigen Bedeutung beladen war. Manchmal ging es einfach nur darum, eine Bestellung zum genau richtigen Zeitpunkt aufzunehmen, ein besonders köstliches Dessert zu empfehlen oder den Fremden an meinem Tisch als Freund zu gewinnen. Und mit der Zeit begriff ich nicht nur die Schlichtheit dieser Handlungen, sondern auch ihre Schönheit.

Es heißt, gut Ding will Weile haben. Nach beinahe zwei Jahrzehnten des Wartens – und des Aufwartens – habe ich dieses Sprichwort endlich verstanden.

Dank

Ich möchte folgenden Menschen meinen tiefen und aufrichtig empfundenen Dank aussprechen:

Meiner wunderbaren Familie für ihre Liebe und Unterstützung.

Meiner mutigen Agentin, Amy Rennert, deren Vertrauen in mich niemals ins Wanken geriet.

Janell Cannon, meiner Kollegin und wahren Freundin.

All den Bedienungen, die mich im Lauf der Jahre großzügig an ihrem Leben teilhaben ließen.

Der Literaturgemeinde von San Diego, die Schriftstellern einen warmen und ermutigenden Ort bietet.

Und meiner begnadeten Herausgeberin Sally Kim, die mir eine unermüdliche Unterstützung, getreue Beraterin und liebe Freundin gewesen ist.